급속충전

에이급수학

이 책을 검토하신 선생님들

방현우	박완식	김대중	최성순	김석호
김은미	이은주	이성경	송봉익	안문희
유미영	남경미	이권율	이종진	이정희
성기욱	이용범	김미영	이병도	김상우
박정한	정선주	정해림	박용민	양범석

발행일 2021년 8월 1일
펴낸이 김은희 **펴낸곳** 에이급출판사 **등록번호** 제20-449호
책임편집 김선희, 손지영, 이윤지, 김은경
마케팅총괄 이재호
표지 및 내지디자인 공정준
조판 보문미디어
주소 서울특별시 강남구 봉은사로 37길 동우빌딩 5층
전화 02-514-2422~3, 02-517-5277~8
팩스 02-516-6285
홈페이지 www.aclassmath.com

수학 꽉 잡는
급속충전
에이급수학
중 3 하

100
최 적 화 됨

누구도 내 공부를 대신해 줄 수 없습니다.
학원을 다니고 과외를 받아도
결국 공부는 남이 해주는 것이 아니고, 내가 하는 것입니다.
나의 목표도, 취약한 부분도
나만이 가장 잘 알고 있습니다.
혼자 달리는 마라톤처럼 긴 공부에 지칠 때도 분명 많겠지요.
하지만 모르는 부분을 알 때까지 물고 늘어져서 스스로 깨우친 순간,
계속 도전해서 드디어 어려운 문제를 풀어낸 가슴 떨리는 성취감의 기억은
우리를 더 큰 미래로 나아가게 합니다.
포기하지 않고 더 깊게 사고하게 하는 수학의 힘은
앞으로 수많은 난제를 논리적으로 해결하는 여러분만의 능력이 될 것입니다.
최상위권 수학의 대명사인 『에이급수학』 그 에이급수학을 자신있게 풀기 위한
가장 빠르고 효과적인 사다리가 『급속충전 에이급수학』입니다.
배움에 한계는 없지만 시간은 정해져 있기에
가장 효율적으로 공부해서 최선의 결과를 얻기를 기원합니다.

STRUCTURE

1

빠르게 상위권으로 진입하기

주제별로 개념을 이해하는 문제에서부터 상위권으로 가기 위한 최고 난이도 문제까지 단계적으로 빠르게 실력을 키울 수 있습니다.

2

학교 시험 만점에 도전하기

최신 기출 문제를 철저히 분석하고 자주 출제 되는 문제는 더욱 강화하여 내신 만점에 도달할 수 있도록 하였습니다.

3

사고력 · 응용력 · 문제해결력 완성하기

고난이도 문제도 자신있게 풀 수 있도록 깊이있는 사고력과 문제 해결 능력을 철저히 익힐 수 있도록 하였습니다.

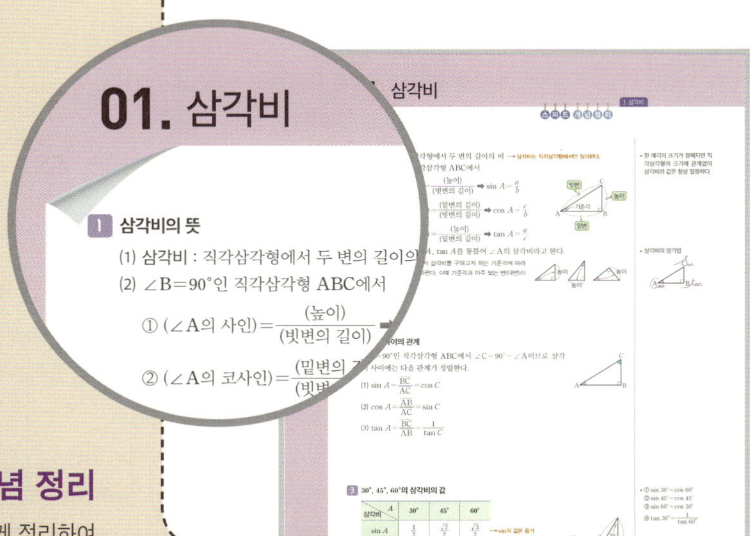

스피드 개념 정리

반드시 알아야 하는 개념만을 꼼꼼하게 정리하여 빠르게 이해하고 습득할 수 있도록 하였습니다.

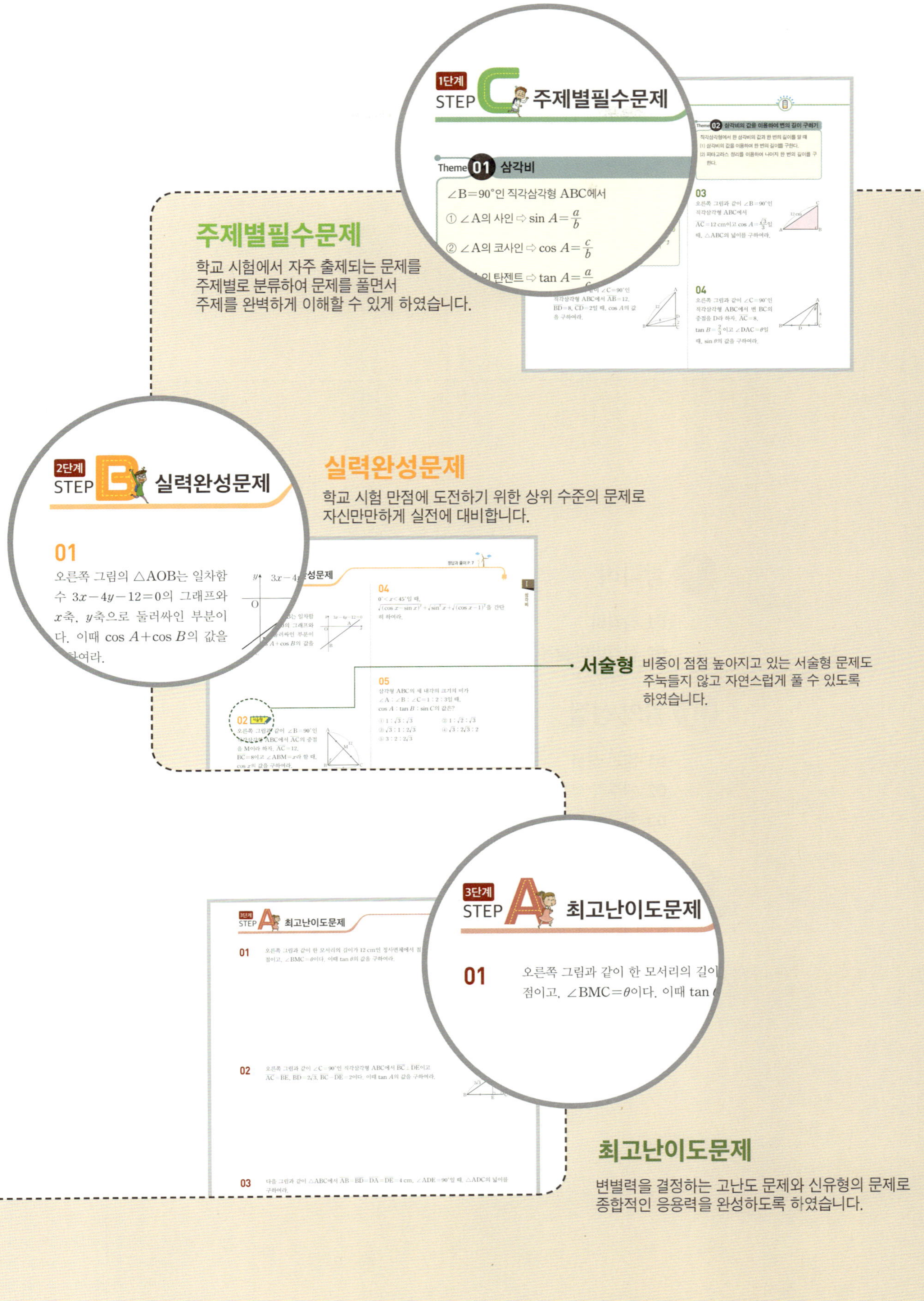

주제별필수문제

학교 시험에서 자주 출제되는 문제를
주제별로 분류하여 문제를 풀면서
주제를 완벽하게 이해할 수 있게 하였습니다.

실력완성문제

학교 시험 만점에 도전하기 위한 상위 수준의 문제로
자신만만하게 실전에 대비합니다.

서술형 비중이 점점 높아지고 있는 서술형 문제도
주눅들지 않고 자연스럽게 풀 수 있도록
하였습니다.

최고난이도문제

변별력을 결정하는 고난도 문제와 신유형의 문제로
종합적인 응용력을 완성하도록 하였습니다.

CONTENTS

I 삼각비

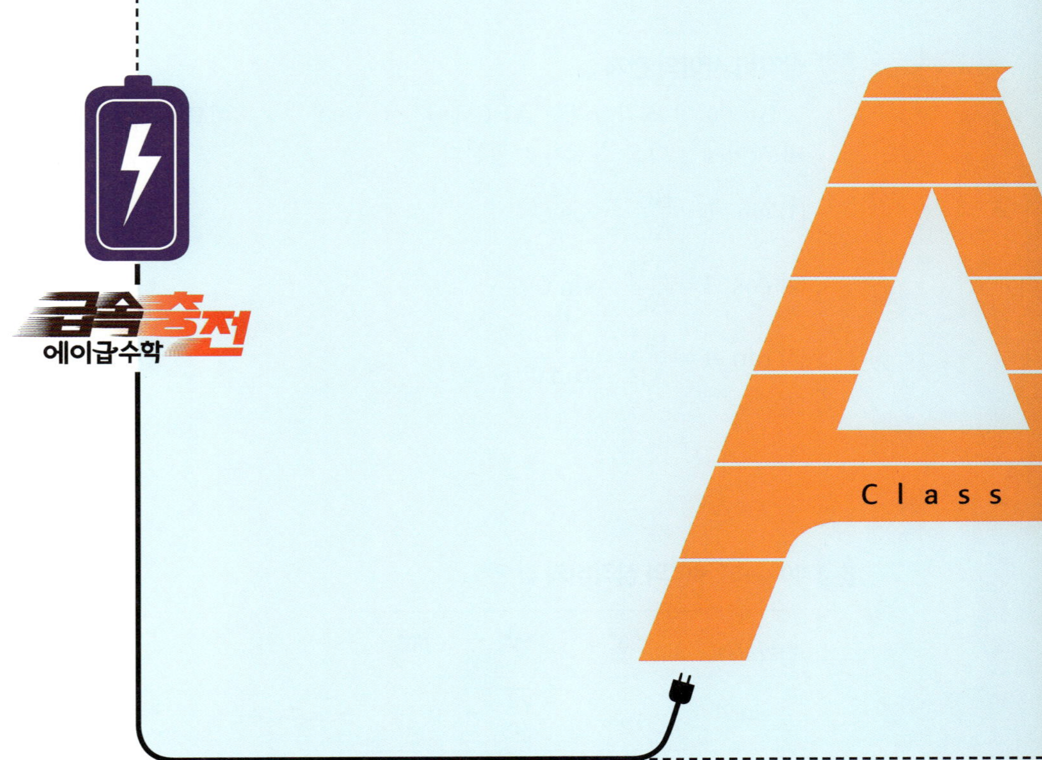

01. 삼각비

1 삼각비의 뜻

(1) **삼각비** : 직각삼각형에서 두 변의 길이의 비 → 삼각비는 직각삼각형에서만 정의된다.

(2) $\angle B = 90°$인 직각삼각형 ABC에서

   ① ($\angle A$의 사인) $= \dfrac{(높이)}{(빗변의 길이)}$ ➡ $\sin A = \dfrac{a}{b}$

   ② ($\angle A$의 코사인) $= \dfrac{(밑변의 길이)}{(빗변의 길이)}$ ➡ $\cos A = \dfrac{c}{b}$

   ③ ($\angle A$의 탄젠트) $= \dfrac{(높이)}{(밑변의 길이)}$ ➡ $\tan A = \dfrac{a}{c}$

이때 $\sin A$, $\cos A$, $\tan A$를 통틀어 $\angle A$의 삼각비라고 한다.

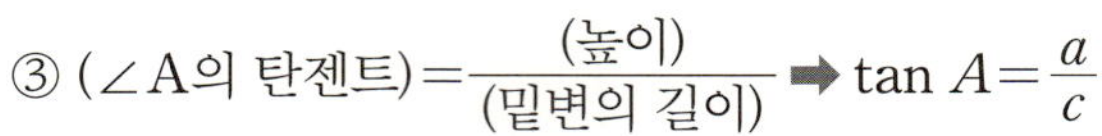

> **참고** 한 직각삼각형에서 삼각비를 구하고자 하는 기준각에 따라 높이와 밑변이 바뀐다. 이때 기준각과 마주 보는 변(대변)이 높이가 된다.

- 한 예각의 크기가 정해지면 직각삼각형의 크기에 관계없이 삼각비의 값은 항상 일정하다.

- 삼각비의 암기법

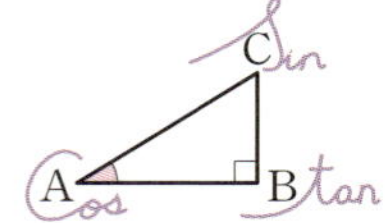

2 삼각비 사이의 관계

$\angle B = 90°$인 직각삼각형 ABC에서 $\angle C = 90° - \angle A$이므로 삼각비 사이에는 다음 관계가 성립한다.

(1) $\sin A = \dfrac{\overline{BC}}{\overline{AC}} = \cos C$

(2) $\cos A = \dfrac{\overline{AB}}{\overline{AC}} = \sin C$

(3) $\tan A = \dfrac{\overline{BC}}{\overline{AB}} = \dfrac{1}{\tan C}$

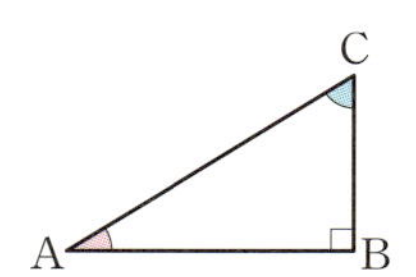

3 30°, 45°, 60°의 삼각비의 값

삼각비 ＼ A	30°	45°	60°	
$\sin A$	$\dfrac{1}{2}$	$\dfrac{\sqrt{2}}{2}$	$\dfrac{\sqrt{3}}{2}$	→ sin의 값은 증가
$\cos A$	$\dfrac{\sqrt{3}}{2}$	$\dfrac{\sqrt{2}}{2}$	$\dfrac{1}{2}$	→ cos의 값은 감소
$\tan A$	$\dfrac{\sqrt{3}}{3}$	1	$\sqrt{3}$	→ tan의 값은 증가

- ① $\sin 30° = \cos 60°$
  ② $\sin 45° = \cos 45°$
  ③ $\sin 60° = \cos 30°$
  ④ $\tan 30° = \dfrac{1}{\tan 60°}$

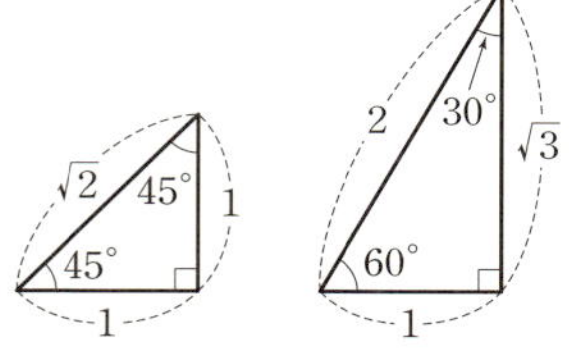

> **주의** 삼각비의 계산에서 $\sin^2 A = (\sin A)^2 \neq \sin A^2$

4 예각의 삼각비의 값

반지름의 길이가 1인 사분원에서 임의의 예각의 크기를 x라고 하면

(1) $\sin x = \dfrac{\overline{AB}}{\overline{OA}} = \dfrac{\overline{AB}}{1} = \overline{AB}$

(2) $\cos x = \dfrac{\overline{OB}}{\overline{OA}} = \dfrac{\overline{OB}}{1} = \overline{OB}$

(3) $\tan x = \dfrac{\overline{CD}}{\overline{OD}} = \dfrac{\overline{CD}}{1} = \overline{CD}$

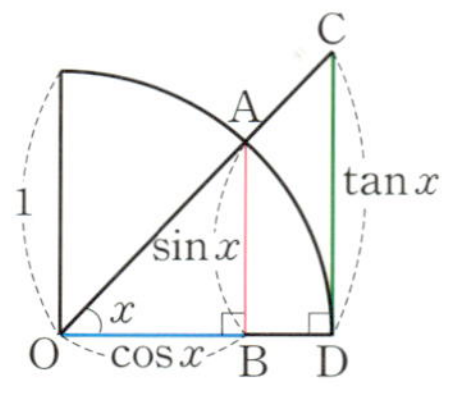

- 반지름의 길이가 1인 사분원에서 예각의 삼각비의 값은 분모인 변의 길이가 1인 직각삼각형을 찾아서 구한다.

5 0°, 90°의 삼각비의 값

(1) 0°, 90°의 삼각비의 값

오른쪽 그림과 같은 직각삼각형 AOB에서

① 0°의 삼각비의 값

$\sin 0° = 0$, $\cos 0° = 1$, $\tan 0° = 0$

② 90°의 삼각비의 값

$\sin 90° = 1$, $\cos 90° = 0$, $\tan 90°$의 값은 정할 수 없다.

(2) 0°에서 90°까지의 삼각비의 값의 대소 관계

① $0° \le x < 45°$일 때, $\sin x < \cos x$

② $x = 45°$일 때, $\sin x = \cos x < \tan x$

③ $45° < x \le 90°$일 때, $\cos x < \sin x < \tan x$

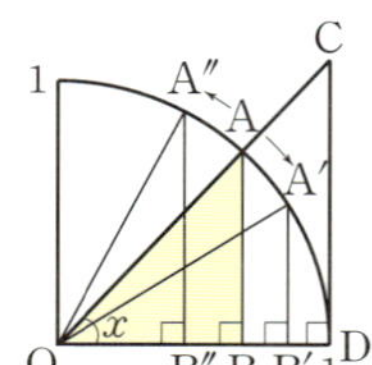

- $0° \le x \le 90°$일 때, x의 크기가 증가하면
  ① $\sin x$의 값은 0에서 1까지 증가한다.
  ② $\cos x$의 값은 1에서 0까지 감소한다.
  ③ $\tan x$의 값은 0에서 무한히 증가한다. (단, $x \ne 90°$)

6 삼각비의 표

(1) 삼각비의 표 : 0°에서 90°까지 1° 간격으로 삼각비의 값을 반올림하여 소수점 아래 넷째 자리까지 구하여 나타낸 표

(2) 삼각비의 표 보는 방법

삼각비의 표에서 가로줄과 세로줄이 만나는 곳의 수를 읽는다.

각도	사인 (sin)	코사인 (cos)	탄젠트 (tan)
0°	0.0000	1.0000	0.0000
⋮	⋮	⋮	⋮
42°	0.6691	0.7431	0.9004
43°	0.6820	0.7314	0.9325
⋮	⋮	⋮	⋮
90°	1.0000	0.0000	

- 삼각비의 표에 있는 삼각비의 값은 반올림한 값이지만 삼각비의 값을 나타낼 때에는 등호 (=)를 사용하여 나타낸다.

예 $\sin 42°$의 값은 삼각비의 표에서 가로줄 42°와 세로줄 sin의 값이 만나는 곳의 수, 즉 0.6691이다.

∴ $\sin 42° = 0.6691$

직각삼각형에서 한 삼각비의 값과 한 변의 길이를 알 때

(1) 삼각비의 값을 이용하여 한 변의 길이를 구한다.

(2) 피타고라스 정리를 이용하여 나머지 한 변의 길이를 구한다.

Theme 01 삼각비

$\angle B = 90°$인 직각삼각형 ABC에서

① $\angle A$의 사인 $\Rightarrow \sin A = \dfrac{a}{b}$

② $\angle A$의 코사인 $\Rightarrow \cos A = \dfrac{c}{b}$

③ $\angle A$의 탄젠트 $\Rightarrow \tan A = \dfrac{a}{c}$

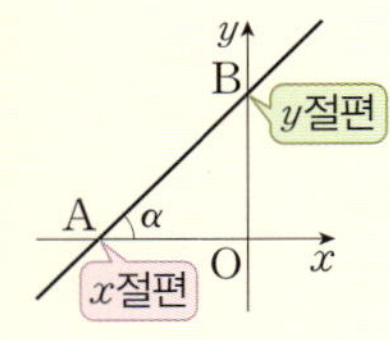

이때 $\sin A$, $\cos A$, $\tan A$를 $\angle A$의 삼각비라 한다.

참고 직선과 삼각비

직선에서 x절편과 y절편을 각각 구하여 직각삼각형의 변의 길이를 구한다.

$\Rightarrow \sin \alpha = \dfrac{\overline{OB}}{\overline{AB}}$, $\cos \alpha = \dfrac{\overline{OA}}{\overline{AB}}$,

$\tan \alpha = \dfrac{\overline{OB}}{\overline{OA}}$

03

오른쪽 그림과 같이 $\angle B = 90°$인 직각삼각형 ABC에서 $\overline{AC} = 12$ cm이고 $\cos A = \dfrac{\sqrt{3}}{3}$일 때, $\triangle ABC$의 넓이를 구하여라.

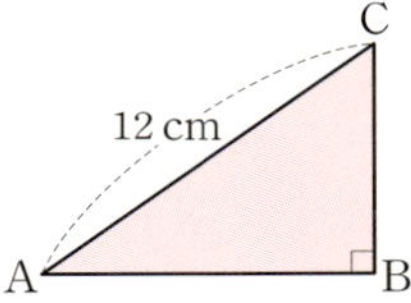

01

오른쪽 그림과 같이 $\angle C = 90°$인 직각삼각형 ABC에서 $\overline{AB} = 12$, $\overline{BD} = 8$, $\overline{CD} = 2$일 때, $\cos A$의 값을 구하여라.

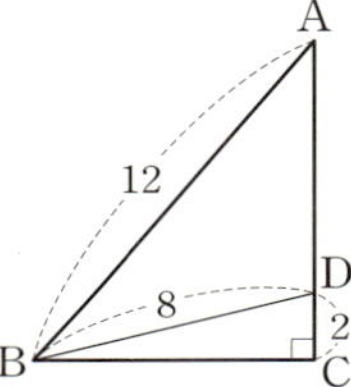

04

오른쪽 그림과 같이 $\angle C = 90°$인 직각삼각형 ABC에서 변 BC의 중점을 D라 하자. $\overline{AC} = 8$, $\tan B = \dfrac{2}{3}$이고 $\angle DAC = \theta$일 때, $\sin \theta$의 값을 구하여라.

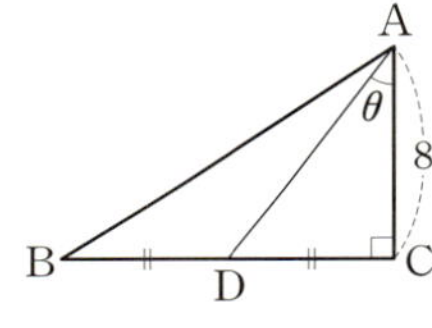

02

오른쪽 그림과 같이 일차방정식 $3x - y + 9 = 0$의 그래프가 x축의 양의 방향과 이루는 각의 크기를 θ라고 할 때, $\sin \theta - \cos \theta$의 값을 구하여라.

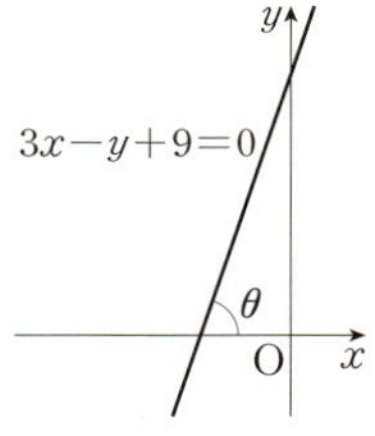

05

오른쪽 그림과 같은 직각삼각형 ABC에서 $\overline{AB} = 5$, $\cos B = \dfrac{1}{2}$일 때, $\sin B \times \tan C$의 값을 구하여라.

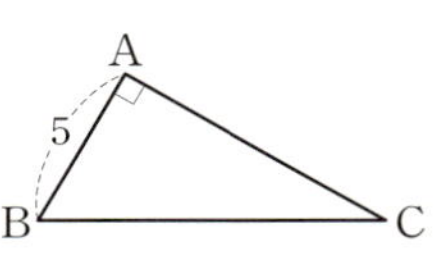

Theme 03 한 삼각비의 값을 알 때, 다른 삼각비의 값 구하기

사인, 코사인, 탄젠트 중 어느 하나의 값을 알 때
(1) 주어진 삼각비의 값을 갖는 직각삼각형을 그린다.
(2) 피타고라스 정리를 이용하여 나머지 한 변의 길이를 구한다.
(3) 다른 두 삼각비의 값을 구한다.

06

$\angle B = 90°$인 직각삼각형 ABC에서 $11 \cos A = 7$일 때, $\sin A \times \tan C$의 값을 구하여라.

07

$17 \sin A - 8 = 0$일 때, $\cos A(1 + \tan A)$의 값을 구하여라. (단, $0° < A < 90°$)

08 서술형

$\tan A = \dfrac{5}{12}$일 때, 다음 식의 값을 구하여라.

(단, $0° < A < 90°$)

$$\sin A + \frac{\cos A}{\tan(90° - A)}$$

Theme 04 직각삼각형의 닮음과 삼각비

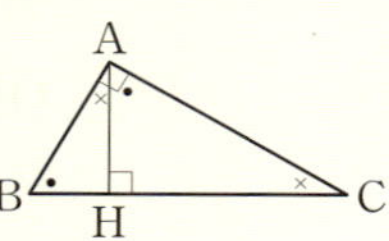

(1) 닮음인 삼각형을 찾는다.
 ⇨ $\triangle ABC \backsim \triangle HBA$
   $\backsim \triangle HAC$ (AA 닮음)
(2) 크기가 같은 대응각을 찾는다.
 ⇨ $\angle B = \angle HAC$, $\angle C = \angle BAH$
(3) 삼각비의 값을 구한다.

09

오른쪽 그림과 같이 $\angle A = 90°$인 직각삼각형 ABC에서 $\overline{AH} \perp \overline{BC}$이고, $\overline{AB} = 6$, $\overline{AC} = 8$이다. $\angle BAH = x$, $\angle CAH = y$일 때, $\cos x - \cos y$의 값을 구하여라.

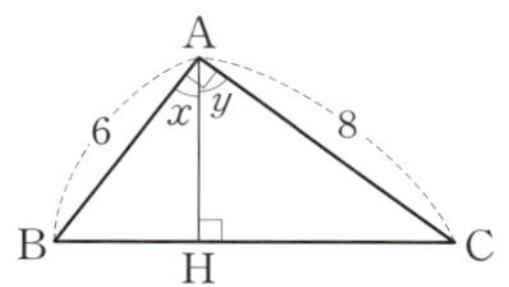

10

오른쪽 그림과 같이 $\angle C = 90°$인 직각삼각형 ABC에서 $\overline{AB} \perp \overline{CH}$이고, $\angle BCH = x$이다. $\overline{AB} = 8$, $\cos x = \dfrac{1}{4}$일 때, $\overline{CH}$의 길이를 구하여라.

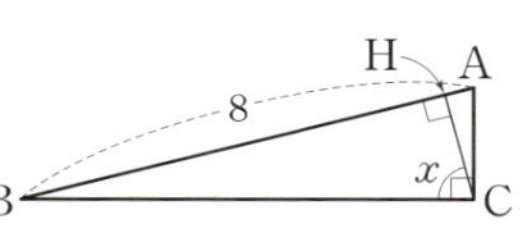

11

오른쪽 그림과 같이 직사각형 ABCD의 꼭짓점 A에서 대각선 BD에 내린 수선의 발을 H라 하자. $\overline{AB} = 9$, $\overline{BC} = 12$이고 $\angle DAH = x$라 할 때, $\sin x + \cos x$의 값을 구하여라.

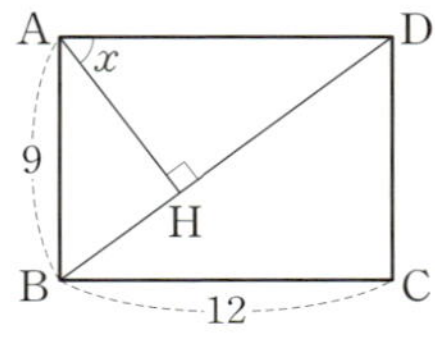

12

오른쪽 그림의 직각삼각형 ABC에서 $\overline{BC} \perp \overline{DE}$, $\overline{AC}=8$, $\overline{BC}=17$이다. $\angle BDE=x$라 할 때, $\cos x$의 값은?

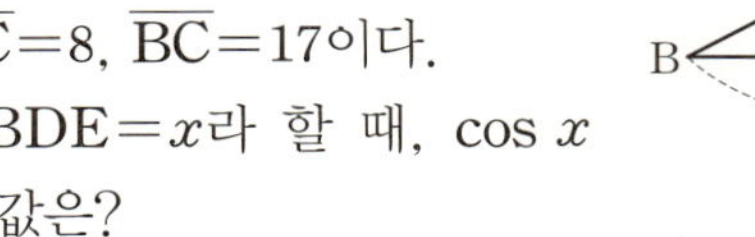

① $\dfrac{1}{15}$ ② $\dfrac{3}{15}$ ③ $\dfrac{8}{15}$

④ $\dfrac{8}{17}$ ⑤ $\dfrac{11}{17}$

13 서술형

오른쪽 그림의 직각삼각형 ABC에서 $\overline{AC} \perp \overline{DE}$, $\overline{DC}=13$, $\overline{DE}=11$이다. $\angle BAC=x$라 할 때, $\dfrac{\sin x}{\tan x}$의 값을 구하여라.

14

오른쪽 그림과 같이 $\angle A=90°$인 직각삼각형 ABC에서 $\angle ADE=\angle ACB$이다. $\overline{AE}=4$, $\overline{DE}=12$일 때, $\sin B \times \sin C$의 값을 구하여라.

Theme 05 특수한 각의 삼각비의 값

삼각비 \ A	30°	45°	60°	
$\sin A$	$\dfrac{1}{2}$	$\dfrac{\sqrt{2}}{2}$	$\dfrac{\sqrt{3}}{2}$	→ 각의 크기가 커질수록 증가
$\cos A$	$\dfrac{\sqrt{3}}{2}$	$\dfrac{\sqrt{2}}{2}$	$\dfrac{1}{2}$	→ 각의 크기가 커질수록 감소
$\tan A$	$\dfrac{\sqrt{3}}{3}$	1	$\sqrt{3}$	

15

$\sin 60°=\cos(x+20°)$를 만족시키는 x의 크기는?

(단, $0° < x < 70°$)

① $5°$ ② $10°$ ③ $15°$

④ $30°$ ⑤ $45°$

16

$\tan(x-30°)=\dfrac{\sqrt{3}}{3}$일 때, $\sin \dfrac{x}{2}+\cos x$의 값은?

(단, $30° < x < 90°$)

① $\dfrac{\sqrt{2}}{2}$ ② 1 ③ $\sqrt{2}$

④ $\sqrt{3}$ ⑤ 2

17

다음 식의 값을 구하여라.

$$\dfrac{\sin 30° + \cos 60°}{\sin 45° \times \cos 45°} - \dfrac{\tan 30°}{\tan 60° - \sin 60°}$$

18

다음 중 옳지 <u>않은</u> 것을 모두 고르면? (정답 2개)

① $\tan 45° \times \tan 60° \div \cos 45° = \sqrt{6}$

② $2 \sin 30° + \sqrt{3} \tan 30° = 0$

③ $\sqrt{3} \cos 30° - 2 \sin 30° + 1 = \dfrac{\sqrt{3}}{2}$

④ $\tan 30° = \dfrac{1}{\tan 60°}$

⑤ $\tan 45° \times \sin 45° = \sin 45°$

19

이차방정식 $2x^2 - ax + 5 = 0$의 한 근이 $\cos 60°$일 때, 상수 a의 값을 구하여라.

20

세 내각의 크기의 비가 $3 : 4 : 5$인 삼각형에서 가장 작은 내각의 크기를 A라 할 때, $\sin A : \cos A : \tan A$는?

① $1 : 2 : \sqrt{2}$
② $1 : \sqrt{3} : 3$
③ $\sqrt{2} : \sqrt{2} : 2$
④ $\sqrt{2} : \sqrt{3} : \sqrt{3}$
⑤ $3 : 2 : \sqrt{3}$

Theme 06 특수한 각의 삼각비의 값의 활용

(1) 특수한 각의 삼각비의 값이 주어질 때
  ① 각의 크기를 구할 수 있다.
  ② 구한 각의 크기를 이용하여 다른 삼각비의 값을 구할 수 있다.

(2) 주어진 한 변의 길이와 삼각비를 이용하여 나머지 변의 길이를 구할 수 있다.

(3) 직선 l이 x축의 양의 방향과 이루는 각의 크기가 a일 때,
$$(\text{직선 } l\text{의 기울기}) = \frac{\overline{\text{OB}}}{\overline{\text{OA}}} = \tan a$$

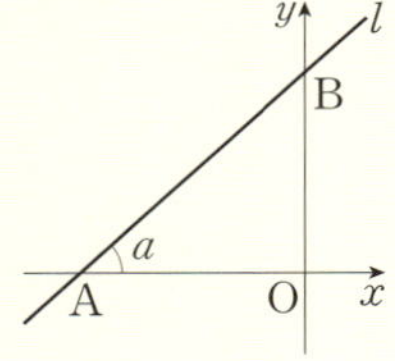

21

오른쪽 그림에서 $\angle ABC = \angle BCD = 90°$, $\angle BAC = 45°$, $\angle BDC = 60°$, $\overline{CD} = 2\sqrt{3}$일 때, $\overline{AC}$의 길이를 구하여라.

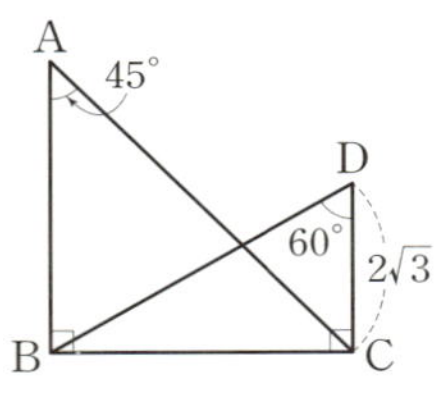

22

오른쪽 그림과 같은 직각삼각형 ABC에서 $\angle B = 15°$, $\angle ADC = 30°$, $\overline{BD} = 8$ cm일 때, $\tan 15°$의 값을 구하여라.

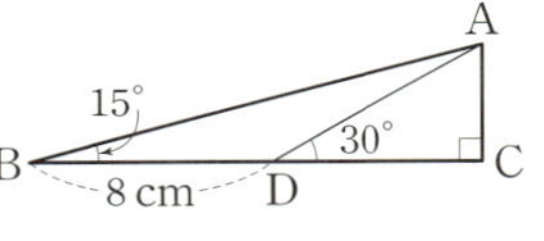

23

오른쪽 그림과 같이 직선 $y = mx + n$이 x축과 이루는 예각의 크기가 $45°$이고 x절편이 -3일 때, 상수 m, n에 대하여 mn의 값을 구하여라.

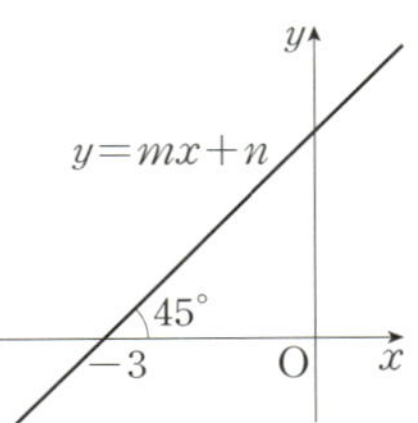

Theme 07 예각의 삼각비의 값

(1) 예각의 삼각비의 값

반지름의 길이가 1인 사분원에서 예각 x에 대하여

① $\sin x = \dfrac{\overline{AB}}{\overline{OA}} = \dfrac{\overline{AB}}{1} = \overline{AB}$

② $\cos x = \dfrac{\overline{OB}}{\overline{OA}} = \dfrac{\overline{OB}}{1} = \overline{OB}$

③ $\tan x = \dfrac{\overline{CD}}{\overline{OD}} = \dfrac{\overline{CD}}{1} = \overline{CD}$

(2) 0°, 90°의 삼각비의 값

① $\sin 0° = 0$, $\cos 0° = 1$, $\tan 0° = 0$

② $\sin 90° = 1$, $\cos 90° = 0$, $\tan 90°$의 값은 정할 수 없다.

24

오른쪽 그림과 같이 반지름의 길이가 1인 사분원에서 $\overline{OD} \perp \overline{AB}$, $\overline{OD} \perp \overline{CD}$일 때, 다음 중 옳지 <u>않은</u> 것은?

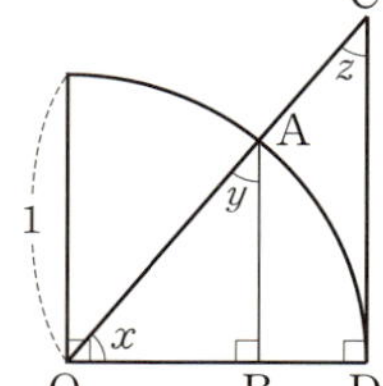

① $\sin x = \overline{AB}$ ② $\sin y = \overline{OB}$

③ $\cos z = \overline{AB}$ ④ $\cos y = \overline{CD}$

⑤ $\tan z = \dfrac{1}{\overline{CD}}$

25

$(\sin 90° + \cos 90°) \times (5 \sin 0° - 2 \cos 0° + \tan 0°)$의 값을 구하여라.

26

다음 삼각비의 값 중에서 가장 큰 것은?

① $\sin 0°$ ② $\sin 45°$ ③ $2 \cos 60°$

④ $\tan 80°$ ⑤ $\cos 90°$

Theme 08 삼각비의 표

(1) 삼각비의 값 : 삼각비의 표에서 각도의 가로줄과 sin, cos, tan의 세로줄이 만나는 곳의 수를 읽는다.

(2) 각의 크기 : 삼각비의 표에서 주어진 삼각비의 값을 찾아 왼쪽의 각의 크기를 읽는다.

27

다음 삼각비의 표를 이용하여 물음에 답하여라.

각도	사인(sin)	코사인(cos)	탄젠트(tan)
15°	0.2588	0.9659	0.2679
16°	0.2756	0.9613	0.2867
17°	0.2924	0.9563	0.3057
18°	0.3090	0.9511	0.3249

(1) $\cos 17° - \tan 16°$의 값을 구하여라.

(2) $\sin x = 0.3090$을 만족하는 $\angle x$의 크기를 구하여라.

28

오른쪽 그림의 직각삼각형 ABC에서 $\angle A = 67°$, $\overline{AB} = 4$일 때, 다음 삼각비의 표를 이용하여 $\overline{BC}$의 길이를 구하여라.

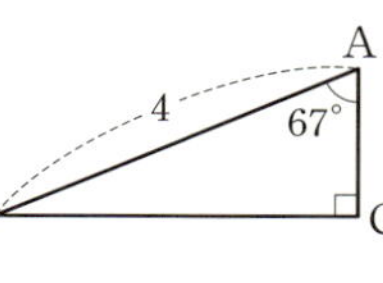

각도	사인(sin)	코사인(cos)	탄젠트(tan)
21°	0.3584	0.9336	0.3839
22°	0.3746	0.9272	0.4040
23°	0.3907	0.9205	0.4245

STEP B 실력완성문제
2단계

I 삼각비

01

오른쪽 그림의 $\triangle AOB$는 일차함수 $3x-4y-12=0$의 그래프와 x축, y축으로 둘러싸인 부분이다. 이때 $\cos A + \cos B$의 값을 구하여라.

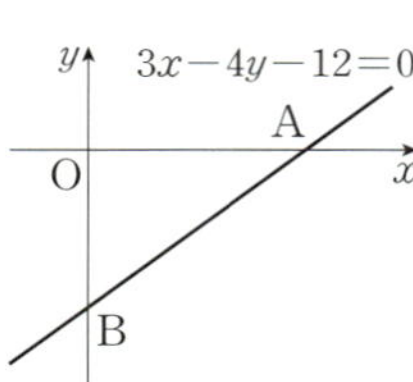

02

오른쪽 그림과 같이 $\angle B = 90°$인 직각삼각형 ABC에서 $\overline{AC}$의 중점을 M이라 하자. $\overline{AC}=12$, $\overline{BC}=8$이고 $\angle ABM=x$라 할 때, $\cos x$의 값을 구하여라.

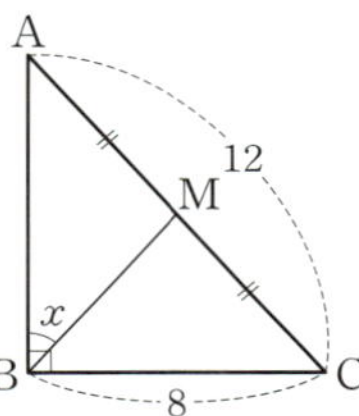

03 서술형

오른쪽 그림의 직각삼각형 ABC에서 $\overline{DE}=12$, $\overline{BE}=8$이고, $\angle ACB = \angle EDB$일 때, $\tan A + \cos C$의 값을 구하여라.

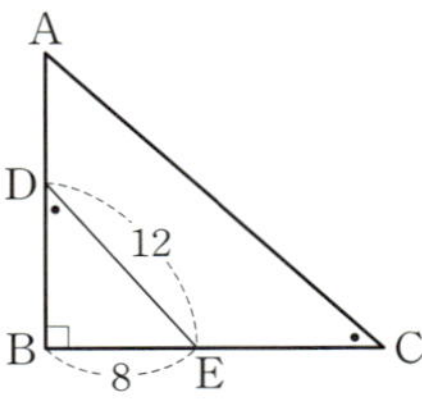

04

$0° < x < 45°$일 때, $\sqrt{(\cos x - \sin x)^2} + \sqrt{\sin^2 x} + \sqrt{(\cos x - 1)^2}$을 간단히 하여라.

05

삼각형 ABC의 세 내각의 크기의 비가 $\angle A : \angle B : \angle C = 1 : 2 : 3$일 때, $\cos A : \tan B : \sin C$의 값은?

① $1 : \sqrt{3} : \sqrt{3}$ ② $1 : \sqrt{2} : \sqrt{3}$

③ $\sqrt{3} : 1 : 2\sqrt{3}$ ④ $\sqrt{3} : 2\sqrt{3} : 2$

⑤ $3 : 2 : 2\sqrt{3}$

06

오른쪽 그림과 같이 반지름의 길이가 1인 사분원을 좌표평면 위에 나타낼 때, 다음 중 점 A의 좌표는?

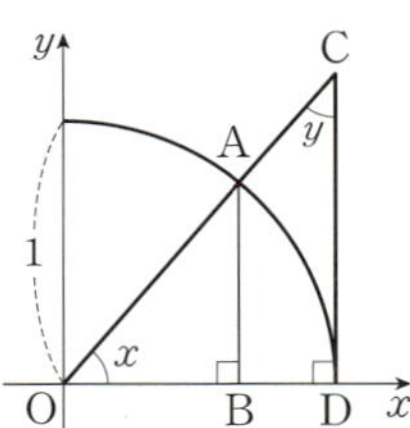

① $(\sin x, \cos y)$

② $(\sin x, \sin y)$

③ $(\cos y, \sin x)$

④ $(\sin y, \cos y)$

⑤ $(\sin x, \cos x)$

07

오른쪽 그림과 같이 반지름의 길이가 1인 사분원에서 $\overline{OB}=0.8090$일 때, 다음 삼각비의 표를 이용하여 $\overline{CD}$의 길이를 구하여라.

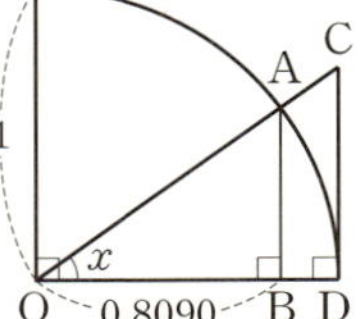

각도	사인($\sin$)	코사인($\cos$)	탄젠트($\tan$)
$35°$	0.5736	0.8192	0.7002
$36°$	0.5878	0.8090	0.7265
$37°$	0.6018	0.7986	0.7536
$38°$	0.6157	0.7880	0.7813

08

오른쪽 그림과 같이 반지름의 길이가 1이고 중심각의 크기가 $90°$인 부채꼴 AOB가 있다.

$\angle AOC=48°$인 호 AB 위의 점 C에서 반지름 OA에 내린 수선의 발을 D라 하고, 점 A를 지나면서 선분 DC에 평행한 직선과 선분 OC의 연장선의 교점을 E라 하자. 다음 **보기**에서 옳은 것을 모두 고른 것은?

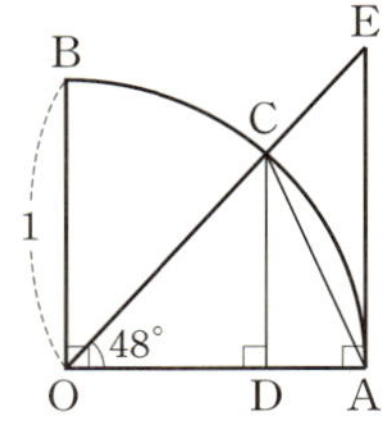

| 보기 |
| ㉠ $\overline{OD}=\cos 48°$ |
| ㉡ $\overline{AE}=\tan 48°$ |
| ㉢ $\overline{AC}=\sin 42°$ |

① ㉠   ② ㉠, ㉡   ③ ㉠, ㉢
④ ㉡, ㉢   ⑤ ㉠, ㉡, ㉢

09

$0°<A<90°$이고 이차방정식 $16x^2-24x+9=0$의 근이 $\cos A$일 때, $\sin A+\tan A$의 값을 구하여라.

10

오른쪽 그림의 직각삼각형 ABC에서 $\overline{AD}\perp\overline{BC}$, $\overline{AB}\perp\overline{DE}$이고 $\angle C=60°$, $\overline{BC}=20$ cm일 때, $\overline{AD}$, $\overline{DE}$의 길이를 각각 구하여라.

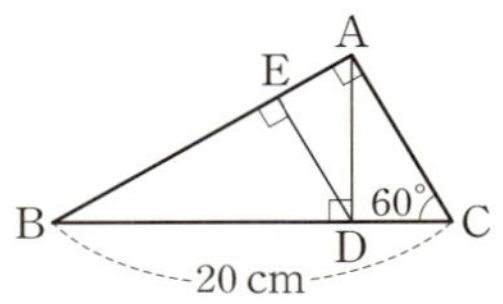

11

다음 그림과 같이 $\overline{AB}=9$, $\angle AOB=30°$인 직각삼각형 AOB의 빗변을 한 변으로 하고 $\angle BOC=30°$인 직각삼각형 BOC를 그렸다. 이와 같은 방법으로 △COD와 △DOE, △EOF를 그렸을 때, $\overline{EF}$의 길이를 구하여라.

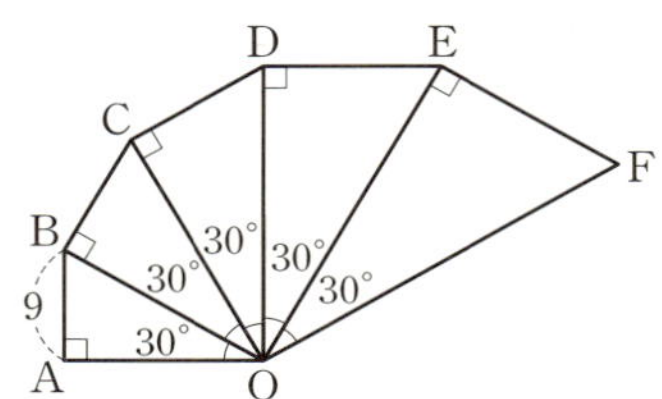

12

오른쪽 그림과 같이 직각삼각형 ABC와 DBC에서 $\angle ACB=45°$, $\angle D=60°$, $\overline{CD}=8$일 때, △EBC의 넓이를 구하여라.

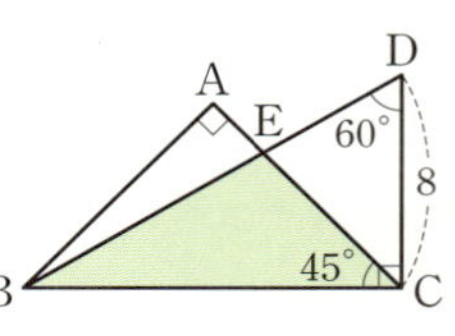

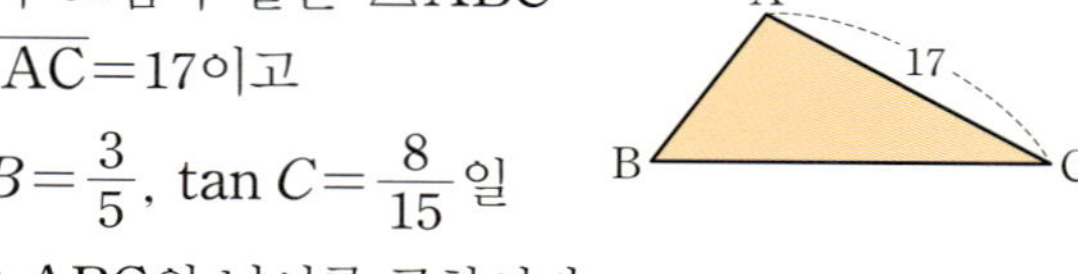

13

일차방정식 $4\sqrt{2}x-6y+11=0$의 그래프가 x축과 이루는 예각의 크기를 α라 할 때, $\dfrac{1}{\tan \alpha}$의 값을 구하여라.

14

오른쪽 그림과 같은 직육면체에서 $\sin x \times \cos x + \tan x$의 값을 구하여라.

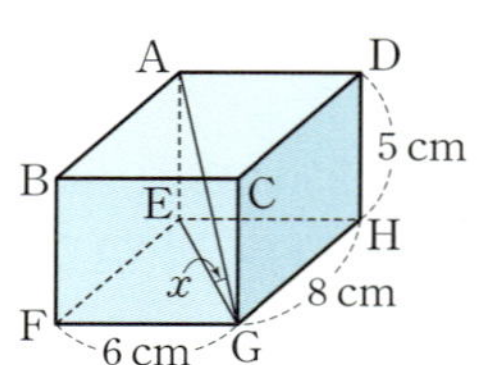

15

오른쪽 그림의 $\triangle ABC$에서 $\overline{AB}$가 원 O의 중심을 지나고 $\angle B=45°$, $\overline{AO}=9\,\text{cm}$, $\overline{BO}=3\,\text{cm}$일 때, $\cos A$의 값을 구하여라.

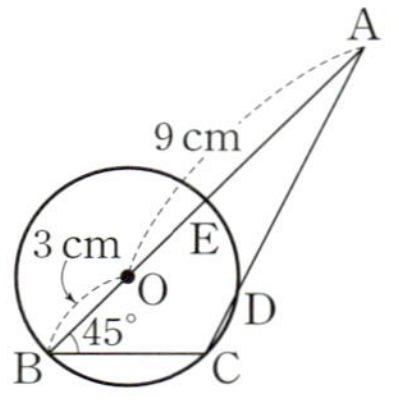

16

오른쪽 그림과 같은 $\triangle ABC$에서 $\overline{AC}=17$이고 $\cos B=\dfrac{3}{5}$, $\tan C=\dfrac{8}{15}$일 때, $\triangle ABC$의 넓이를 구하여라.

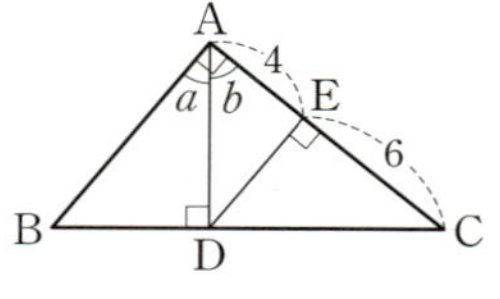

17

오른쪽 그림과 같이 $\angle A=90°$인 직각삼각형 ABC의 꼭짓점 A에서 $\overline{BC}$에 내린 수선의 발을 D, 점 D에서 $\overline{AC}$에 내린 수선의 발을 E라 하고, $\angle BAD=a$, $\angle CAD=b$라 하자. $\overline{AE}=4$, $\overline{CE}=6$일 때, $\sin a \times \tan b$의 값을 구하여라.

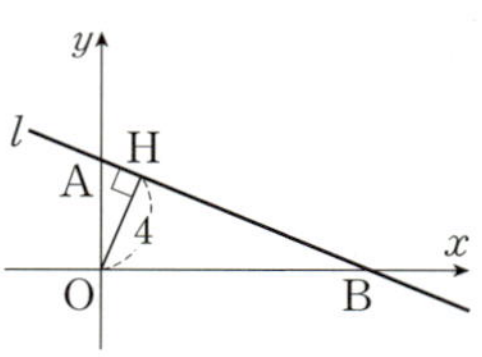

18

오른쪽 그림과 같이 직선 l이 y축, x축과 만나는 점을 각각 A, B, 원점 O에서 $\overline{AB}$에 내린 수선의 발을 H라고 하자. $\tan B=\dfrac{5}{12}$, $\overline{OH}=4$일 때, 점 A의 좌표를 구하여라.

19

$\sin A : \cos A = 8 : 5$일 때, $\dfrac{2\tan A - 1}{\tan A + 1}$의 값을 구하여라. (단, $0° < A < 90°$)

20

다음 그림과 같이 $\angle C = 90°$인 직각삼각형 ABC에서 $\overline{AD} = \overline{BD}$, $\overline{AE} = \overline{DE}$이다. $\angle EAC = 30°$, $\angle BAC = \theta$일 때, $\tan\theta$의 값을 구하여라.

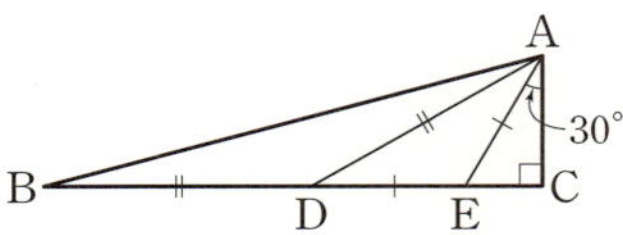

21

오른쪽 그림과 같이 $\angle C = 90°$인 직각삼각형 ABC에서 $\overline{AB} \perp \overline{DE}$이고, $\angle B = 45°$, $\angle ADC = 60°$, $\overline{CD} = 6$일 때, $\tan 75°$의 값을 구하여라.

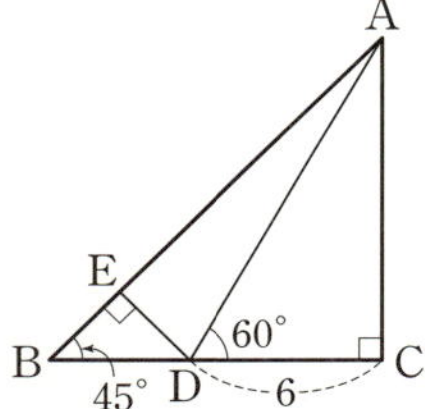

22

오른쪽 그림과 같이 직사각형 ABCD 안에 있는 △DEF는 $\overline{DF} = 4\sqrt{3}$, $\angle EDF = 30°$, $\angle F = 90°$인 직각삼각형이다. $\angle BEF = 45°$일 때, $\sin 15°$의 값을 구하여라.

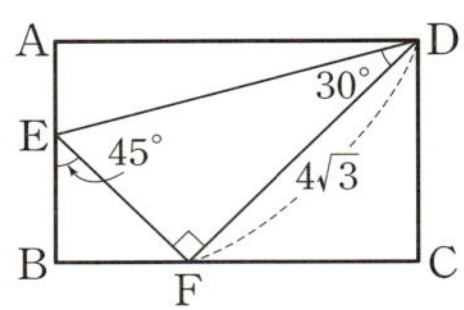

23

오른쪽 그림과 같이 한 변의 길이가 3 cm인 정사각형 ABCD를 점 A를 중심으로 30°만큼 회전시켜 □AB′C′D′을 만들었다. 이때 두 정사각형이 겹친 부분의 넓이를 구하여라.

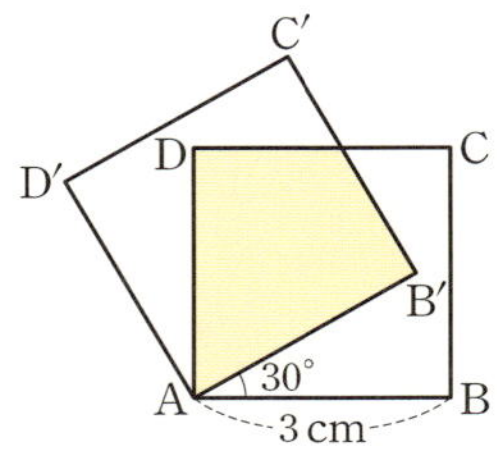

24

다음 **보기**의 삼각비의 값을 작은 것부터 차례로 나열하여라.

> **┤보기├**
>
> ㉠ $\cos 60°$ ㉡ $\sin 55°$ ㉢ $\sin 24°$
>
> ㉣ $\cos 90°$ ㉤ $\tan 45°$ ㉥ $\tan 70°$

25

오른쪽 그림과 같이 모든 모서리의 길이가 6인 정사각뿔이 있다. 이 정사각뿔에서 두 점 M, N은 각각 $\overline{AB}$, $\overline{CD}$의 중점이다. $\angle VMN = \theta$일 때, $\dfrac{\sin\theta \times \tan\theta}{\cos\theta}$의 값을 구하여라.

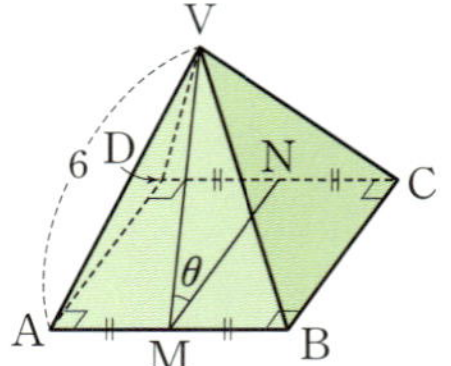

26

오른쪽 그림과 같이 세로의 길이가 6 cm인 직사각형 모양의 종이가 있다. 이 종이를 $\overline{EH}$를 접는 선으로 하여 점 D가 $\overline{BC}$ 위의 점 F에 오도록 접었더니 $\overline{ED} = 10$ cm가 되었다. $\angle FEH = \theta$일 때, $\dfrac{\sin\theta}{\tan\theta}$의 값을 구하여라.

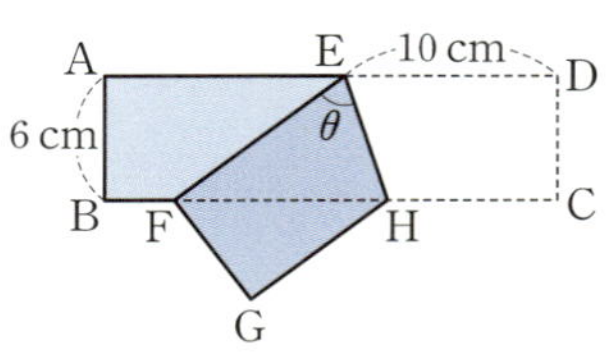

27

오른쪽 그림과 같이 $\overline{AB} = \overline{AC} = 10$ cm, $\overline{BC} = 16$ cm인 이등변삼각형 ABC가 있다. 이 삼각형의 점 A에서 $\overline{BC}$에 내린 수선의 발을 D, 점 B에서 $\overline{AC}$의 연장선에 내린 수선의 발을 E라고 하자. $\angle EBC = \theta$일 때, $\tan\theta$의 값을 구하여라.

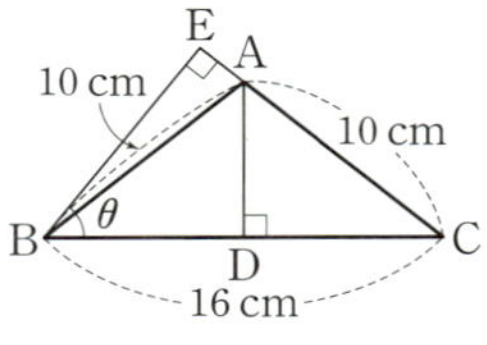

28

오른쪽 그림과 같이 $\angle D = 90°$인 직각삼각형 ABD와 $\angle C = 90°$인 직각삼각형 BCD에서 $\angle ABD = 30°$, $\overline{AD} = 10$, $\overline{BC} = \overline{CD}$, $\overline{AE} \perp \overline{BC}$이다. $\angle BAE = \theta$일 때, $\cos\theta$의 값을 구하여라.

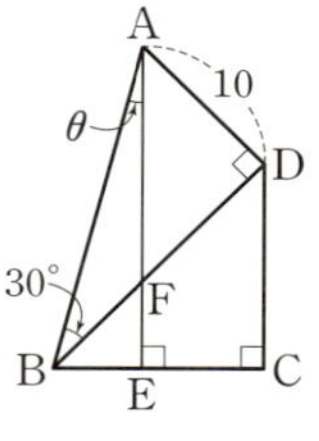

29

이차방정식 $2x^2 + 3x - 2 = 0$의 한 근이 $\sin A$일 때, $\dfrac{\sqrt{3}\tan A}{\sin 3A} - \cos(A + 30°)$의 값을 구하여라.

(단, $0° < A < 90°$)

30

$\sqrt{(\sin x - \cos x)^2} - \sqrt{(\sin x + \cos x)^2} = -\dfrac{2}{3}$일 때, $\tan(90° - x) - \cos x$의 값을 구하여라.

(단, $0° < x < 45°$)

01 오른쪽 그림과 같이 한 모서리의 길이가 12 cm인 정사면체에서 점 M은 $\overline{\text{AD}}$의 중점이고, $\angle\text{BMC}=\theta$이다. 이때 $\tan\theta$의 값을 구하여라.

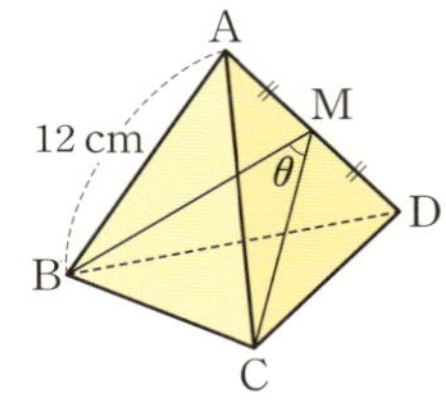

02 오른쪽 그림과 같이 $\angle\text{C}=90°$인 직각삼각형 ABC에서 $\overline{\text{BC}}\perp\overline{\text{DE}}$이고 $\overline{\text{AC}}=\overline{\text{BE}}$, $\overline{\text{BD}}=2\sqrt{3}$, $\overline{\text{BC}}-\overline{\text{DE}}=2$이다. 이때 $\tan A$의 값을 구하여라.

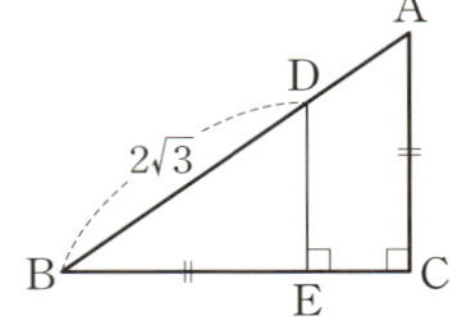

03 다음 그림과 같이 $\triangle\text{ABC}$에서 $\overline{\text{AB}}=\overline{\text{BD}}=\overline{\text{DA}}=\overline{\text{DE}}=4$ cm, $\angle\text{ADE}=90°$일 때, $\triangle\text{ADC}$의 넓이를 구하여라.

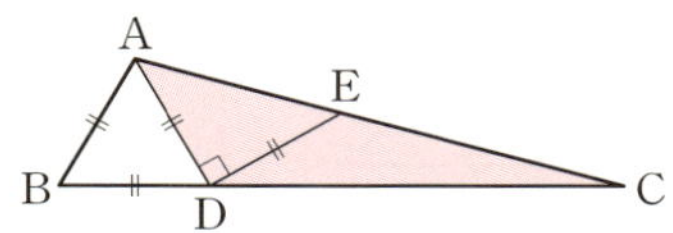

04 오른쪽 그림과 같이 $\angle C = 90°$인 직각삼각형 ABC에서 $\overline{AD} = \overline{CD} = \overline{BC} = 5$이다. $\angle ABD = \theta$일 때, $\cos \theta$의 값을 구하여라.

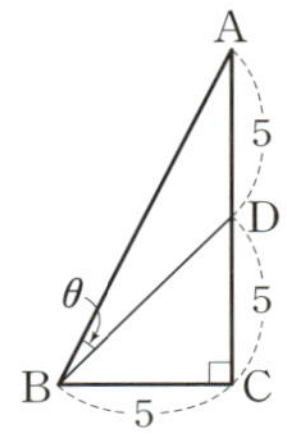

05 오른쪽 그림에서 $\triangle ABC$는 $\angle A = 36°$, $\overline{BC} = 4$이고, $\overline{AB} = \overline{AC}$인 이등변삼각형이다. $\angle B$의 이등분선이 $\overline{AC}$와 만나는 점을 D라고 할 때, $\cos 72° - \cos 36°$의 값을 구하여라.

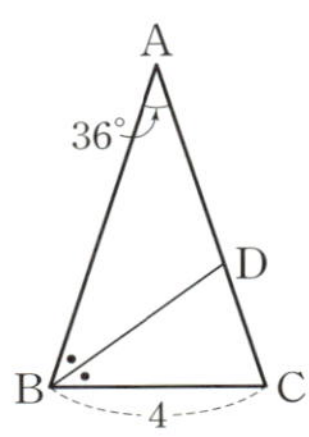

06 오른쪽 그림과 같이 좌표평면 위의 원점 O를 중심으로 하고 반지름의 길이가 20인 사분원에서 $\angle COD = x$라 하자. $\sin x = \dfrac{3}{5}$일 때, $\triangle AOB$와 $\triangle CAE$의 넓이의 차를 구하여라.

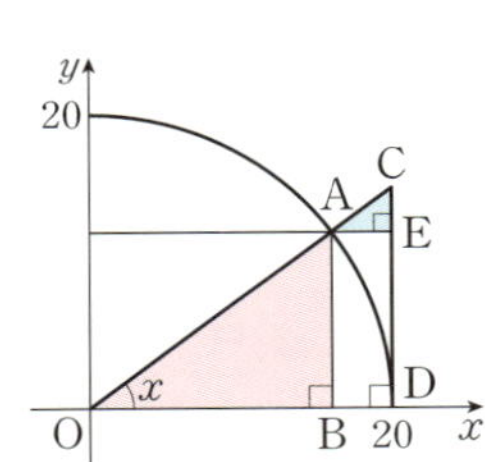

02. 삼각비의 활용

1 직각삼각형의 변의 길이

$\angle B = 90°$인 직각삼각형 ABC에서

(1) $\angle A$의 크기와 빗변의 길이 b를 알 때
  ➡ $a = b \sin A$, $c = b \cos A$

(2) $\angle A$의 크기와 밑변의 길이 c를 알 때
  ➡ $a = c \tan A$, $b = \dfrac{c}{\cos A}$

(3) $\angle A$의 크기와 높이 a를 알 때 ➡ $b = \dfrac{a}{\sin A}$, $c = \dfrac{a}{\tan A}$

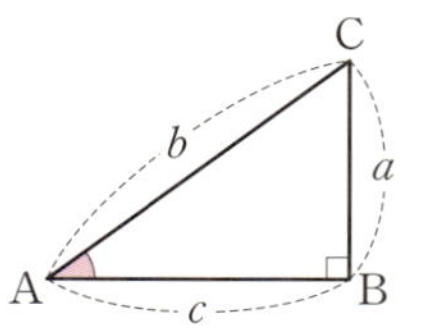

• 직각삼각형에서 한 예각의 크기와 한 변의 길이를 알면 삼각비를 이용하여 다른 변의 길이를 구할 수 있다.

2 일반 삼각형의 변의 길이

(1) 두 변의 길이와 그 끼인각의 크기를 알 때
  꼭짓점 A에서 $\overline{BC}$에 내린 수선의 발을 H라 하면
  $\overline{AH} = c \sin B$, $\overline{BH} = c \cos B$이므로
  $\overline{CH} = a - c \cos B$
  $\therefore \overline{AC} = \sqrt{\overline{AH}^2 + \overline{CH}^2}$
  $\qquad = \sqrt{(c \sin B)^2 + (a - c \cos B)^2}$

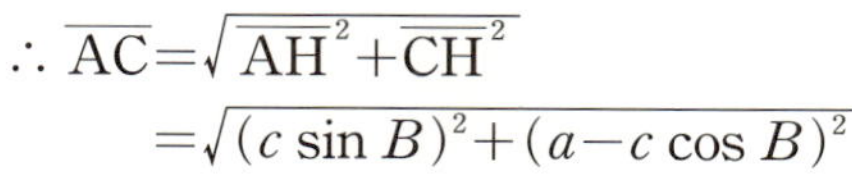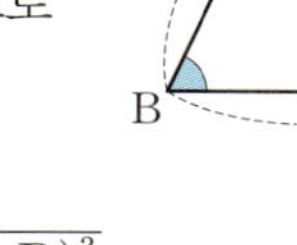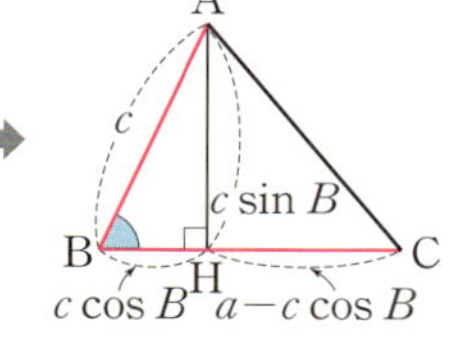

(2) 한 변의 길이와 그 양 끝 각의 크기를 알 때
  꼭짓점 B, C에서 $\overline{AC}$, $\overline{AB}$에 내린 수선의 발을 각각 H, H′이라 하면
  $\overline{CH'} = \overline{AC} \sin A = a \sin B$에서
  $\overline{AC} = \dfrac{a \sin B}{\sin A}$

  $\overline{BH} = \overline{AB} \sin A = a \sin C$에서 $\overline{AB} = \dfrac{a \sin C}{\sin A}$

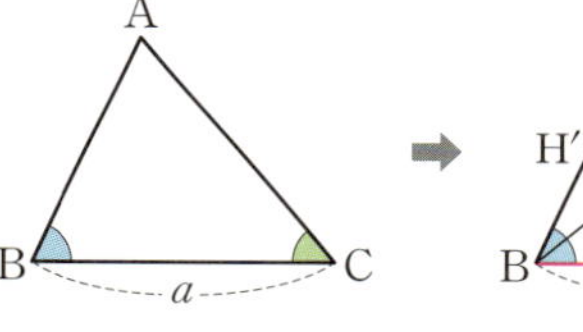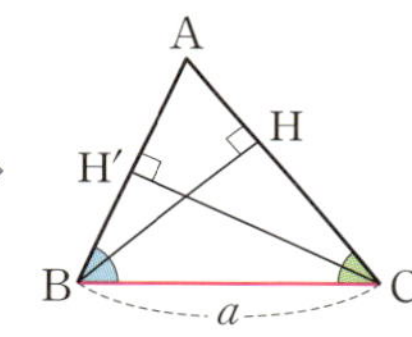

참고 일반 삼각형의 변의 길이를 구할 때는 한 꼭짓점에서 대변에 수선을 그어 직각삼각형을 만든 후 변의 길이를 구한다.

• 일반 삼각형에서 변의 길이를 구할 때는 한 꼭짓점에서 그 대변에 수선을 그어 구하는 변을 빗변으로 하는 직각삼각형을 만든다.

3 삼각형의 높이

$\triangle ABC$에서 한 변의 길이 a와 그 양 끝 각 $\angle B$, $\angle C$의 크기를 알 때, 높이 h는

(1) 주어진 각이 모두 예각인 경우
  $\angle BAH = \angle x$, $\angle CAH = \angle y$라 하면 $\overline{BH} = h \tan x$, $\overline{CH} = h \tan y$이므로
  $a = h \tan x + h \tan y$
  $\therefore h = \dfrac{a}{\tan x + \tan y}$

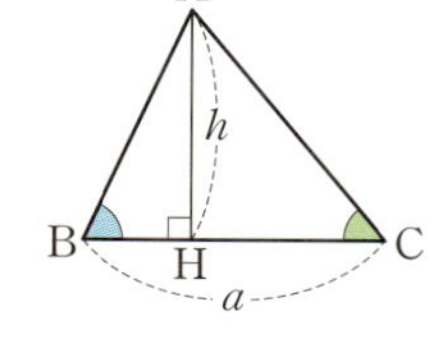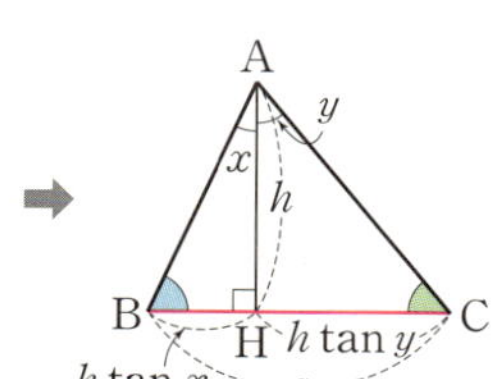

(2) 주어진 각 중 한 각이 둔각인 경우

$\angle BAH = \angle x$,

$\angle CAH = \angle y$라 하면

$\overline{BH} = h \tan x$,

$\overline{CH} = h \tan y$이므로

$a = h \tan x - h \tan y$

$\therefore h = \dfrac{a}{\tan x - \tan y}$

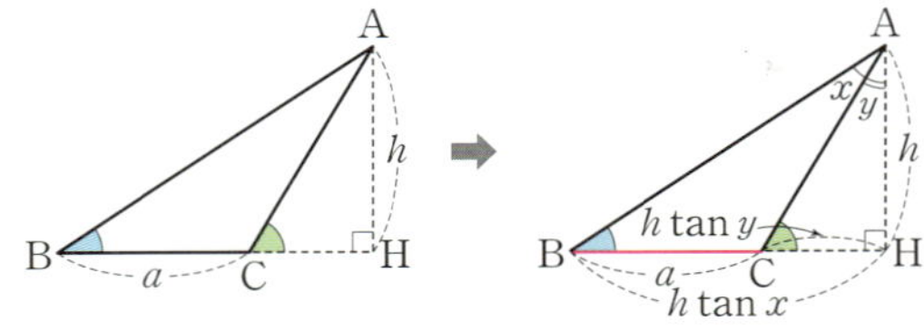

4 삼각형의 넓이

$\triangle ABC$에서 두 변의 길이 a, c와 그 끼인각 $\angle B$의 크기를 알 때, 넓이 S는

(1) $\angle B$가 예각인 경우

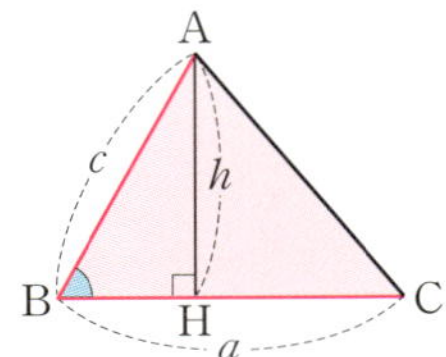

$h = c \sin B$이므로

$S = \dfrac{1}{2} ah = \dfrac{1}{2} ac \sin B$

(2) $\angle B$가 둔각인 경우

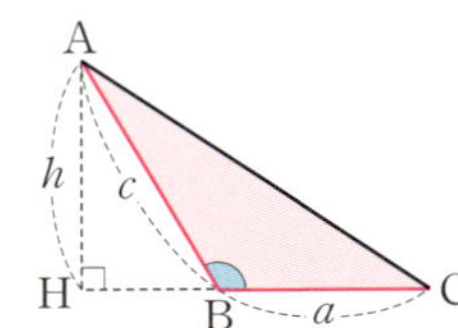

$h = c \sin(180° - B)$이므로

$S = \dfrac{1}{2} ah = \dfrac{1}{2} ac \sin(180° - B)$

• $\angle B = 90°$이면

$S = \dfrac{1}{2} ac \sin 90°$

$= \dfrac{1}{2} ac$

5 사각형의 넓이

(1) 평행사변형의 넓이

평행사변형 $ABCD$에서 이웃하는 두 변의 길이가 a, b이고 그 끼인각 $\angle x$가 예각일 때, 넓이 S는

$S = ab \sin x$

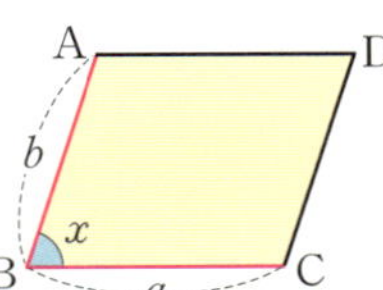

• $\angle x$가 둔각이면

$S = ab \sin(180° - x)$

(2) 사각형의 넓이

$\square ABCD$의 두 대각선의 길이가 a, b이고 두 대각선이 이루는 각 $\angle x$가 예각일 때, 넓이 S는

$S = \dfrac{1}{2} ab \sin x$

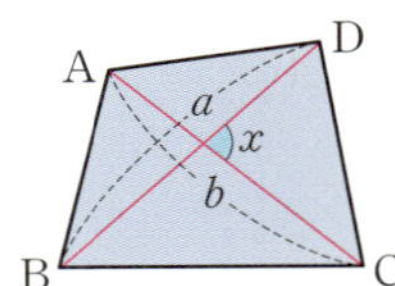

• $\angle x$가 둔각이면

$S = \dfrac{1}{2} ab \sin(180° - x)$

 각 꼭짓점을 지나면서 두 대각선 AC, BD에 평행한 선분을 그으면

EFGH는 평행사변형이므로 $S = \dfrac{1}{2} \square EFGH = \dfrac{1}{2} ab \sin x$

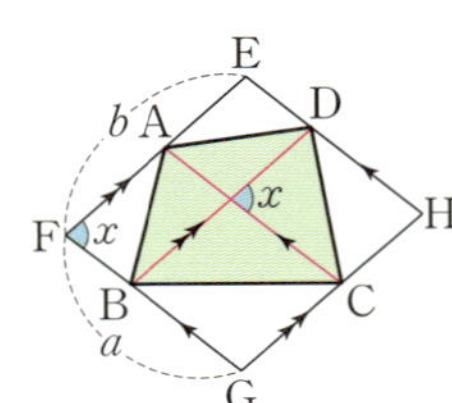

Theme 01 직각삼각형의 변의 길이

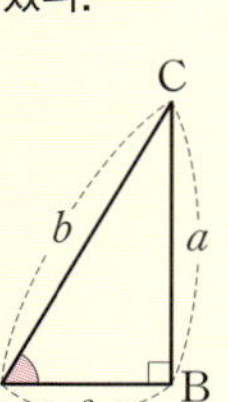

직각삼각형에서 한 변의 길이와 한 예각의 크기를 알 때, 삼각비를 이용하여 나머지 두 변의 길이를 구할 수 있다.

(1) $\angle A$의 크기와 빗변의 길이 b를 알 때
$$a=b \sin A, \quad c=b \cos A$$

(2) $\angle A$의 크기와 밑변의 길이 c를 알 때
$$a=c \tan A, \quad b=\frac{c}{\cos A}$$

(3) $\angle A$의 크기와 높이 a를 알 때
$$b=\frac{a}{\sin A}, \quad c=\frac{a}{\tan A}$$

01

오른쪽 그림과 같이 $\angle A=90°$인 직각삼각형 ABC에서 $\angle C=50°$, $\overline{AC}=10$일 때, $x+y$의 값을 구하여라.
(단, $\sin 50°=0.77$, $\cos 50°=0.64$, $\tan 50°=1.19$로 계산한다.)

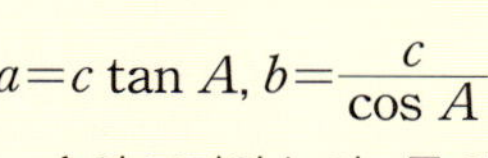

02

오른쪽 그림과 같은 직각삼각형 ABC에서 $\overline{AC} \perp \overline{BH}$이고, $\overline{AC}=6$, $\angle C=63°$일 때, x의 값을 구하여라.
(단, $\sin 27°=0.45$, $\sin 63°=0.89$로 계산한다.)

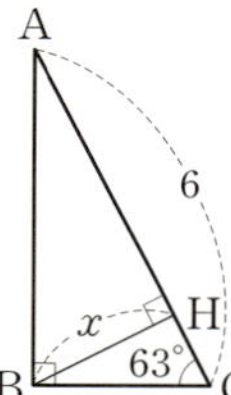

03

오른쪽 그림의 직육면체에서 $\overline{AB}=5$ cm, $\overline{FG}=7\sqrt{3}$ cm이고 $\angle CFG=30°$일 때, 이 직육면체의 부피를 구하여라.

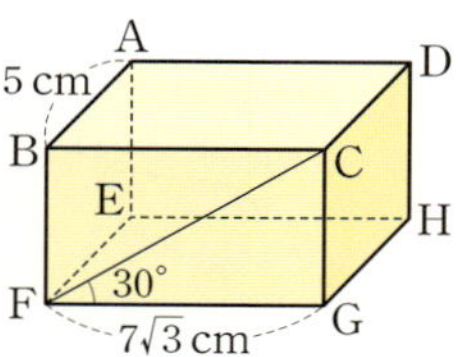

Theme 02 실생활에서 직각삼각형의 변의 길이의 활용

주어진 그림에서 직각삼각형을 찾은 후 삼각비를 이용하여 각 변의 길이를 구한다.

04

오른쪽 그림과 같이 준우가 건물의 꼭대기 A 지점을 올려다 본 각의 크기는 55°이고, 준우와 건물 사이의 거리는 30 m이다. 준우의 눈의 높이가 1.2 m일 때, 이 건물의 높이인 $\overline{AH}$의 길이를 구하여라.
(단, $\sin 55°=0.82$, $\cos 55°=0.57$, $\tan 55°=1.43$으로 계산한다.)

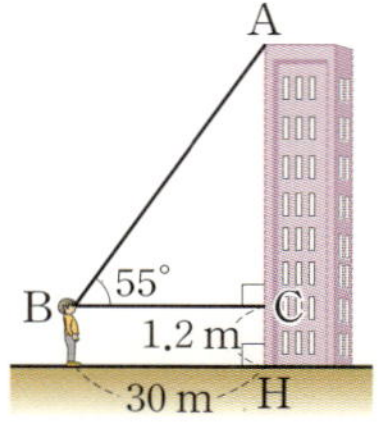

05 서술형

오른쪽 그림과 같이 높이가 30 m인 (가) 건물의 옥상 A 지점에서 (나) 건물의 꼭대기 B 지점을 올려다 본 각의 크기는 30°이고, 가장 아래인 D 지점을 내려다 본 각의 크기는 45°일 때, (나) 건물의 높이를 구하여라.

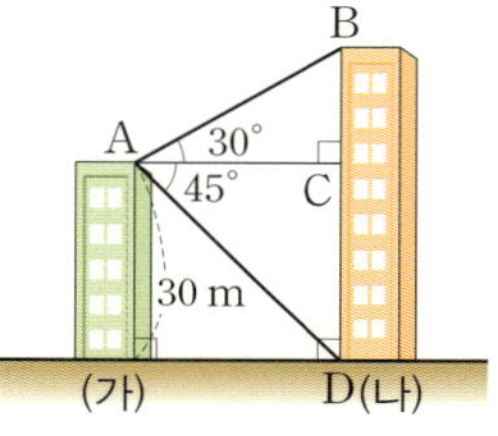

06

오른쪽 그림과 같이 지면으로부터 2720 m의 상공에서 날고 있는 비행기가 수평면과 20°를 유지하면서 초속 320 m로 날아 착륙하려고 한다. 이때 착륙하는 데 걸리는 시간은 몇 초인지 구하여라.
(단, $\sin 20°=0.34$로 계산한다.)

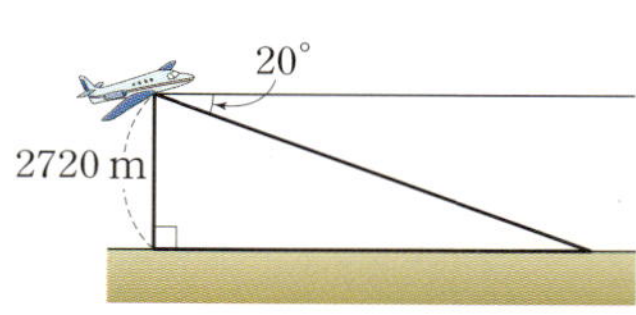

Theme 03 일반 삼각형의 변의 길이

(1) △ABC에서 두 변의 길이 a, c와 그 끼인각 ∠B의 크기를 알 때
$$\overline{AC}=\sqrt{(c\sin B)^2+(a-c\cos B)^2}$$

(2) △ABC에서 한 변의 길이 a와 그 양 끝 각 ∠B, ∠C의 크기를 알 때
$$\overline{AB}=\frac{a\sin C}{\sin A},\ \overline{AC}=\frac{a\sin B}{\sin A}$$

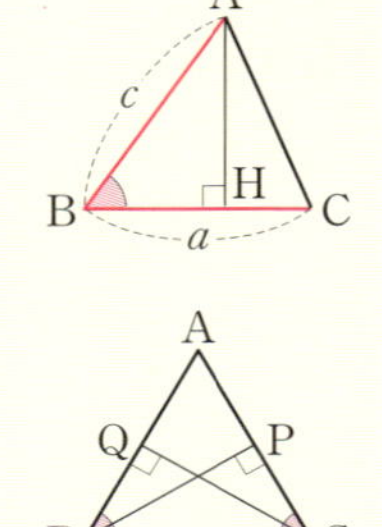

Theme 04 삼각형의 높이

(1) 예각삼각형 ABC에서 한 변의 길이 a와 그 양 끝 각 ∠B, ∠C의 크기를 알 때
$$\Rightarrow h=\frac{a}{\tan x+\tan y}$$

(2) 둔각삼각형 ABC에서 한 변의 길이 a와 그 양 끝 각 ∠B, ∠C의 크기를 알 때
$$\Rightarrow h=\frac{a}{\tan x-\tan y}$$

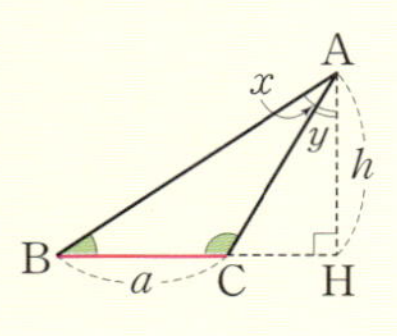

07

오른쪽 그림의 △ABC에서 $\overline{AC}=8\sqrt{3}$ cm, $\overline{BC}=20$ cm 이고, ∠C=30°일 때, $\overline{AB}$의 길이를 구하여라.

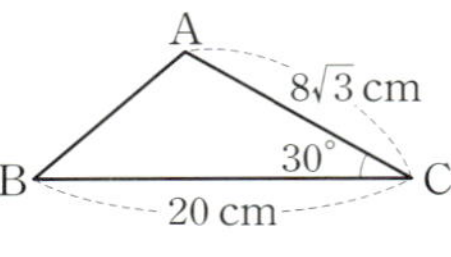

10

오른쪽 그림과 같이 ∠B=45°, ∠C=30°, $\overline{BC}=14$인 △ABC의 꼭짓점 A에서 $\overline{BC}$에 내린 수선의 발을 H라 할 때, $\overline{AH}$의 길이를 구하여라.

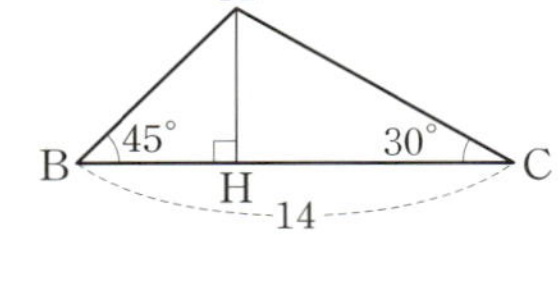

08

오른쪽 그림과 같이 호수의 두 지점 B, C 사이의 거리를 구하기 위하여 측량하였다. 두 지점 B, C 사이의 거리를 구하여라.

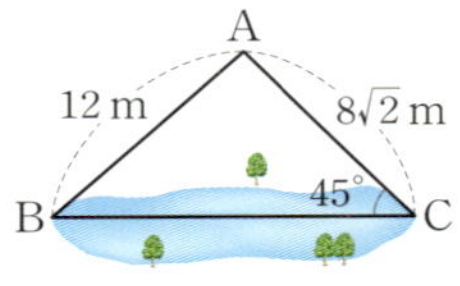

11

오른쪽 그림과 같이 ∠B=30°, ∠ACH=60°, $\overline{BC}=20$ cm인 △ABC에서 $\overline{AH}$의 길이를 구하여라.

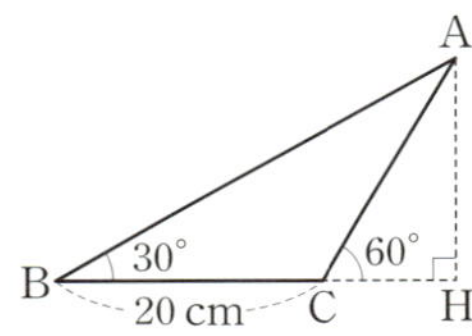

09

오른쪽 그림과 같은 △ABC에서 $\overline{BC}=18$ cm이고 ∠B=30°, ∠C=105°일 때, △ABC의 둘레의 길이를 구하여라.

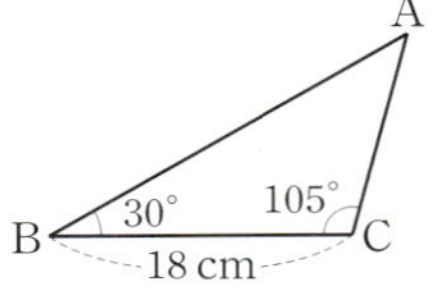

12

오른쪽 그림과 같이 80 m 떨어진 두 지점 A, B에서 건물의 꼭대기 D 지점을 올려다 본 각의 크기가 각각 30°, 45°일 때, 건물의 높이를 구하여라.

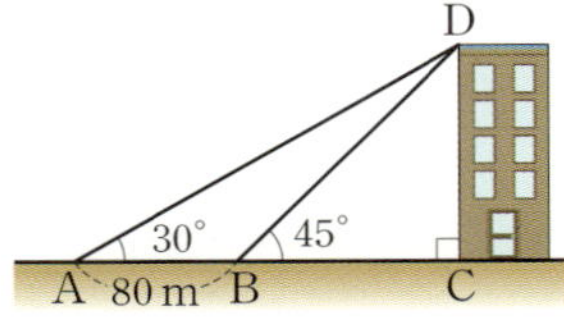

Theme 05 삼각형의 넓이

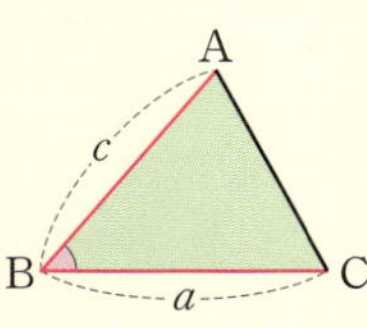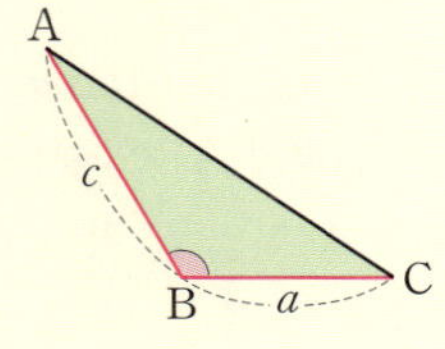

$\triangle ABC$에서 두 변의 길이 a, c와 그 끼인각 $\angle B$의 크기를 알 때, 삼각형의 넓이 S는

(1) $\angle B$가 예각인 경우

(2) $\angle B$가 둔각인 경우

$\Rightarrow S=\dfrac{1}{2}ac\sin B$

$\Rightarrow S=\dfrac{1}{2}ac\sin(180°-B)$

13

오른쪽 그림과 같이 $\overline{AB}=\overline{AC}$인 이등변삼각형 ABC에서 $\overline{AB}=4\sqrt{2}$ cm, $\angle B=75°$일 때, $\triangle ABC$의 넓이를 구하여라.

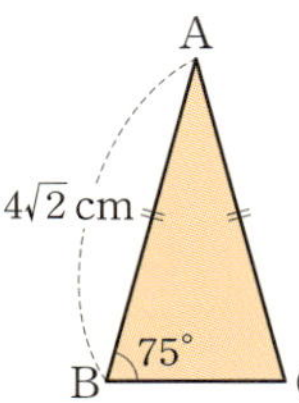

14

오른쪽 그림에서 점 G가 $\triangle ABC$의 무게중심일 때, $\triangle GBC$의 넓이를 구하여라.

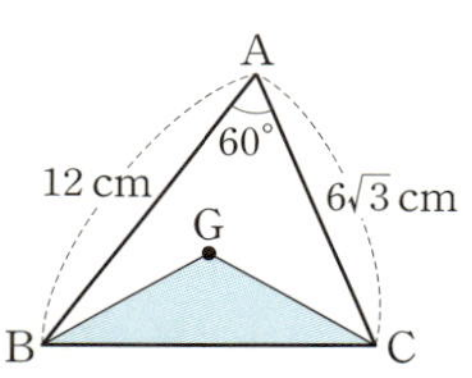

15

오른쪽 그림과 같은 $\square ABCD$에서 $\overline{AB}=4$ cm, $\overline{BC}=6$ cm, $\angle B=60°$이다. $\overline{AE}/\!/\overline{DC}$일 때, $\square ABED$의 넓이는?

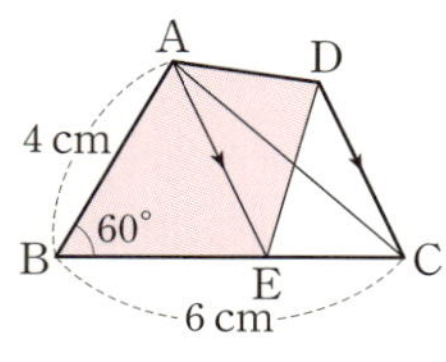

① $6\sqrt{2}$ cm^2 ② $6\sqrt{3}$ cm^2 ③ 10 cm^2

④ $10\sqrt{2}$ cm^2 ⑤ $10\sqrt{3}$ cm^2

16

오른쪽 그림의 $\square ABCD$에서 $\angle BAC=\angle CAD$이고 $\overline{AB}=10$ cm, $\overline{AD}=6$ cm이다. $\triangle ABC$의 넓이가 30 cm^{2}일 때, $\triangle ACD$의 넓이를 구하여라.

(단, $\triangle ABC$와 $\triangle ACD$는 예각삼각형이다.)

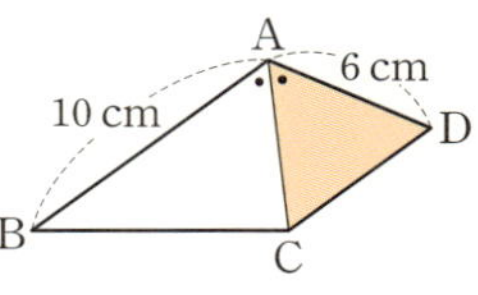

17

오른쪽 그림과 같이 $\overline{AC}=10$, $\overline{BC}=14$이고 $\triangle ABC$의 넓이가 35일 때, $\angle C$의 크기를 구하여라. (단, $\angle C$는 둔각)

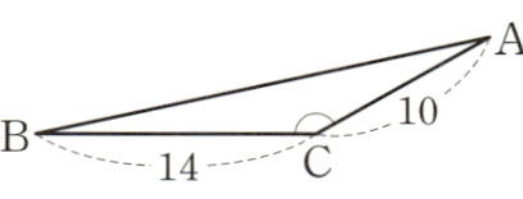

18

오른쪽 그림에서 $\triangle ABC$는 $\angle A=90°$인 직각삼각형이고, $\square BDEC$는 $\overline{BC}$를 한 변으로 하는 정사각형이다. $\overline{AC}=5\sqrt{3}$, $\angle ACB=30°$일 때, $\triangle ABD$의 넓이를 구하여라.

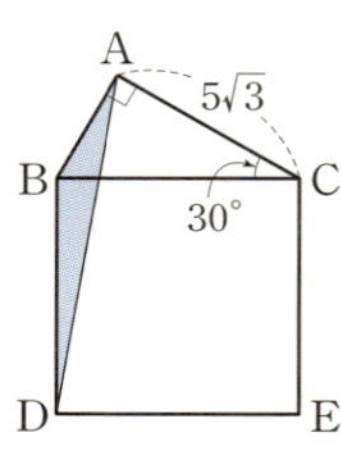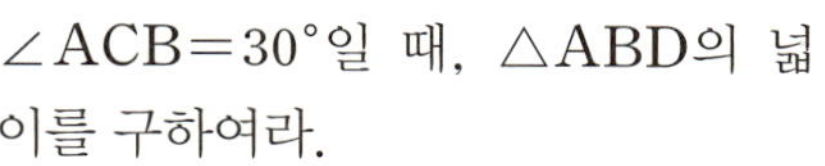

Theme 06 다각형의 넓이 구하기

다각형의 넓이를 구할 때에는 보조선을 그어 다각형을 여러 개의 삼각형으로 나눈 후 각 삼각형의 넓이의 합을 구한다.

$\square ABCD = \triangle ABD + \triangle BCD$

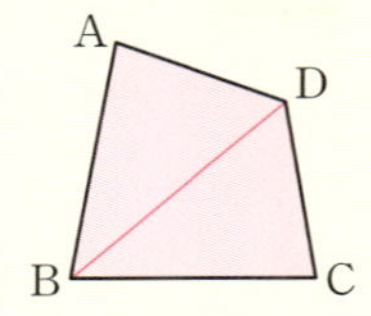

19

오른쪽 그림과 같은 $\square ABCD$의 넓이를 구하여라.

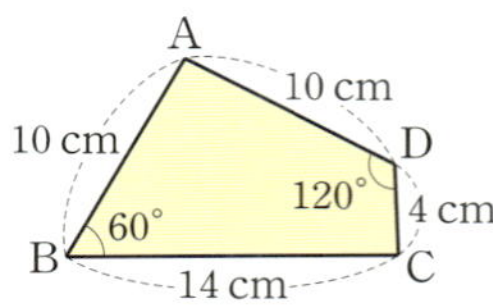

20

오른쪽 그림과 같은 $\square ABCD$의 넓이를 구하여라.

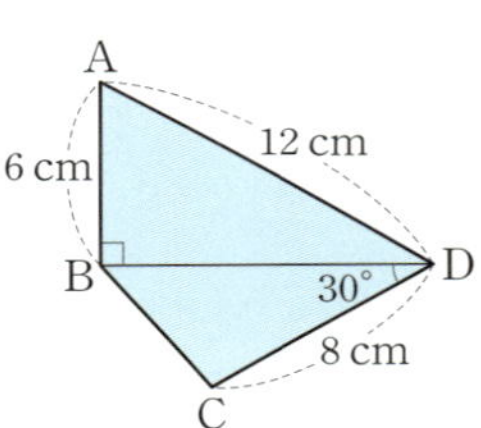

21

오른쪽 그림과 같이 한 변의 길이가 6 cm인 정육각형의 넓이를 구하여라.

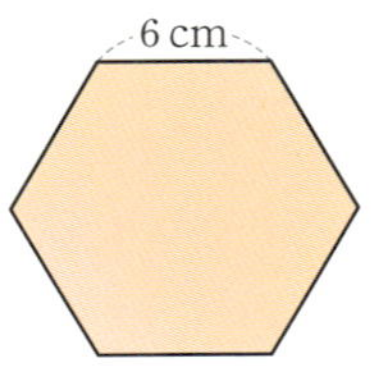

Theme 07 사각형의 넓이

(1) 평행사변형의 넓이

① x가 예각일 때

$$\square ABCD = ab \sin x$$

② x가 둔각일 때

$$\square ABCD = ab \sin(180° - x)$$

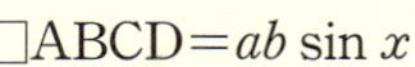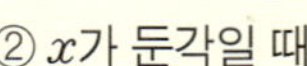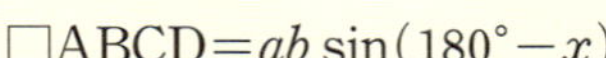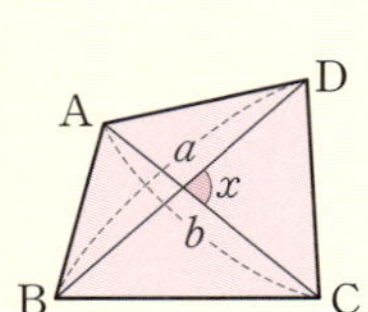

(2) 사각형의 넓이

① x가 예각일 때

$$\square ABCD = \frac{1}{2} ab \sin x$$

② x가 둔각일 때

$$\square ABCD = \frac{1}{2} ab \sin(180° - x)$$

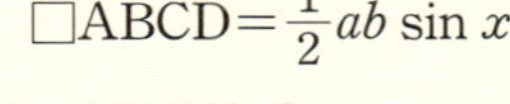

22

오른쪽 그림과 같은 평행사변형 ABCD의 넓이가 72 cm^{2}일 때, $\overline{AD}$의 길이를 구하여라.

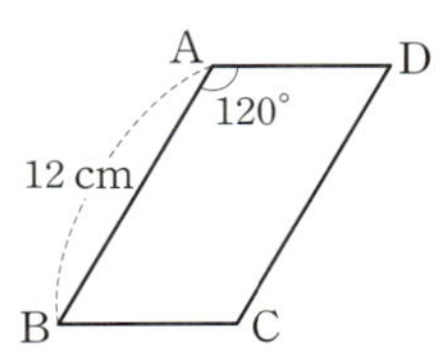

23

오른쪽 그림과 같이 $\square ABCD$의 두 대각선이 이루는 예각의 크기가 60°이고 $\overline{AC} = 10\sqrt{3}$, $\overline{BD} = 18$일 때, $\square ABCD$의 넓이를 구하여라.

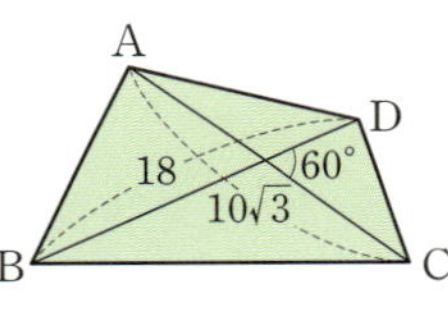

24

오른쪽 그림과 같이 $\angle A = 135°$인 마름모 ABCD의 넓이가 $18\sqrt{2}$일 때, 마름모의 한 변의 길이를 구하여라.

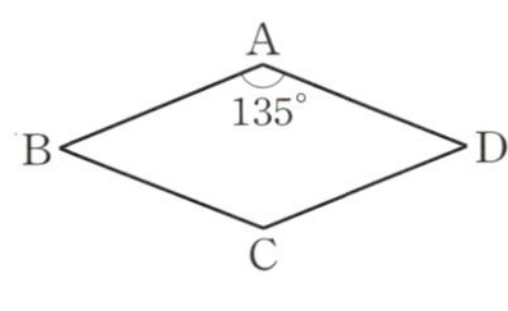

01

오른쪽 그림과 같은 원뿔에서 $\overline{AB}=12$ cm이고 $\angle ABH=60°$, $\overline{AH}\perp\overline{BH}$이다. 이때 이 원뿔의 부피를 구하여라.

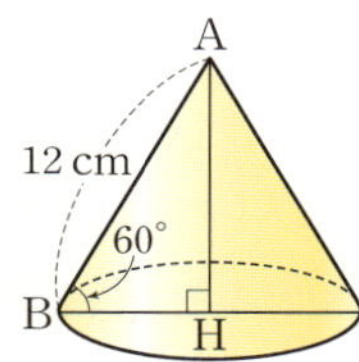

02

제주도의 군산 오름의 높이를 구하기 위하여 670 m 떨어진 두 지점 A, B에서 측량하였더니 $\angle CAH=45°$, $\angle ABH=30°$였다. 이때 이 오름의 높이인 $\overline{CH}$의 길이를 구하여라.

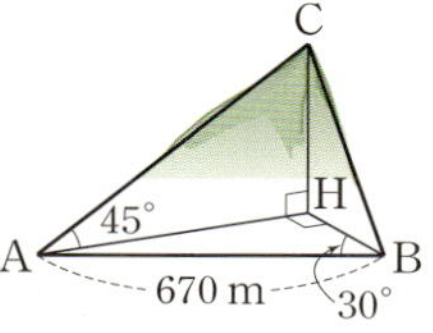

03

오른쪽 그림의 $\triangle ABC$에서 $\angle B=45°$, $\angle C=30°$이고 $\overline{BC}=18$ cm일 때, $\triangle ABC$의 넓이를 구하여라.

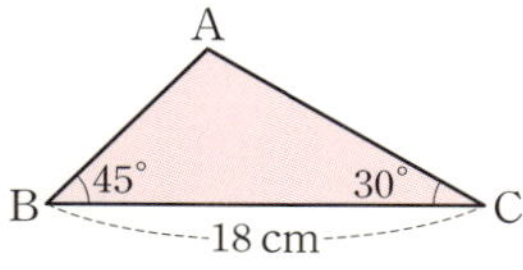

04

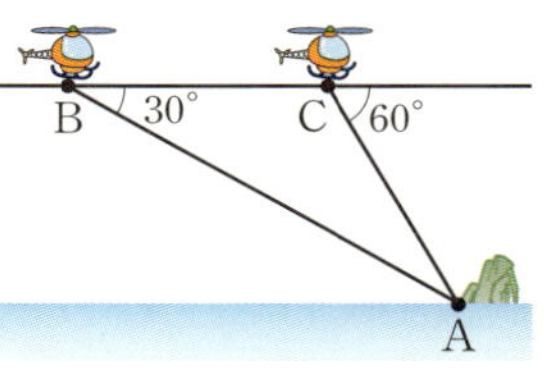

10월 25일인 독도의 날 행사를 위해 헬리콥터가 시속 240 km로 수면과 평행하게 직선 방향으로 독도의 A 지점을 향해 날아가고 있다. 헬리콥터가 B 지점에서 A 지점을 내려다 본 각의 크기가 30°이고, 1분 후에 헬리콥터가 C 지점에서 A 지점을 내려다 본 각의 크기가 60°일 때, 헬리콥터의 수면으로부터의 높이는 몇 km인지 구하여라.

05

오른쪽 그림과 같이 삼각형 ABC를 직선 AB를 회전축으로 하여 1회전 시킬 때 생기는 입체도형의 부피를 구하여라.

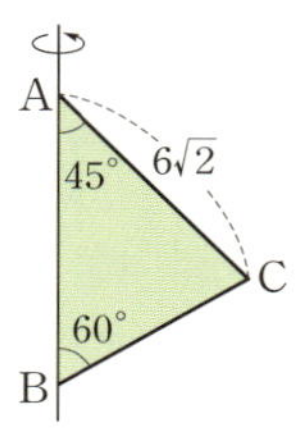

06

오른쪽 그림과 같은 $\triangle ABC$에서 $\angle B=30°$, $\angle C=120°$이다. $\triangle ABC$의 꼭짓점 A에서 $\overline{BC}$의 연장선에 내린 수선의 발을 H라 하면 $\overline{AH}=12$ cm일 때, $\triangle ABC$의 넓이를 구하여라.

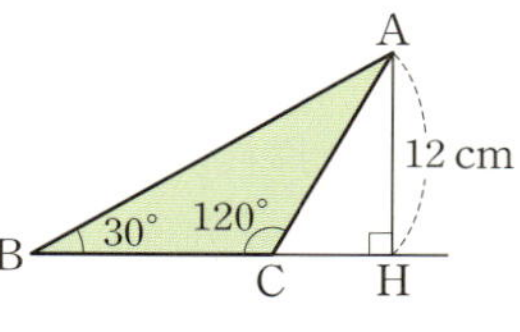

07

오른쪽 그림과 같이 폭
이 14 cm인 종이 테이
프를 $\overline{AC}$를 접는 선으로
하여 접었다.
$\angle ABC = 45°$일 때, $\triangle ABC$의 넓이를 구하여라.

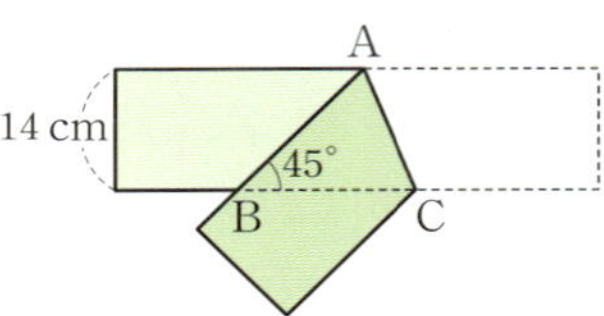

08

오른쪽 그림과 같이 반지름의
길이가 $4\sqrt{3}$ cm인 반원에서 색
칠한 부분의 넓이를 구하여라.

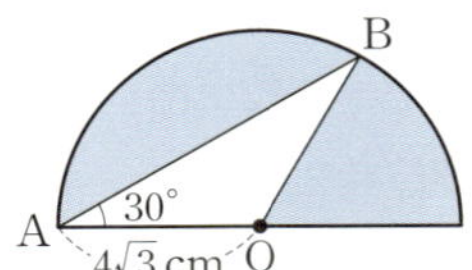

09

오른쪽 그림과 같이 $\triangle ABC$에
서 $\overline{AB}$의 길이는 10 % 줄이고,
$\overline{BC}$의 길이는 20 % 늘여서
$\triangle A'BC'$을 만들 때, 삼각형의
넓이의 변화는?

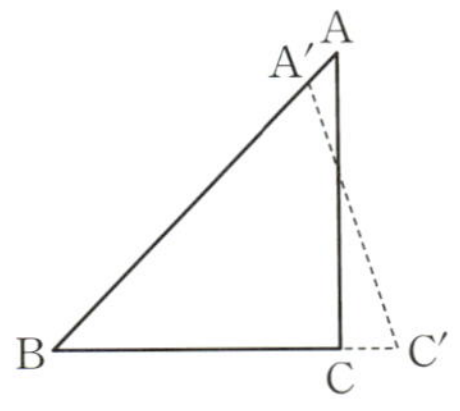

① 8 % 감소한다.　　② 8 % 증가한다.
③ 10 % 감소한다.　　④ 10 % 증가한다.
⑤ 12 % 감소한다.

10

오른쪽 그림과 같이 두 자동차
가 O 지점을 동시에 출발하여
서로 다른 방향으로 20분 동
안 각각 시속 120 km, 시속
90 km로 달려 P, Q 지점에
도착하였다. $\angle POR = 40°$,
$\angle ROQ = 20°$일 때, 두 지점
P, Q 사이의 거리를 구하여라.

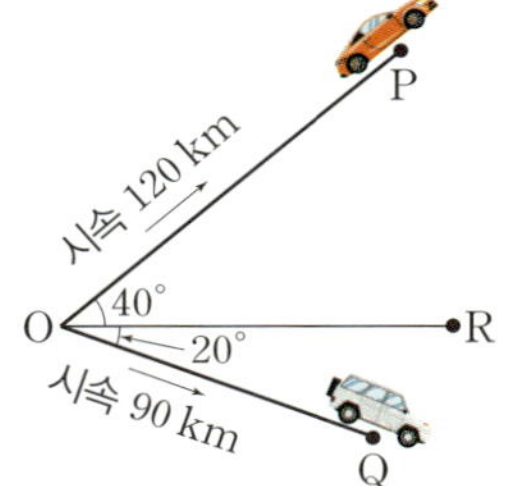

11

오른쪽 그림에서 점 I는
$\triangle ABC$의 내심이고
$\overline{AB} = \overline{AC}$, $\overline{BC} = 12$ cm,
$\angle B = 30°$일 때, 내접원 I의 반지름의 길이를 구하여
라.

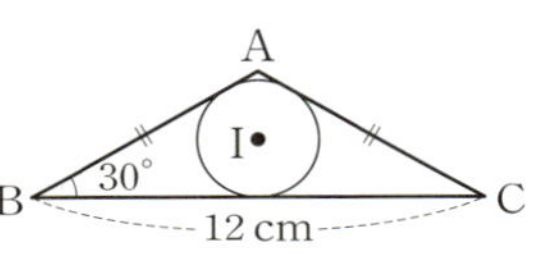

12

오른쪽 그림의 평행사변형
ABCD에서 $\overline{AB} = 20$ cm일
때, 색칠한 부분의 넓이를 구
하여라.

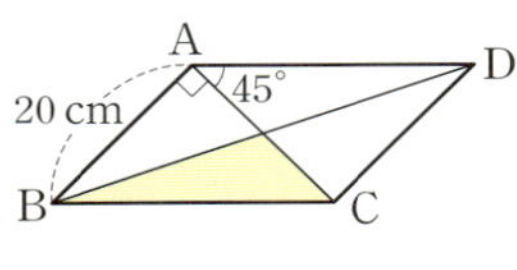

13

오른쪽 그림과 같은 △ABC에서 $\angle ABD=30°$, $\angle DBC=120°$이고, $\overline{AB}=12$ cm, $\overline{BC}=6\sqrt{3}$ cm일 때, △ABD의 넓이를 구하여라.

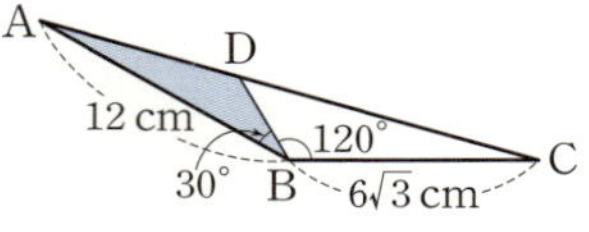

14

오른쪽 그림과 같은 평행사변형 ABCD에서 $\angle A : \angle D=2:1$이고 $\overline{BC}=8$, $\overline{CD}=5$일 때, △ABO의 넓이를 구하여라.

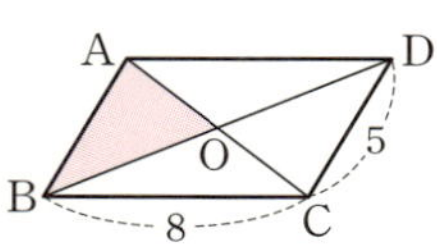

15 서술형

오른쪽 그림의 △ABC에서 $\overline{BC}=12$ cm이고 $\angle A=15°$, $\angle B=45°$일 때, △ABC의 넓이를 구하여라.

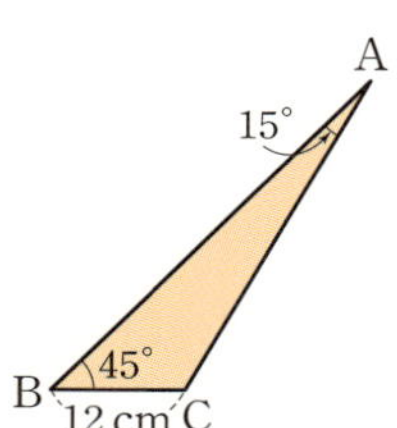

16

오른쪽 그림과 같은 정삼각형 ABC의 각 변 위의 세 점 D, E, F에 대하여 $\overline{AD}:\overline{DB}=\overline{BE}:\overline{EC}=\overline{CF}:\overline{FA}=2:7$이다. $\overline{BE}=4$일 때, $\overline{EF}$의 길이를 구하여라.

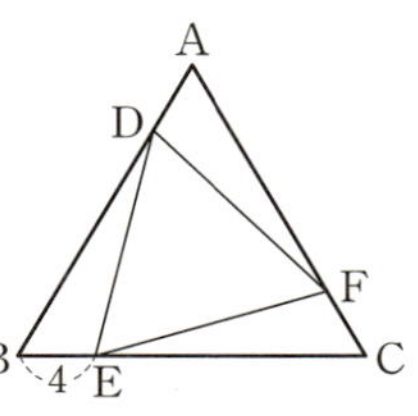

17

오른쪽 그림과 같이 $\overline{AB}=4\sqrt{2}$ cm, $\overline{BC}=2\sqrt{3}$ cm, $\angle ABD=120°$, $\angle DBC=45°$, $\angle C=90°$일 때, □ABCD의 넓이를 구하여라.

18

오른쪽 그림과 같이 길이가 40 cm인 줄에 매달린 추가 A 지점과 C 지점 사이를 일정한 속력으로 움직이고 있고 $\angle AOB=\angle BOC=63°$이다. 추가 가장 높이 올라갔을 때, B 지점을 기준으로 추는 몇 cm 위의 높이에 있는지 구하여라. (단, $\sin 63°=0.89$, $\cos 63°=0.45$로 계산하고, 추의 크기는 생각하지 않는다.)

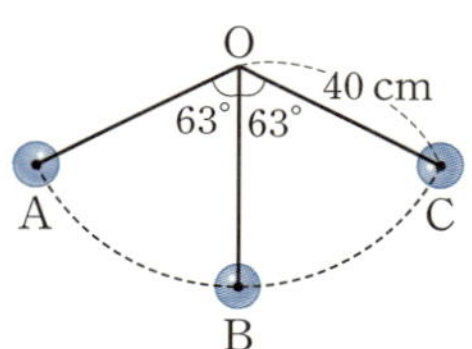

19

오른쪽 그림과 같이 □ABCD는 정사각형이고 두 점 E, F는 각각 $\overline{AB}$, $\overline{AD}$의 중점이다. ∠ECF=θ일 때, $\sin\theta$의 값을 구하여라.

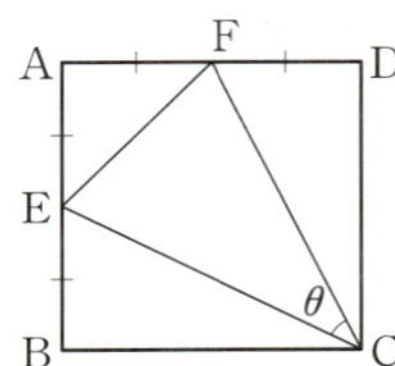

20

폭이 각각 8 cm, 10 cm로 일정한 두 종이 테이프가 오른쪽 그림과 같이 겹쳐져 있을 때, 겹쳐진 부분인 □ABCD의 넓이를 구하여라.

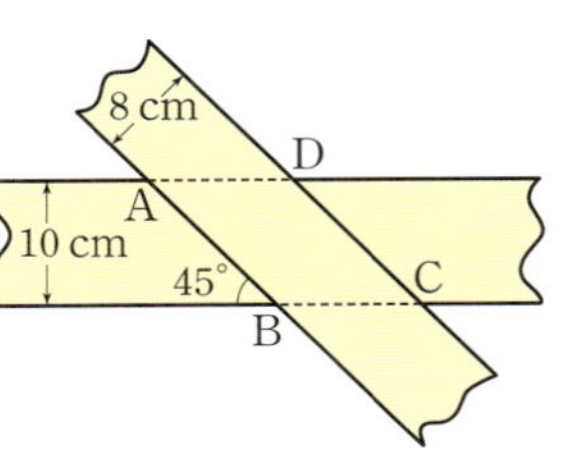

21

오른쪽 그림과 같이 $\overline{AB}$를 지름으로 하고 반지름의 길이가 12인 반원 O에서 $\widehat{AB}$를 6등분한 점을 C, D, E, F, G라 하자. 이때 □DCGF의 넓이를 구하여라.

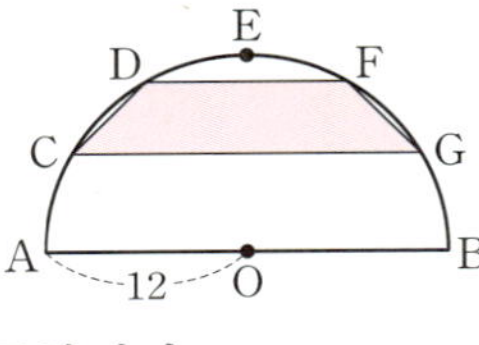

22

오른쪽 그림과 같은 평행사변형 ABCD에서 $\overline{AB}$=10 cm, $\overline{BC}$=6 cm, ∠A=120°일 때, $\overline{BD}$의 길이를 구하여라.

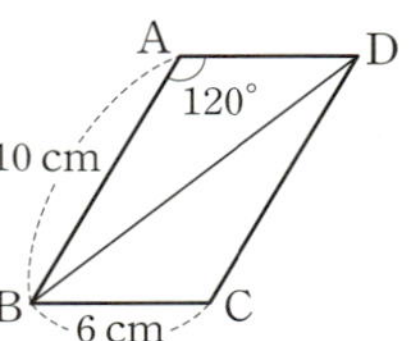

23

오른쪽 그림과 같이 $\overline{AB}$=$\overline{AD}$=6, $\overline{BC}$=$7\sqrt{6}$이고 ∠A=120°, ∠B=75°인 사각형 ABCD에서 $\overline{CD}$의 길이를 구하여라.

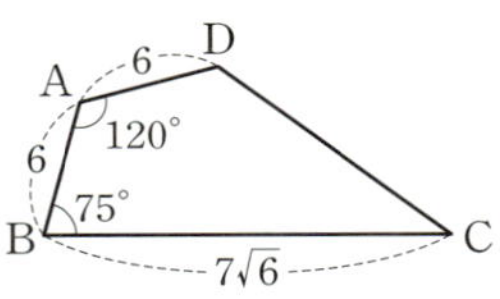

24

다음 그림과 같이 ∠A=90°, ∠B=60°, $\overline{AB}$=6인 직각삼각형 ABC를 직선 l 위에서 한 바퀴 회전시켰다. 이때 $\overline{BC}$의 중점 P가 지나는 곡선과 직선 l로 둘러싸인 부분의 둘레의 길이를 구하여라.

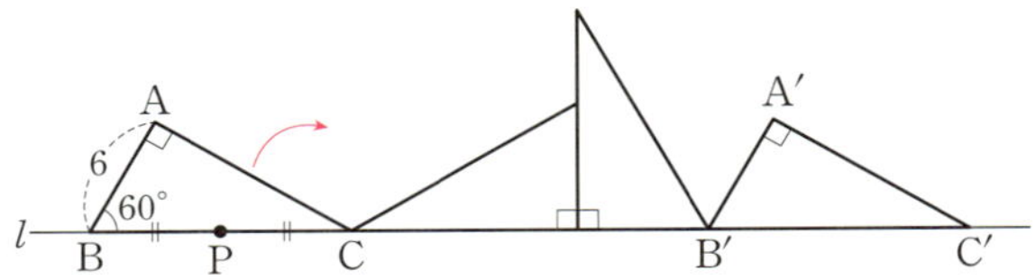

25

오른쪽 그림과 같은 원 O에서
$\overset{\frown}{AB} : \overset{\frown}{BC} : \overset{\frown}{CA} = 3 : 2 : 3$이다.
$\triangle ABC$의 넓이가 $(32+32\sqrt{2})\,\text{cm}^2$
일 때, 원 O의 둘레의 길이를 구하
여라.

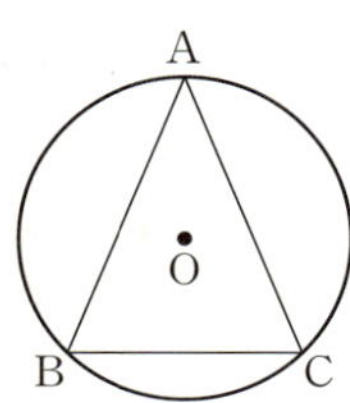

28

오른쪽 그림과 같이 한 변의 길이가
4인 정십이각형의 넓이를 구하여라.

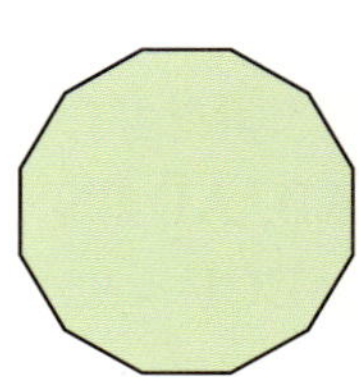

26

오른쪽 그림과 같은
$\square ABCD$에서 대각선 AC와
BD의 길이의 합은 12이고
$\triangle OCD$의 넓이가 $3\sqrt{3}$일 때,
$\square ABCD$의 넓이를 구하여라.(단, 점 O는 두 대각선
의 교점이다.)

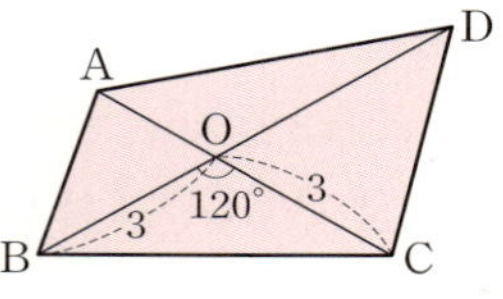

29

오른쪽 그림의 평행사변형
ABCD에서 $\overline{AB}=12\,\text{cm}$,
$\overline{BC}=16\,\text{cm}$이고,
$\angle DAB : \angle ABC = 2 : 1$이
다. $\square PQRS$는 $\square ABCD$의 네 내각의 이등분선에 의
해 만들어지는 사각형일 때, 색칠한 부분의 넓이를 구
하여라.

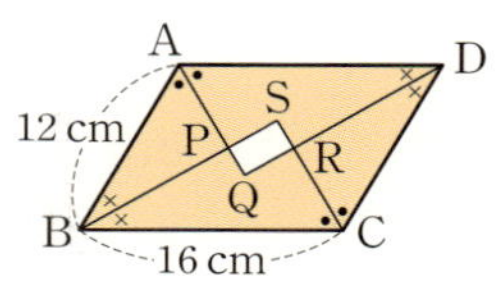

27

오른쪽 그림과 같이 합동인 마름모
6개를 서로 겹치는 부분이 없도록
이어붙인 도형이 원 O에 내접하고
있다. 원 O의 지름의 길이가 24 cm
일 때, 색칠한 부분의 넓이를 구하여
라.

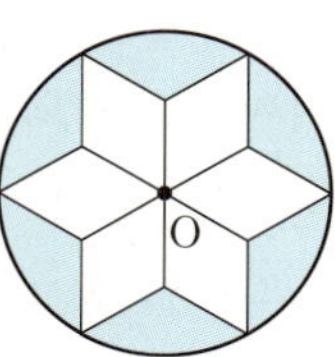

30

오른쪽 그림과 같이 수평면 위의
직선으로 난 도로 위에 200 m의
간격으로 세 집 A, B, C가 있고
각 집에서 시청 건물 꼭대기 M
지점을 올려다 본 각의 크기가 각
각 60°, 45°, 30°였다. 이 시청 건
물의 높이인 $\overline{MN}$을 구하여라.

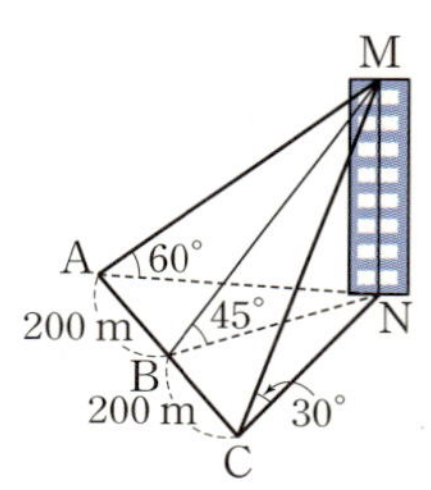

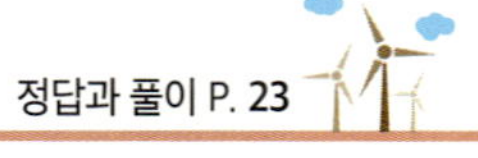

3단계 STEP A 최고난이도문제

01 오른쪽 그림과 같이 $\overline{AB}=10\sqrt{3}$, $\overline{AC}=18$, $\angle BAD=30°$, $\angle DAC=45°$인 삼각형 ABC가 있다. 점 D는 $\overline{BC}$ 위의 한 점일 때, $\dfrac{\overline{CD}}{\overline{BD}}$의 값을 구하여라.

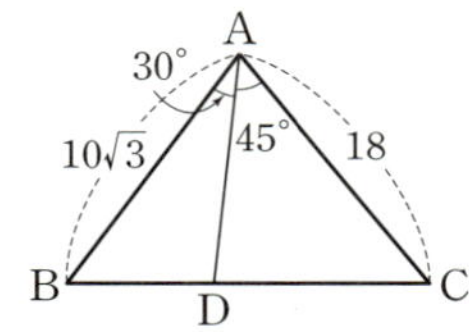

02 오른쪽 그림과 같이 한 변의 길이가 9 cm인 정사각형 ABCD에서 $\overline{CD}$ 위의 한 점 E를 한 꼭짓점으로 하고 $\overline{BE}$를 한 변으로 하는 정사각형 BEFG를 그렸다. $\angle GBA=30°$일 때, 색칠한 부분의 넓이를 구하여라.

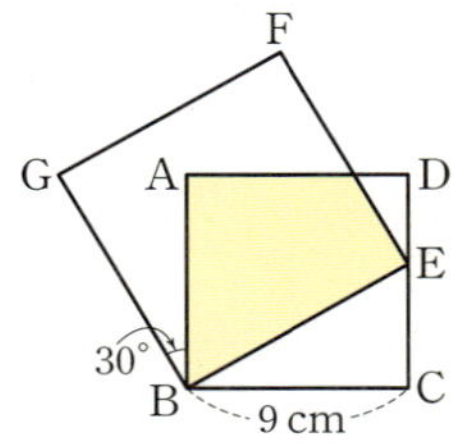

03 오른쪽 그림과 같이 $\overline{AD}=4$ cm, $\overline{CD}=8$ cm, $\angle B=90°$, $\angle D=120°$인 □ABCD에서 $\overline{AB}:\overline{BC}=1:\sqrt{3}$일 때, □ABCD의 넓이를 구하여라.

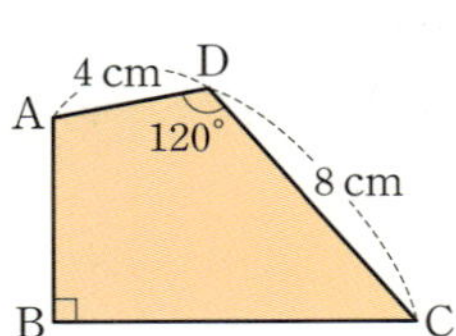

04 오른쪽 그림과 같이 삼각형 ABC에서 변 AB 위의 한 점 D에 대하여 $\overline{AD} : \overline{DB} = 1 : 2$이다. 점 F는 변 BC의 중점이고, 점 E는 두 선분 AF, CD가 만나는 점이다. △EFC의 넓이가 27 cm²일 때, △ADE의 넓이를 구하여라.

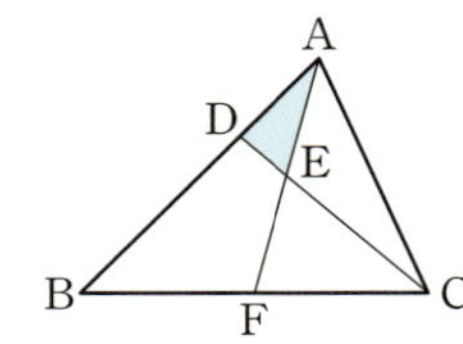

05 오른쪽 그림과 같은 정삼각형 ABC에서 점 D는 $\overline{AC}$의 중점이고, 점 E는 $\overline{BD}$의 중점이다. ∠DCE=θ라 할 때, $\sin \theta$의 값을 구하여라.

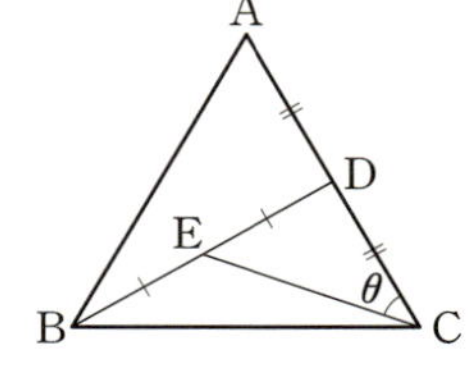

06 오른쪽 그림과 같이 반지름의 길이가 18인 큰 원 O에 합동인 작은 원 6개가 내접하고 있다. 작은 원들은 서로 외접하고 있을 때, 색칠한 부분의 넓이를 구하여라.

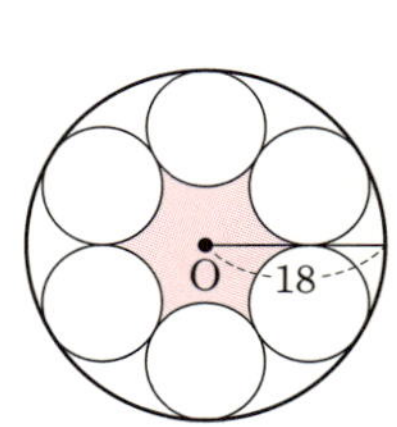

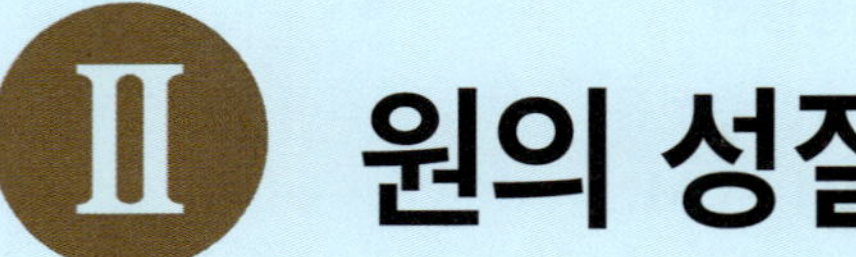

Ⅱ 원의 성질

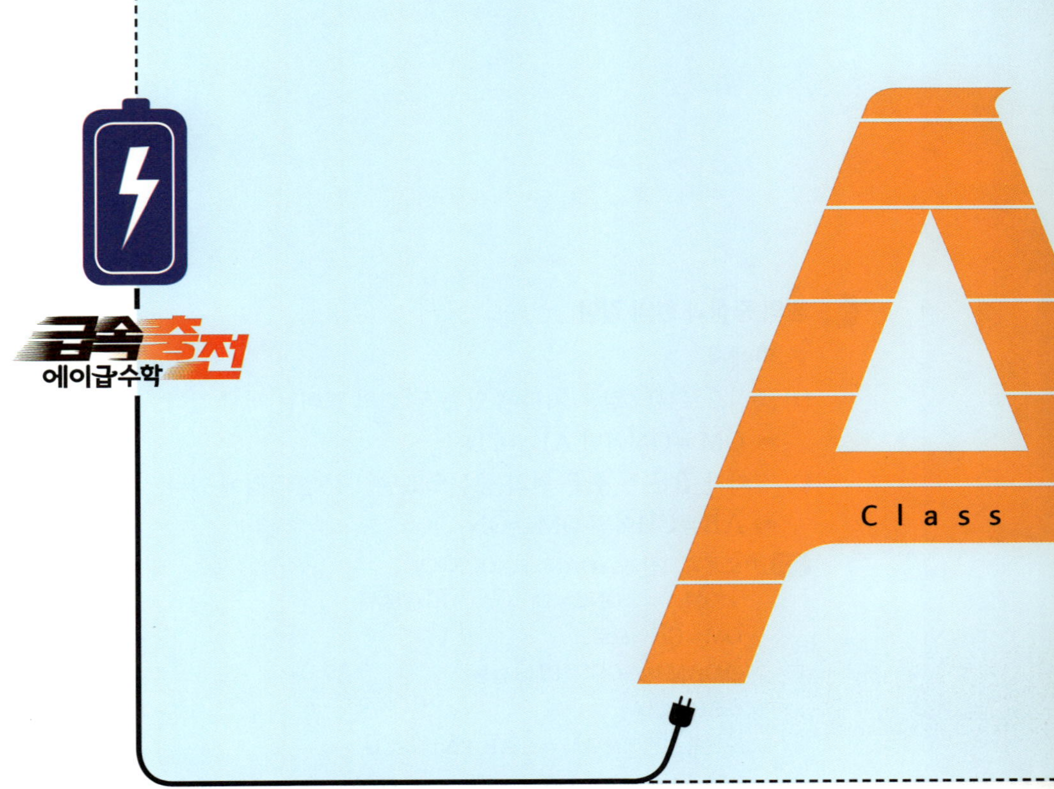

01. 원과 직선

1 원의 중심과 현의 수직이등분선

(1) 원의 중심에서 현에 내린 수선은 그 현을 수직이등분한다.
$$\Rightarrow \overline{AB} \perp \overline{OM}$$이면 $$\overline{AM} = \overline{BM}$$

(2) 원에서 현의 수직이등분선은 그 원의 중심을 지난다.

[주의] 한 원에서 중심각의 크기와 호의 길이는 정비례하고, 중심각의 크기와 현의 길이는 정비례하지 않는다.

[참고] (1) 오른쪽 그림의 △OAM과 △OBM에서
  $\angle OMA = \angle OMB = 90°$, $\overline{OA} = \overline{OB}$ (반지름),
  $\overline{OM}$은 공통이므로
  △OAM ≡ △OBM (RHS 합동)
  ∴ $\overline{AM} = \overline{BM}$

(2) 오른쪽 그림의 원 O에 현 AB를 긋고 이 원 위에 점 C를 잡으면 원 O는
  △ABC의 외접원이므로 점 O는 △ABC의 외심이다.
  따라서 점 O는 △ABC의 세 변의 수직이등분선의 교점이므로 $\overline{AB}$의 수직이등분선은 원의 중심 O를 지난다.
  즉 원에서 현의 수직이등분선은 그 원의 중심을 지난다.

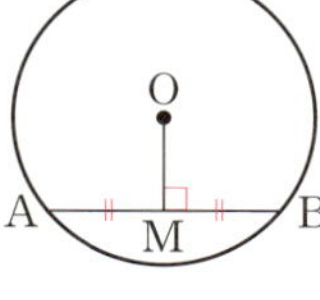

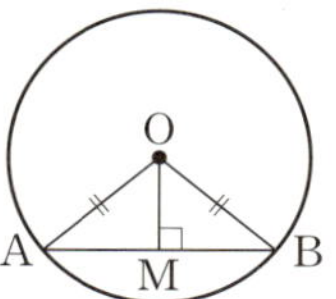

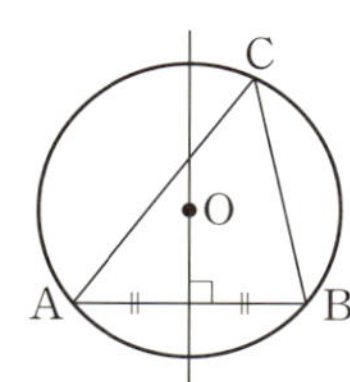

● 한 원에서 길이가 같은 두 호에 대한 현의 길이는 같다.

● 직각삼각형의 합동 조건
  ① 빗변의 길이와 한 예각의 크기가 각각 같은 두 직각삼각형은 합동이다.
  (RHA합동)
  ② 빗변의 길이와 다른 한 변의 길이가 각각 같은 두 직각삼각형은 합동이다.
  (RHS합동)

2 원의 중심과 현의 길이

한 원에서
(1) 중심으로부터 같은 거리에 있는 두 현의 길이는 서로 같다.
$$\Rightarrow \overline{OM} = \overline{ON}$$이면 $$\overline{AB} = \overline{CD}$$

(2) 길이가 같은 두 현은 원의 중심으로부터 같은 거리에 있다.
$$\Rightarrow \overline{AB} = \overline{CD}$$이면 $$\overline{OM} = \overline{ON}$$

[참고] (1) 오른쪽 그림의 △OAM과 △OCN에서
  $\angle OMA = \angle ONC = 90°$, $\overline{OA} = \overline{OC}$ (반지름),
  $\overline{OM} = \overline{ON}$이므로
  △OAM ≡ △OCN (RHS 합동)
  ∴ $\overline{AB} = \overline{CD}$

(2) 오른쪽 그림에서 $\overline{AM} = \dfrac{1}{2}\overline{AB}$, $\overline{CN} = \dfrac{1}{2}\overline{CD}$
  이때 $\overline{AB} = \overline{CD}$이므로 $\overline{AM} = \overline{CN}$
  △OAM과 △OCN에서
  $\angle OMA = \angle ONC = 90°$, $\overline{OA} = \overline{OC}$ (반지름),
  $\overline{AM} = \overline{CN}$이므로
  △OAM ≡ △OCN (RHS 합동)
  ∴ $\overline{OM} = \overline{ON}$

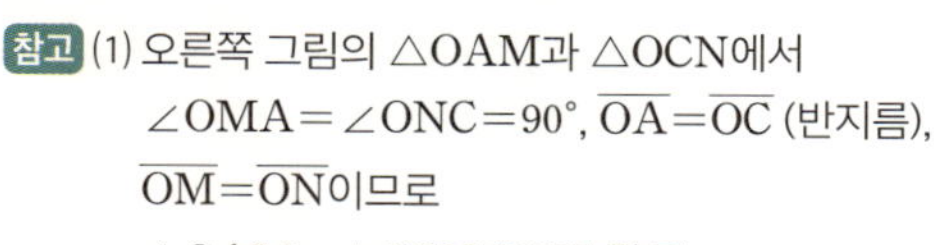

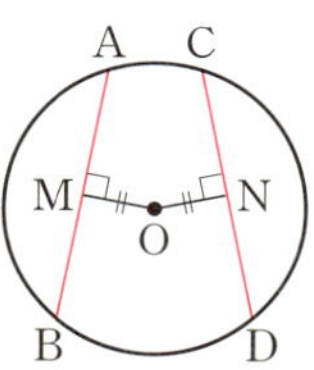

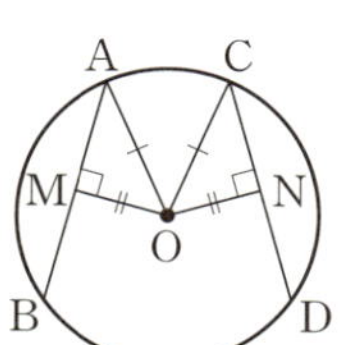

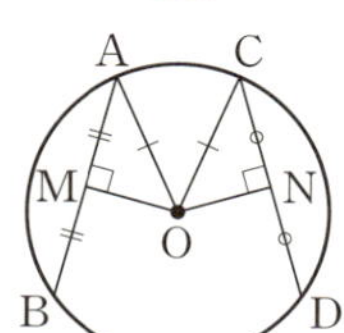

3 원의 접선의 성질

(1) 원 밖의 한 점에서 원에 그을 수 있는 접선은 2개이다.

(2) 원 밖의 한 점에서 원에 두 접선을 그을 때, 그 점에서 두 접점까지의 길이는 서로 같다.

➡ $\overline{PA}=\overline{PB}$

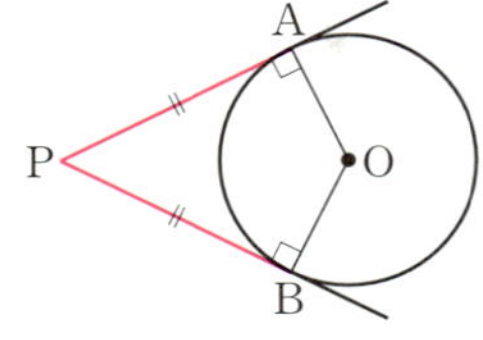

- 원의 접선과 반지름
  원의 접선은 원과 한 점에서 만나고, 그 접점을 지나는 원의 반지름과 수직이다.

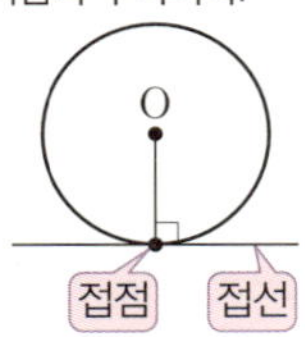

4 삼각형의 내접원

(1) 삼각형의 내접원

반지름의 길이가 r인 원 O가 $\triangle ABC$의 내접원이고 세 점 D, E, F가 접점일 때,

① $\overline{AD}=\overline{AF}$, $\overline{BD}=\overline{BE}$, $\overline{CE}=\overline{CF}$

② ($\triangle ABC$의 둘레의 길이)$=a+b+c=2(x+y+z)$

③ $\triangle ABC=\dfrac{1}{2}r(a+b+c)$

(2) 직각삼각형의 내접원

$\angle C=90°$인 직각삼각형 ABC의 내접원 O의 반지름의 길이가 r일 때

① $\square OECF$는 한 변의 길이가 r인 정사각형이다.

② $\triangle ABC=\dfrac{1}{2}r(a+b+c)=\dfrac{1}{2}ab$

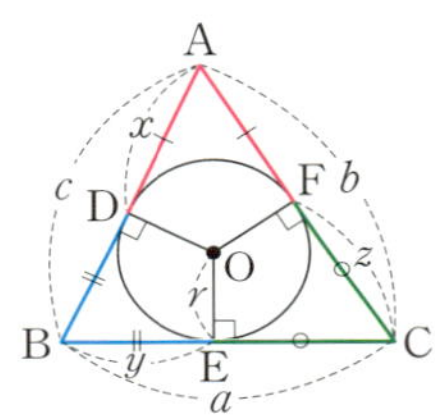

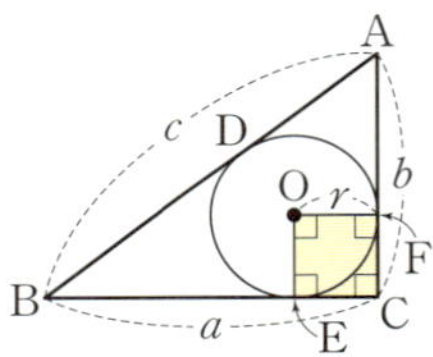

- 삼각형의 내심의 성질
  내심에서 삼각형의 세 변에 이르는 거리는 같다.
  ➡ $\overline{OD}=\overline{OE}=\overline{OF}$

5 원에 외접하는 사각형의 성질

(1) 원에 외접하는 사각형의 두 쌍의 대변의 길이의 합은 서로 같다.

➡ $\overline{AB}+\overline{CD}=\overline{AD}+\overline{BC}$

(2) 두 쌍의 대변의 길이의 합이 서로 같은 사각형은 원에 외접한다.

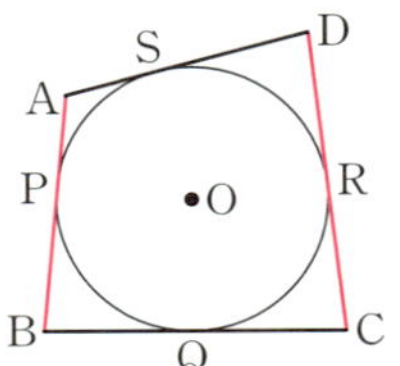

- $\overline{AB}+\overline{CD}$
  $=(\overline{AP}+\overline{BP})+(\overline{CR}+\overline{DR})$
  $=(\overline{AS}+\overline{BQ})+(\overline{CQ}+\overline{DS})$
  $=(\overline{AS}+\overline{DS})+(\overline{BQ}+\overline{CQ})$
  $=\overline{AD}+\overline{BC}$

1단계 STEP C 주제별필수문제

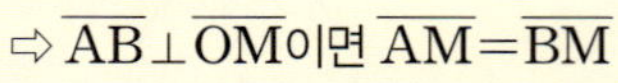

Theme 01 원의 중심과 현의 수직이등분선

(1) 원의 중심에서 현에 내린 수선은 그 현을 이등분한다.

⇨ $\overline{AB}\perp\overline{OM}$이면 $\overline{AM}=\overline{BM}$

(2) 원에서 현의 수직이등분선은 그 원의 중심을 지난다.

01

오른쪽 그림과 같이 반지름의 길이가 15 cm인 원 O에서 $\overline{AB}\perp\overline{OM}$이고 $\overline{AB}=24$ cm일 때, $\overline{OM}$의 길이를 구하여라.

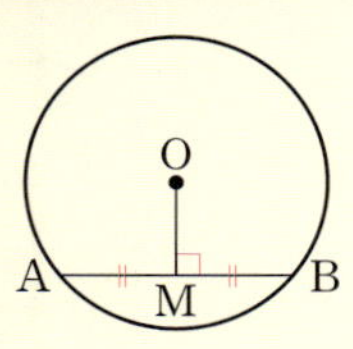

02

오른쪽 그림과 같이 반지름의 길이가 10 cm인 원 O에서 $\overline{AB}\perp\overline{OC}$이고 $\overline{CM}=2$ cm일 때, $\overline{AB}$의 길이를 구하여라.

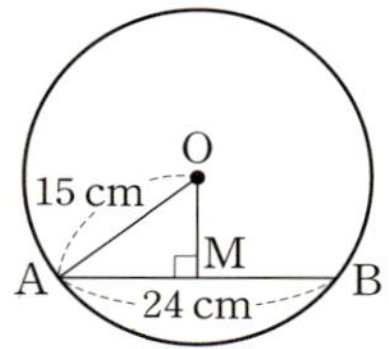

03

오른쪽 그림과 같이 지름이 $\overline{CD}$인 원 O에서 $\overline{AB}\perp\overline{CD}$이고, $\overline{CP}=5$ cm, $\overline{DP}=15$ cm일 때, $\overline{AB}$의 길이를 구하여라.

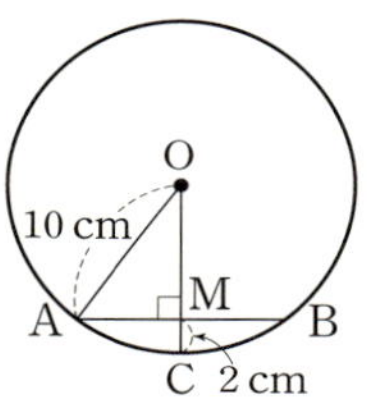

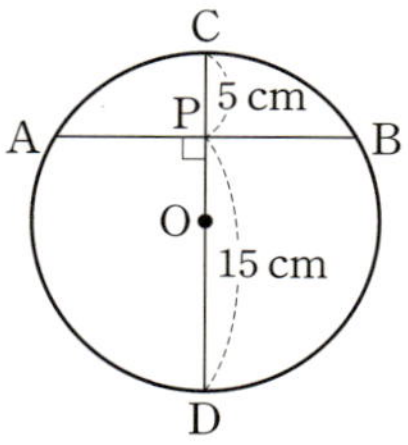

04

오른쪽 그림의 원 O에서 $\overline{AB}\perp\overline{OC}$이고 $\overline{AB}=24$ cm, $\overline{MC}=6$ cm일 때, 원 O의 넓이를 구하여라.

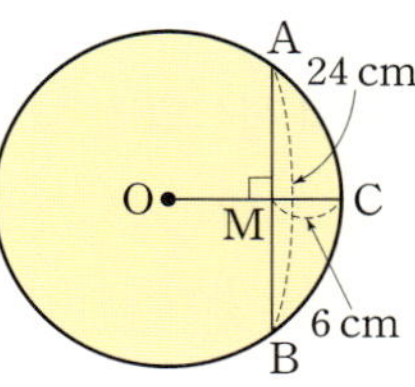

05

오른쪽 그림에서 $\overset{\frown}{AB}$는 원의 일부분이고 $\overline{AB}\perp\overline{CD}$이다. $\overline{AD}=\overline{BD}=6$ cm, $\overline{CD}=2$ cm일 때, 이 원의 반지름의 길이를 구하여라.

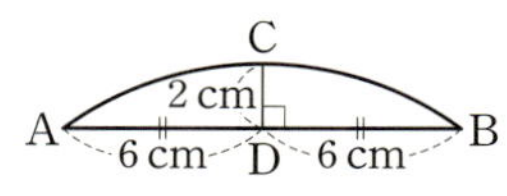

06

오른쪽 그림과 같이 원 모양의 종이를 원주 위의 한 점이 원의 중심 O에 겹쳐지도록 접었을 때, 접힌 현 AB의 길이가 $8\sqrt{3}$ cm이었다. 이때 원의 반지름의 길이를 구하여라.

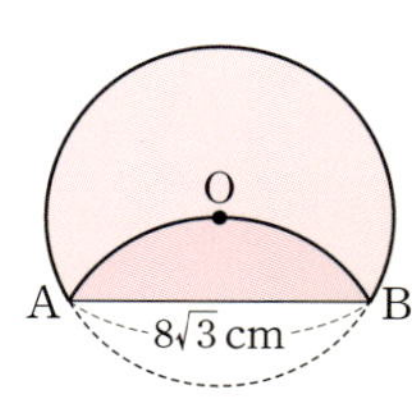

Theme 02 원의 중심과 현의 길이

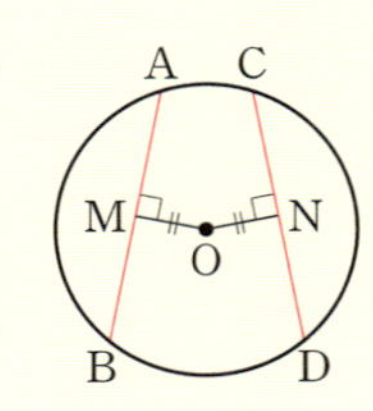

한 원에서

(1) 중심으로부터 같은 거리에 있는 두 현의 길이는 같다.
 ⇨ $\overline{OM}=\overline{ON}$이면 $\overline{AB}=\overline{CD}$

(2) 길이가 같은 두 현은 원의 중심으로부터 같은 거리에 있다.
 ⇨ $\overline{AB}=\overline{CD}$이면 $\overline{OM}=\overline{ON}$

Theme 03 원의 접선의 성질

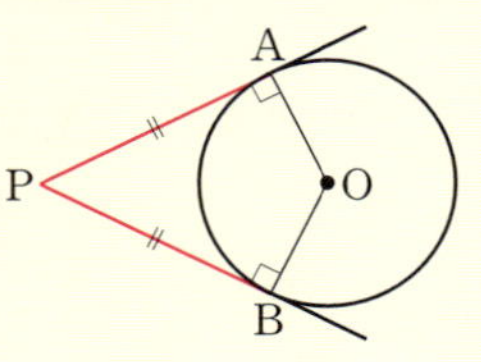

원 밖의 한 점에서 원에 두 접선을 그을 때, 그 점에서 두 접점까지의 거리는 서로 같다.
 ⇨ $\overline{PA}=\overline{PB}$

07

오른쪽 그림의 원 O에서 $\overline{AB}\perp\overline{OM}$, $\overline{CD}\perp\overline{ON}$이다. $\overline{OB}=4$ cm, $\overline{OM}=\overline{ON}=2\sqrt{3}$ cm일 때, $\overline{CD}$의 길이를 구하여라.

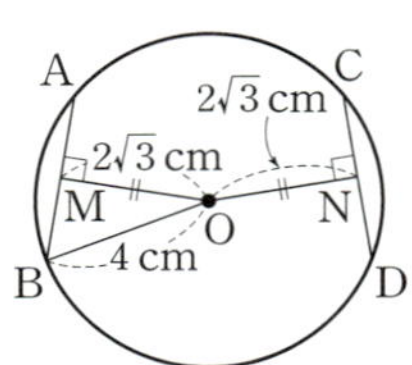

10

오른쪽 그림에서 두 점 A, B는 원 O 밖의 한 점 P에서 원 O에 그은 두 접선의 접점이다. $\overline{PA}=9$ cm, $\angle APB=60°$일 때, $\triangle APB$의 둘레의 길이를 구하여라.

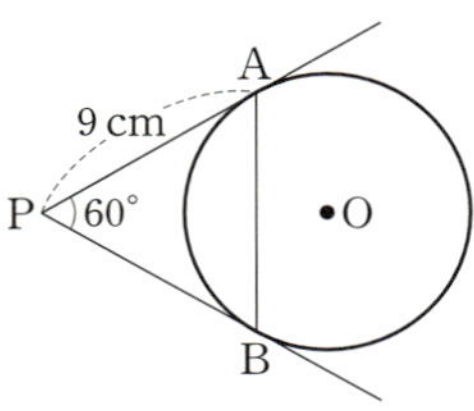

08

오른쪽 그림의 원 O에서 $\overline{AB}\perp\overline{OM}$, $\overline{CD}\perp\overline{ON}$이다. $\overline{OA}=5$ cm, $\overline{OM}=\overline{ON}=3$ cm일 때, $\triangle OCD$의 넓이를 구하여라.

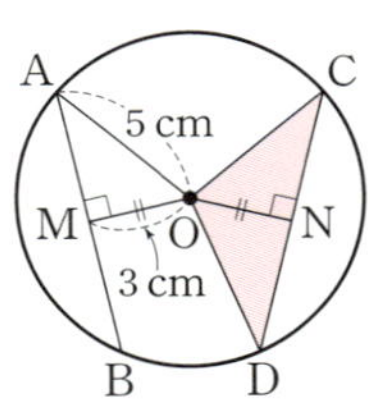

11

오른쪽 그림에서 두 직선 PA, PB는 원 O의 접선이고 두 점 A, B는 접점이다. $\overline{PA}=16$ cm, $\overline{PC}=8$ cm일 때, 원 O의 넓이를 구하여라.

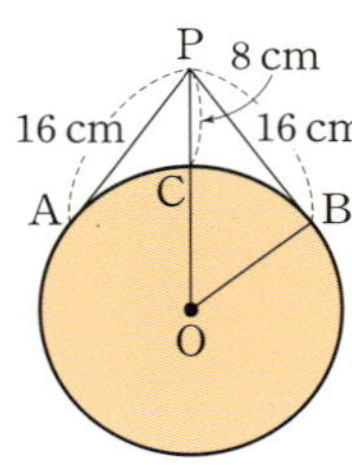

09

오른쪽 그림의 원 O에서 $\overline{AB}\perp\overline{OM}$, $\overline{AC}\perp\overline{ON}$이고 $\overline{OM}=\overline{ON}$이다. $\angle MON=124°$일 때, $\angle ACB$의 크기를 구하여라.

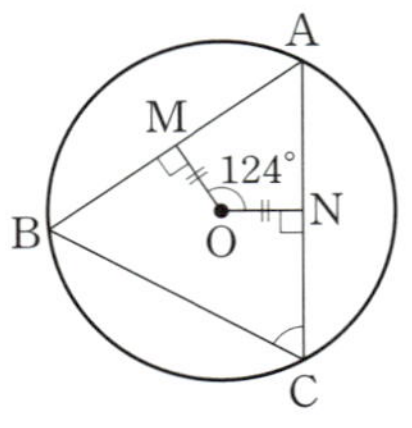

12 서술형

오른쪽 그림에서 두 직선 PA, PB는 원 O의 접선이고 두 점 A, B는 접점이다. $\overline{PA}=15$ cm, $\angle AOB=120°$일 때, □PBOA의 둘레의 길이를 구하여라.

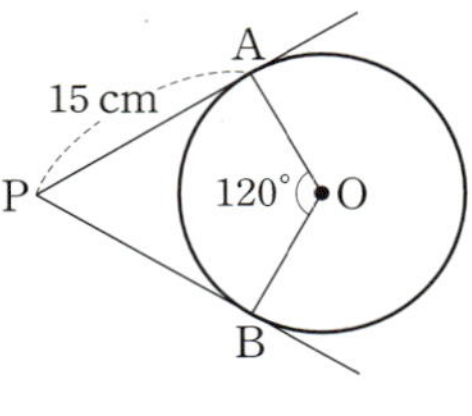

Theme 04 원의 접선의 성질의 활용

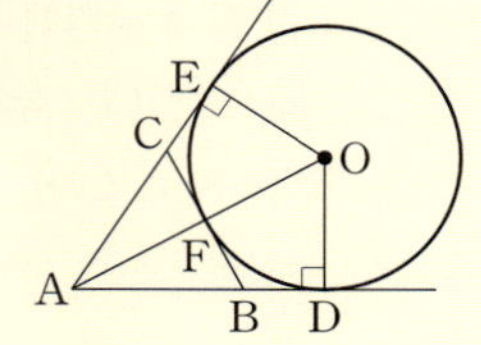

(1) $\overrightarrow{AD}$, $\overrightarrow{AE}$, $\overline{BC}$는 원 O의 접
선이고 세 점 D, E, F가 접점
일 때,

① $\overline{AD}=\overline{AE}$, $\overline{BD}=\overline{BF}$,
$\overline{CE}=\overline{CF}$

② ($\triangle ABC$의 둘레의 길이)
$=\overline{AB}+(\overline{BF}+\overline{CF})+\overline{AC}$
$=(\overline{AB}+\overline{BD})+(\overline{CE}+\overline{AC})$
$=\overline{AD}+\overline{AE}=2\overline{AD}$

(2) $\overline{AB}$, $\overline{DC}$, $\overline{AD}$는 반원 O의 접선
이고 세 점 B, C, E는 접점일 때

① $\overline{AB}=\overline{AE}$, $\overline{DC}=\overline{DE}$이므
로 $\overline{AB}+\overline{DC}=\overline{AD}$

② $\overline{BC}=\overline{AH}=\sqrt{\overline{AD}^2-\overline{DH}^2}$

13

오른쪽 그림에서 $\overline{AD}$, $\overline{BC}$,
$\overline{AF}$는 원 O의 접선이고 세
점 D, E, F는 접점이다.
$\overline{AB}=14$ cm, $\overline{AC}=11$ cm,
$\overline{BC}=9$ cm일 때, $\overline{BD}$의 길이를 구하여라.

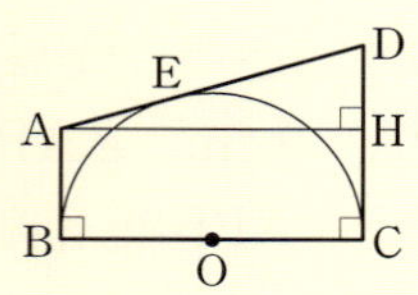

14

오른쪽 그림에서 $\overrightarrow{AD}$, $\overrightarrow{AF}$,
$\overline{BC}$는 원 O의 접선이고 세 점
D, E, F는 접점이다.
$\overline{AO}=16$ cm, $\overline{OD}=11$ cm일
때, $\triangle ABC$의 둘레의 길이를
구하여라.

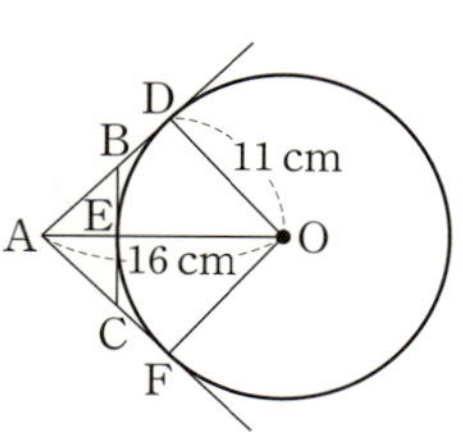

15

오른쪽 그림의 원 O에서 두 점
A, B는 지름의 양 끝 점이다.
두 점 A, B에서 그은 두 접선
과 원 위의 점 P에서 그은 접선
이 만나는 점을 각각 C, D라고
하자. $\overline{OA}=2\sqrt{2}$, $\overline{BD}=4$일
때, $\overline{CD}$의 길이를 구하여라.

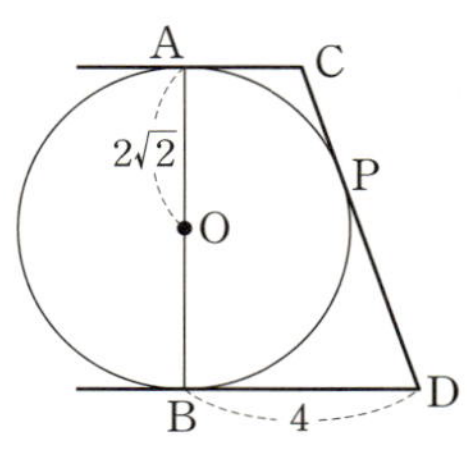

16

오른쪽 그림에서 $\overline{AB}$는 반
원 O의 지름이고 $\overline{AC}$, $\overline{CD}$,
$\overline{BD}$는 각각 A, P, B를 접
점으로 하는 반원 O의 접선
이다. $\overline{AC}=8$ cm, $\overline{BD}=12$ cm일 때, $\overline{AB}$의 길이를
구하여라.

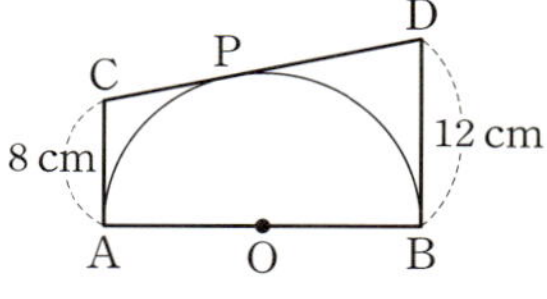

17

오른쪽 그림에서 $\overline{AB}$는 반
원 O의 지름이고 $\overline{AD}$, $\overline{BC}$,
$\overline{CD}$는 각각 반원 O의 접선
이다. 세 점 A, B, E는 접
점이고 $\overline{AD}=10$ cm,
$\overline{BC}=4$ cm일 때, $\overline{AC}$의 길이를 구하여라.

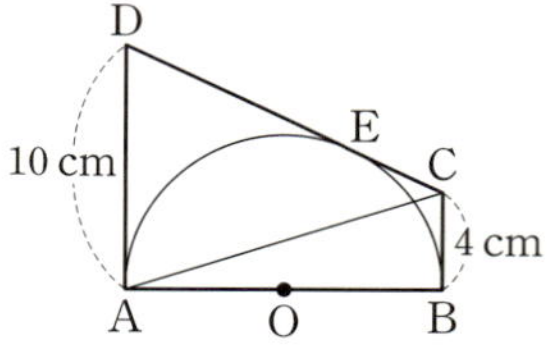

Theme 05 삼각형의 내접원

(1) 원 O가 △ABC의 내접원이고
세 점 D, E, F가 접점일 때
① $\overline{AD}=\overline{AF}$, $\overline{BD}=\overline{BE}$,
$\overline{CE}=\overline{CF}$
② (△ABC의 둘레의 길이)
$=\overline{AB}+\overline{BC}+\overline{CA}$
$=2(\overline{AD}+\overline{BE}+\overline{CF})$

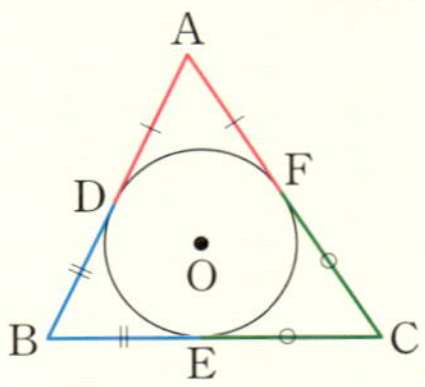

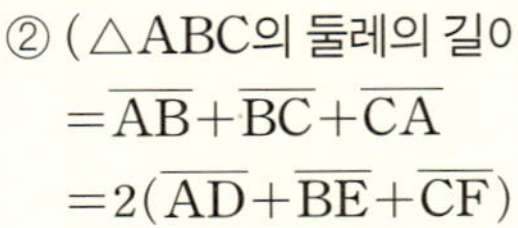

(2) ∠C=90°인 직각삼각형
ABC의 내접원 O에 대하여 세
점 D, E, F가 접점이고 원 O
의 반지름의 길이를 r라 할 때
① □OECF는 정사각형이다.
② $\triangle ABC=\dfrac{1}{2}r(a+b+c)=\dfrac{1}{2}ab$

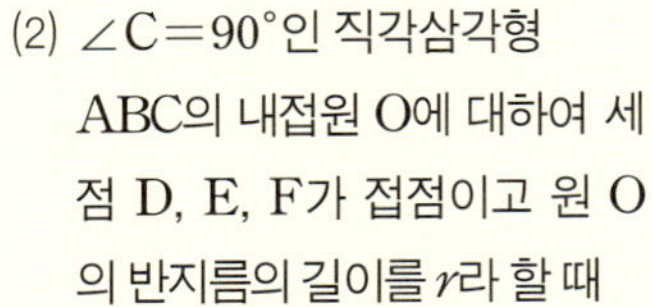

18

오른쪽 그림에서 원 O는
△ABC의 내접원이고 세 점
D, E, F는 접점이다.
$\overline{AD}=2$ cm, $\overline{BE}=5$ cm,
$\overline{CF}=7$ cm일 때, △ABC의 둘레의 길이를 구하여라.

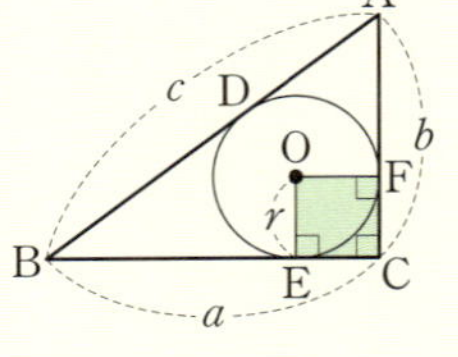

19

오른쪽 그림에서 원 O는
△ABC의 내접원이고 세 점
D, E, F는 접점이다.
$\overline{AB}=13$ cm, $\overline{BC}=16$ cm,
$\overline{AC}=9$ cm일 때, $\overline{AD}$의 길이를 구하여라.

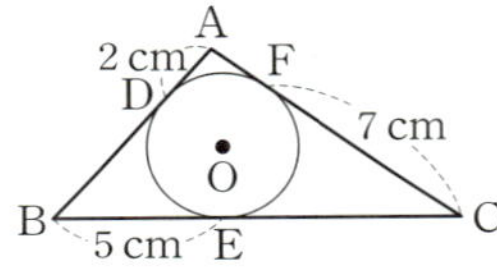

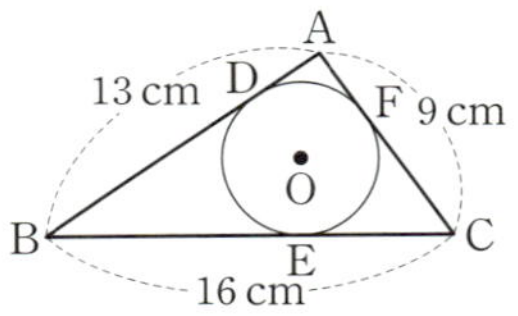

20

오른쪽 그림에서 원 O는
∠B=90°인 직각삼각형 ABC
의 내접원이고 세 점 D, E, F는
접점이다. $\overline{AB}=12$ cm,
$\overline{BC}=9$ cm일 때, 원 O의 넓이
를 구하여라.

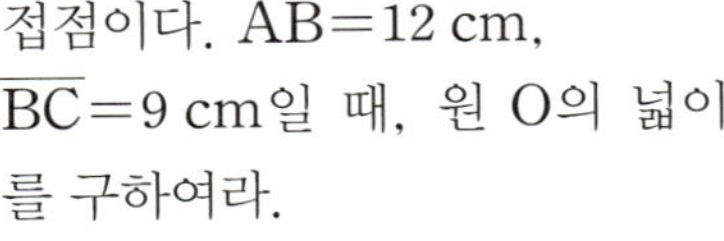

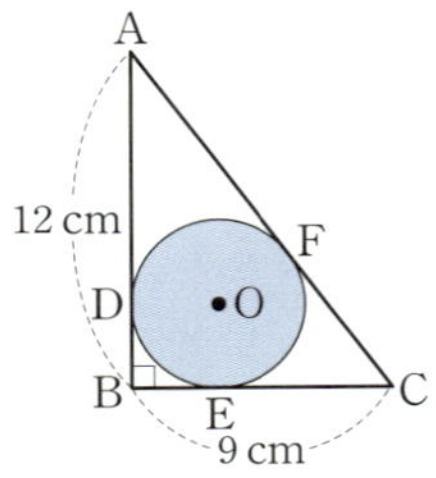

Theme 06 원에 외접하는 사각형의 성질

(1) 원에 외접하는 사각형의 두 쌍의
대변의 길이의 합은 같다.
⇨ $\overline{AB}+\overline{DC}=\overline{AD}+\overline{BC}$

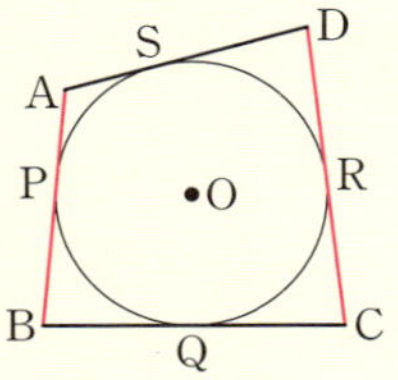

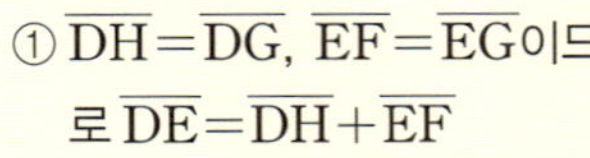

(2) 원 O가 직사각형 ABCD의 세
변 및 $\overline{DE}$와 접하고 세 점 F, G,
H가 접점일 때
① $\overline{DH}=\overline{DG}$, $\overline{EF}=\overline{EG}$이므
로 $\overline{DE}=\overline{DH}+\overline{EF}$
② □ABED는 원 O에 외접하
므로
$\overline{AB}+\overline{DE}=\overline{AD}+\overline{BE}$
③ △DEC에서 $\overline{DE}^2=\overline{CE}^2+\overline{CD}^2$

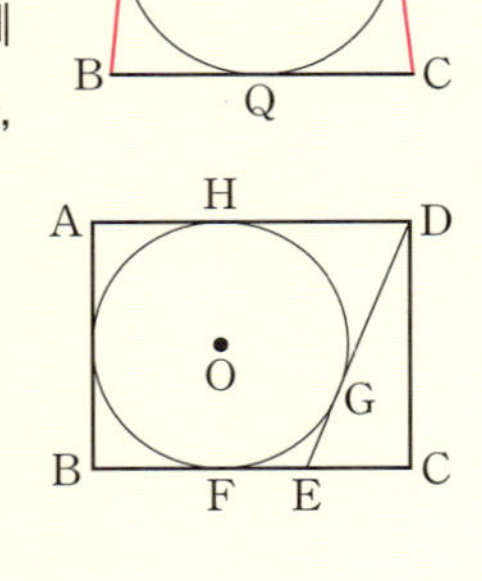

21

오른쪽 그림과 같이 원 O에
외접하는 □ABCD의 둘레의
길이가 40 cm일 때, x, y의
값을 각각 구하여라.

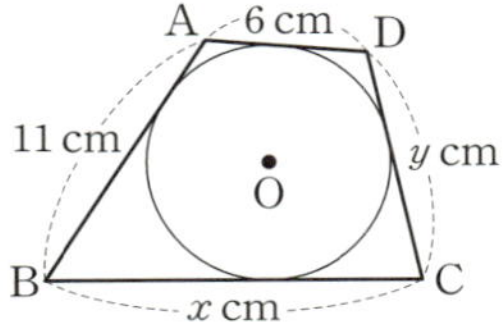

22

오른쪽 그림에서 □ABCD는
반지름의 길이가 4 cm인 원
O에 외접하고 네 점 P, Q,
R, S는 접점이다.
$\overline{BC}=15$ cm, $\overline{CD}=13$ cm
이고 ∠B=90°일 때, $\overline{DS}$의 길이를 구하여라.

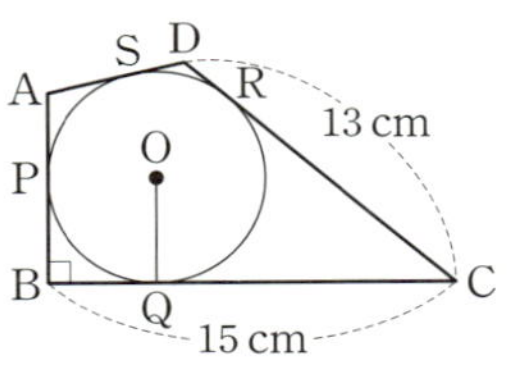

23

오른쪽 그림에서 원 O는 직
사각형 ABCD의 세 변과 접
하고 $\overline{DE}$는 원 O의 접선이
다. $\overline{CD}=8$ cm,
$\overline{DE}=10$ cm일 때, $\overline{BE}$의 길이를 구하여라.

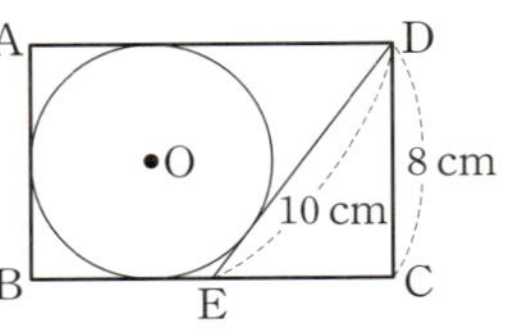

01

오른쪽 그림의 원 O에서
$\angle AOB = 120°$이고
$\overline{AB} = 8\sqrt{3}$ cm일 때, 원 O의 넓이
를 구하여라.

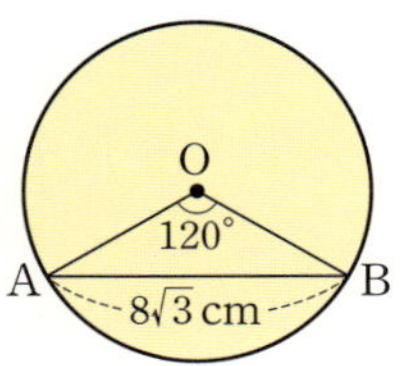

02

오른쪽 그림의 반원 O에서
$\overline{AB} \perp \overline{CD}$이고 $\overline{AD} = 10$ cm,
$\overline{BD} = 4$ cm일 때, 두 점 C, D
를 지나는 원 O의 현의 길이를
구하여라.

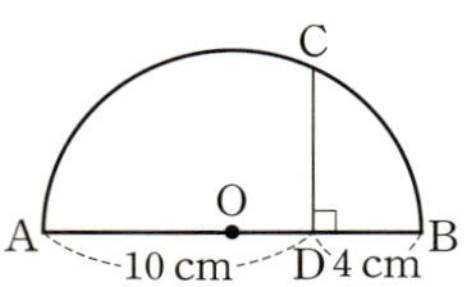

03

오른쪽 그림의 원 O에서
$\overline{AB} \perp \overline{OM}$, $\overline{CD} \perp \overline{ON}$이고
$\overline{OM} = 6$ cm, $\overline{ON} = 4$ cm,
$\overline{AB} = 12$ cm일 때, $\overline{CD}$의 길이
를 구하여라.

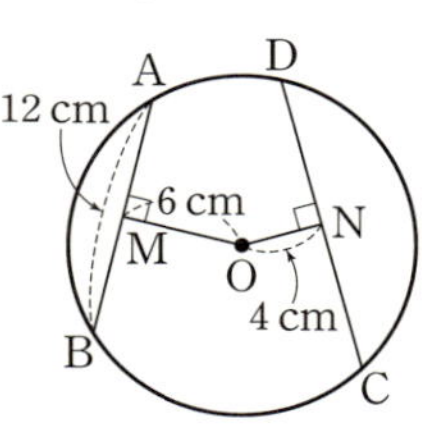

04

오른쪽 그림과 같이 반지름의 길
이가 8 cm인 원 O에서
$\overline{AB} = \overline{CD}$, $\overline{OM} \perp \overline{AB}$이다.
$\overline{OM} = 6$ cm일 때, $\triangle COD$의 넓
이를 구하여라.

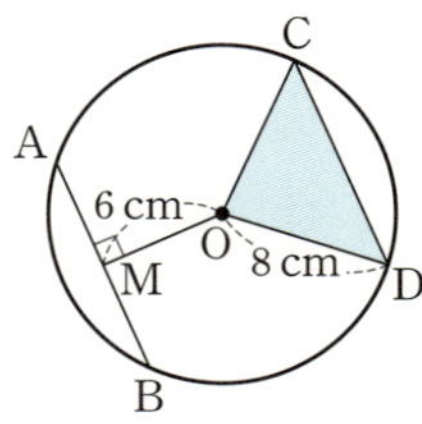

05

오른쪽 그림과 같이 중심이 같은 두
원에서 큰 원의 현 AB는 작은 원의
접선이다. 색칠한 부분의 넓이가
36π cm²일 때, $\overline{AB}$의 길이를 구하
여라.

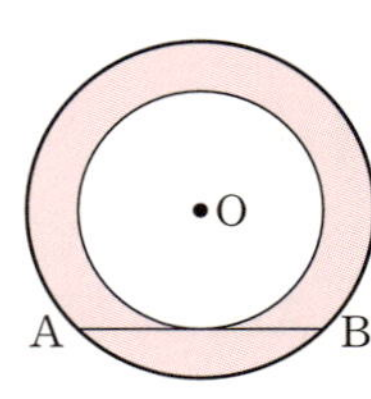

06

오른쪽 그림과 같이 반지름의 길이
가 10 cm인 원 O에서 현 AB의
길이는 16 cm이다. 원 O 위를 움
직이는 점 P에 대하여 $\triangle ABP$의
넓이의 최댓값을 구하여라.

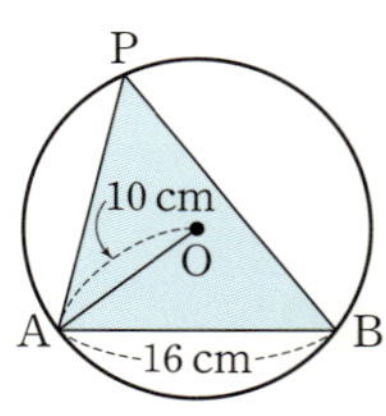

07

오른쪽 그림에서 원 O의 두 현 AB, CD가 수직으로 만나고 $\overline{AH}=4$ cm, $\overline{BH}=12$ cm, $\overline{CH}=6$ cm, $\overline{DH}=8$ cm일 때, 원 O의 반지름의 길이를 구하여라.

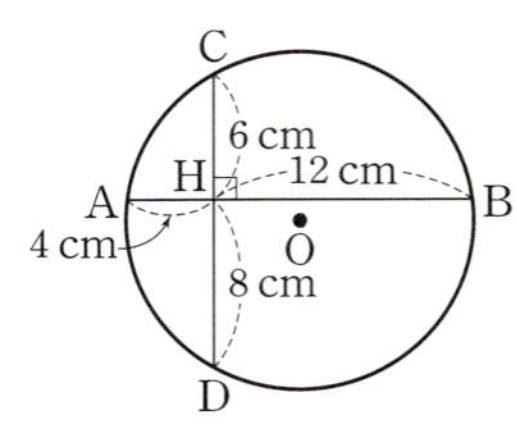

08

오른쪽 그림과 같이 반지름의 길이가 12 cm인 원 모양의 종이를 원주 위의 한 점이 원의 중심 O에 겹쳐지도록 $\overline{AB}$를 접는 선으로 하여 접었다. 이때 색칠한 부분의 넓이를 구하여라.

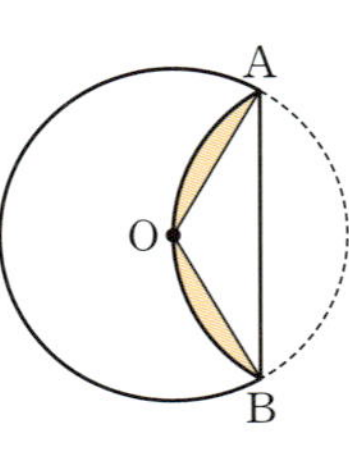

09

오른쪽 그림과 같이 반지름의 길이가 8인 원 O에서 $\overline{OM}\perp\overline{AB}$, $\overline{ON}\perp\overline{CD}$이고 $\overline{OM}=\overline{ON}=4$, $\angle MON=150°$일 때, 색칠한 부분의 넓이를 구하여라.

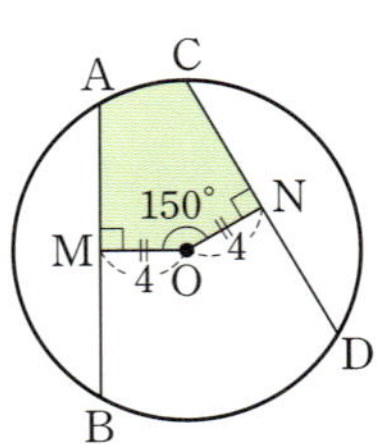

10

오른쪽 그림과 같이 지름의 길이가 20 cm인 원 O에서 $\overline{AB}=\overline{CD}=12$ cm, $\overline{AB}\;/\!/\;\overline{CD}$일 때, 두 현 AB, CD 사이의 거리를 구하여라.

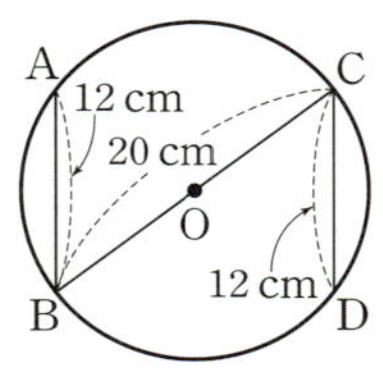

11 서술형

오른쪽 그림과 같이 원의 중심 O에서 △ABC의 세 변 AB, BC, CA에 내린 수선의 발을 각각 D, E, F라고 하자. $\overline{OD}=\overline{OE}=\overline{OF}=\sqrt{3}$일 때, △ABC의 넓이를 구하여라.

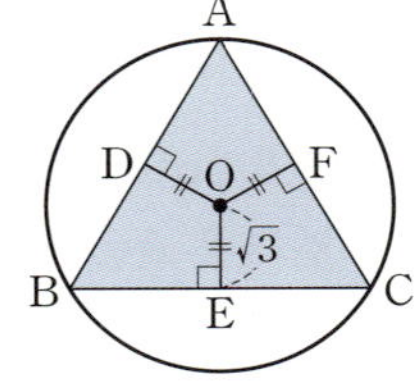

12

오른쪽 그림에서 $\overline{AB}$는 두 원 O, O′의 공통인 현이고 $\overline{OA}\perp\overline{O'A}$이다. $\overline{OA}=12$ cm, $\overline{O'A}=9$ cm일 때, $\overline{AB}$의 길이를 구하여라.

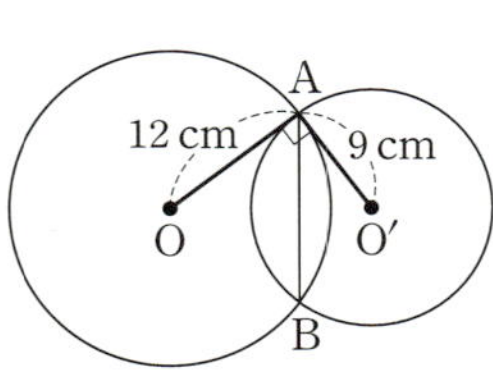

13

오른쪽 그림과 같이 $\overline{AB}=4$ cm, $\overline{BC}=2\sqrt{5}$ cm, $\overline{AC}=2$ cm인 △ABC의 두 변 AB, AC에 접하고 중심이 변 BC 위에 있는 반원 O의 둘레의 길이를 구하여라.

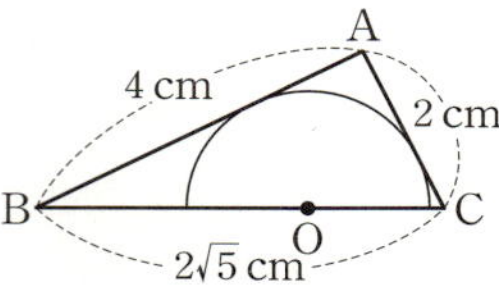

14

오른쪽 그림과 같이 반지름의 길이가 6 cm이고 ∠AOB=60°인 부채꼴 AOB에 원 O′이 내접할 때, 원 O′의 넓이를 구하여라.

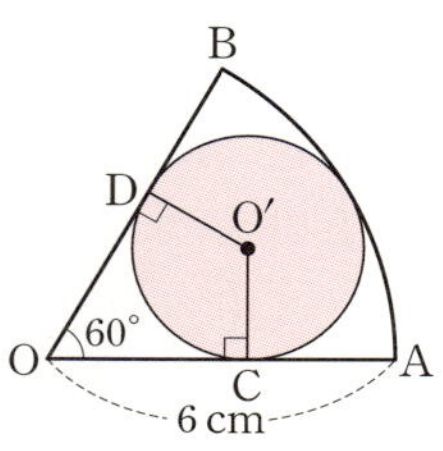

15 서술형

오른쪽 그림에서 두 점 A, B는 점 P에서 원 O에 그은 두 접선의 접점이다. ∠P=60°이고 $\overline{PA}=6$ cm일 때, 색칠한 부분의 넓이를 구하여라.

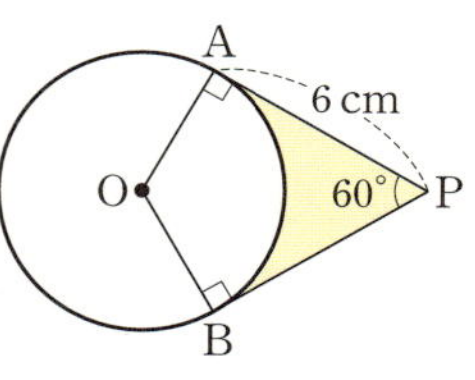

16

오른쪽 그림과 같이 가로의 길이가 14, 세로의 길이가 16인 직사각형 ABCD에서 점 A는 원 O 위의 점이고 $\overline{BC}$, $\overline{CD}$는 각각 두 점 E, F에서 원 O와 접한다. $\overline{AB}$, $\overline{AD}$가 원 O와 만나는 점을 각각 G, H라 하고 $\overline{BG}=2$일 때, $\overline{DH}$의 길이를 구하여라.

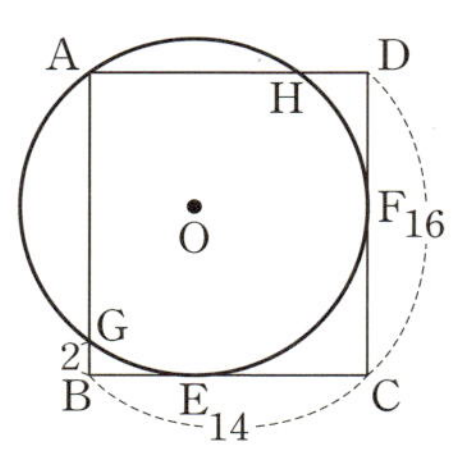

17

다음 그림과 같이 반지름의 길이가 각각 5인 세 원 O, O′, O″이 두 점 B, C에서 외접하고 있다. $\overrightarrow{AG}$는 원 O 위의 점 A에서 원 O″에 그은 접선이고 점 G는 접점이다. $\overrightarrow{AG}$가 원 O′과 만나는 점을 각각 E, F라고 할 때, $\overline{EF}$의 길이를 구하여라. (단, 점 A, O, B, O′, C, O″, D는 한 직선 위에 있다.)

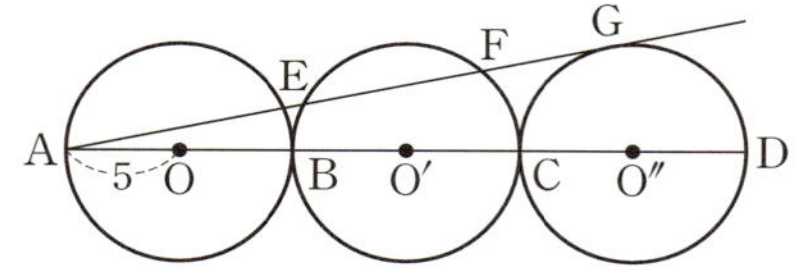

18

오른쪽 그림과 같은 원 O에 대하여 $\overline{OM}\perp\overline{AB}$, $\overline{ON}\perp\overline{AC}$이고 현 BC와 $\overline{OM}$, $\overline{ON}$이 만나는 점을 각각 D, E라 하자. $\overline{OM}=\overline{ON}$, ∠ABC=30°, $\overline{AB}=6\sqrt{3}$일 때, 오각형 AMDEN의 넓이를 구하여라.

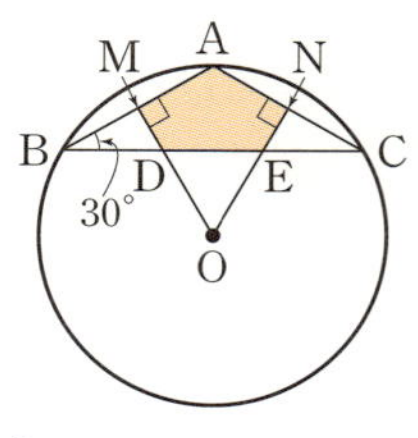

19

오른쪽 그림에서 $\overline{BC}$는 반원 O의 지름이고 $\overline{AB}$, $\overline{AD}$, $\overline{CD}$는 반원 O의 접선이다. $\overline{AB}=16$ cm, $\overline{CD}=4$ cm일 때, $\triangle AOD$의 넓이를 구하여라.

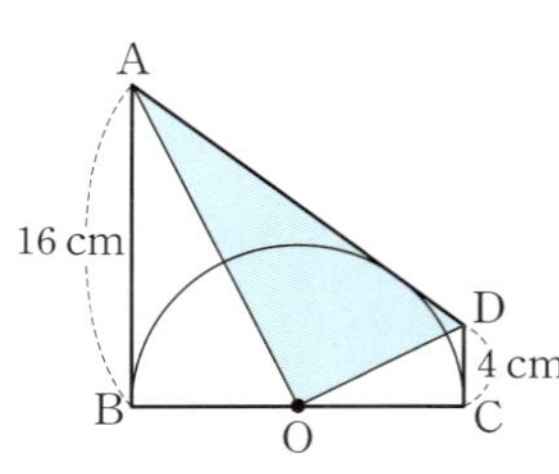

20

오른쪽 그림과 같이 두 원 P, Q가 서로 외접하면서 반원 O에 내접하고 있다. 반원 O의 반지름의 길이가 6 cm일 때, 색칠한 부분의 넓이를 구하여라. (단, 점 O는 원 P의 접점이다.)

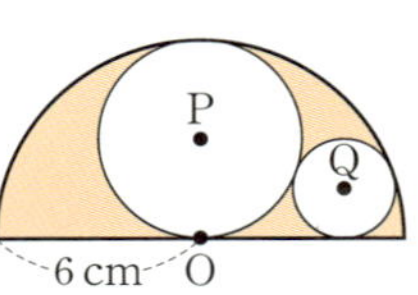

21

오른쪽 그림과 같이 가로의 길이가 10 cm, 세로의 길이가 8 cm인 직사각형 ABCD가 있다. 이 직사각형에 꼭짓점 B를 중심으로 하고 반지름의 길이가 8 cm인 사분원을 그리고 점 C에서 이 사분원에 접선을 그어 접점을 E, $\overline{AD}$와 만나는 점을 F라 하자. 이때 $\overline{AF}$의 길이는?

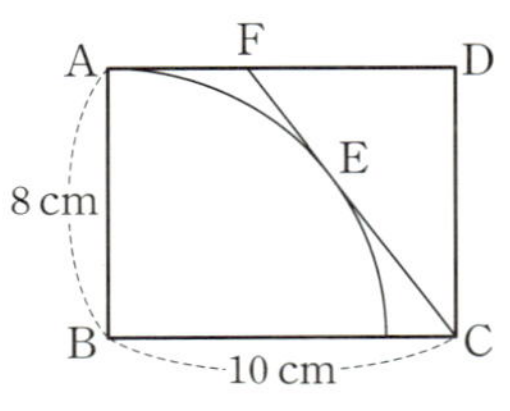

① 4 cm ② 5 cm ③ 6 cm
④ 7 cm ⑤ 8 cm

22

다음 그림과 같이 두 원 O, O′이 각각 두 사각형 ABCD, CEFD에 내접할 때, $\overline{AB}-\overline{EF}$의 값을 구하여라.

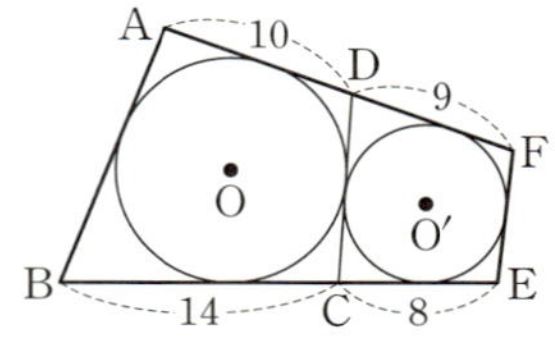

23

오른쪽 그림에서 원 O는 $\triangle ABC$의 내접원이고 세 점 F, H, I는 접점이다. $\overline{DE}$는 원 O와 점 G에서 접하고 $\overline{AB}=9$ cm, $\overline{BC}=11$ cm, $\overline{CA}=6$ cm일 때, $\triangle DBE$의 둘레의 길이를 구하여라.

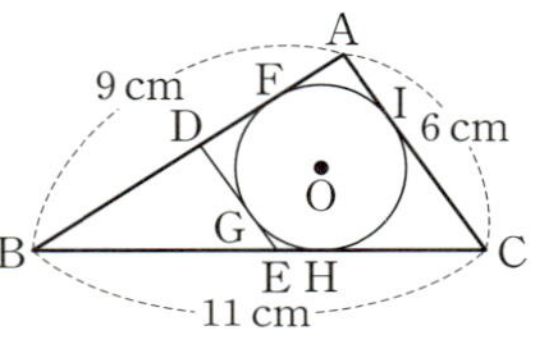

24

오른쪽 그림에서 원 O는 $\triangle ABC$의 내접원이고 세 점 D, E, F는 접점이다. $\overline{AB}=14$, $\overline{BC}=17$, $\overline{AC}=13$이고 $\triangle ABC$의 넓이가 88일 때, $\overline{OB}$의 길이를 구하여라.

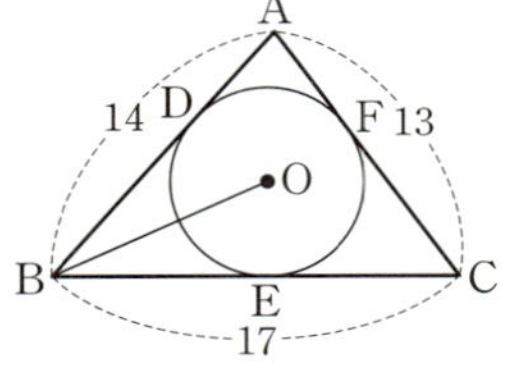

25

오른쪽 그림과 같이 원 O가 $\angle B=60°$, $\angle C=90°$인 △ABC에 내접하고 세 점 P, Q, R는 접점이다. 원 O의 둘레의 길이가 4π일 때, △ABC의 둘레의 길이를 구하여라.

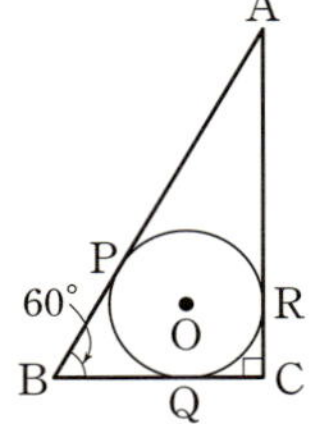

26

오른쪽 그림과 같이 반지름의 길이가 2 cm인 원 O가 직각삼각형 ABC에 내접한다. $\overline{AC}=10$ cm일 때, 색칠한 부분의 넓이를 구하여라.

(단, $\overline{AB}<\overline{BC}$)

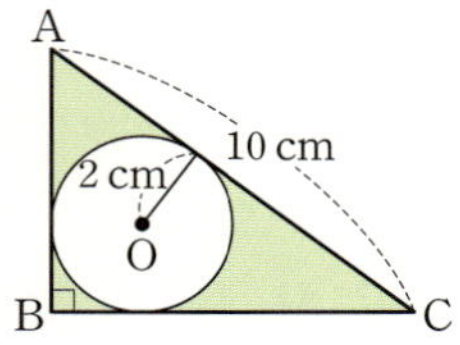

27 서술형

오른쪽 그림에서 원 O는 △ABC의 내접원이고 세 점 P, Q, R는 접점이다. $\overrightarrow{BD}$, $\overrightarrow{BF}$, $\overline{AC}$는 원 O′의 접선이고 세 점 D, F, E는 접점이다. $\overline{AB}=9$, $\overline{BC}=12$, $\overline{AC}=11$일 때, $\overline{RE}$의 길이를 구하여라.

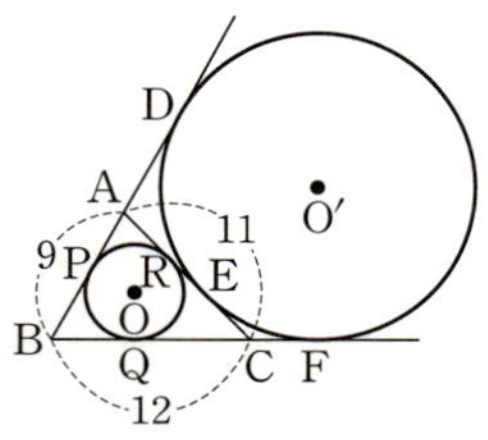

28

오른쪽 그림과 같이 원 O가 △ABC에 내접하고 세 점 P, Q, R는 접점이다. $\overline{AB}=13$ cm, $\overline{AC}=15$ cm, $\overline{AP}=7$ cm일 때, 원 O의 반지름의 길이를 구하여라.

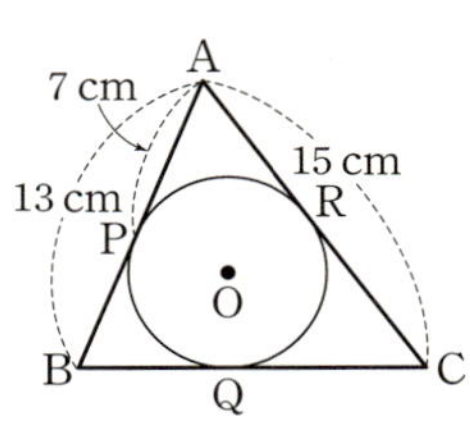

29

오른쪽 그림에서 원 O는 $\angle C=\angle D=90°$인 사다리꼴 ABCD에 내접한다. $\overline{AD}=5$ cm, $\overline{BC}=10$ cm일 때, 원 O의 넓이를 구하여라.

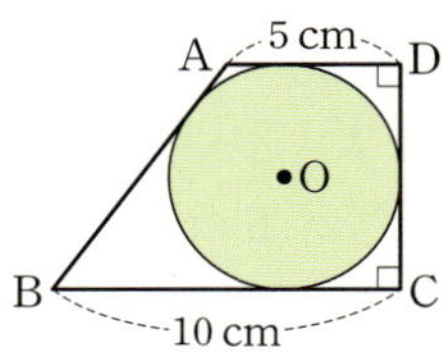

30

오른쪽 그림과 같이 직사각형 ABCD의 세 변에 접하는 원 O가 있다. $\overline{DF}$가 원 O의 접선이고 $\overline{AD}=10$, $\overline{AB}=8$일 때, $\overline{DF}$의 길이를 구하여라.

(단, 네 점 E, G, H, I는 접점이다.)

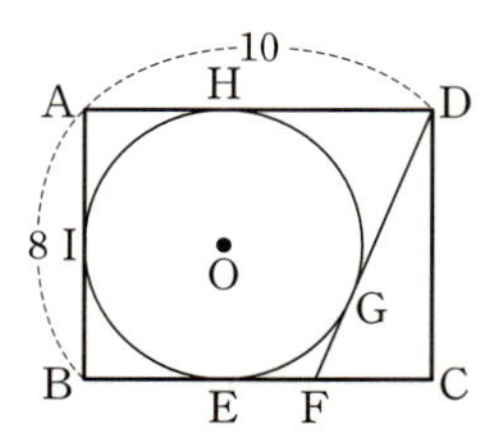

3단계 STEP A 최고난이도문제

01 오른쪽 그림과 같은 원 모양의 석쇠에서 세 개의 철사 AB, CD, EF가 서로 평행하게 같은 간격으로 있다. $\overline{AB}=16$ cm, $\overline{CD}=10\sqrt{3}$ cm, $\overline{EF}=4\sqrt{21}$ cm일 때, 석쇠의 둘레의 길이를 구하여라. (단, 철사의 굵기는 생각하지 않는다.)

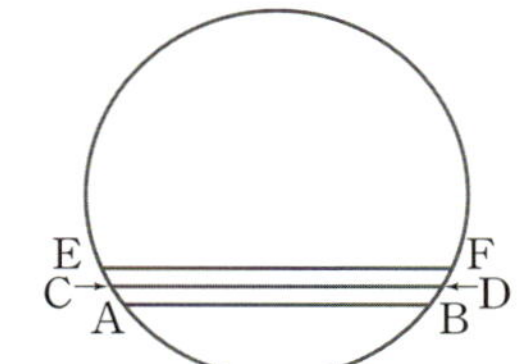

02 오른쪽 그림에서 원 O는 △ABC의 내접원이고 $\overline{DE}$, $\overline{FG}$는 원 O의 접선이다. 점 P는 매초 4 cm의 속력으로 △BED의 둘레를 B → E → D → B로 움직이고, 점 Q는 매초 2 cm의 속력으로 △BFG의 둘레를 B → F → G → B로 움직인다. 점 P가 점 B를 출발하여 △BED를 한 바퀴 돌아 다시 점 B로 돌아오는 데 걸리는 시간이 5초라고 할 때, 점 Q가 점 B를 출발하여 △BFG를 한 바퀴 돌아 다시 점 B로 돌아오는 데 걸리는 시간을 구하여라.

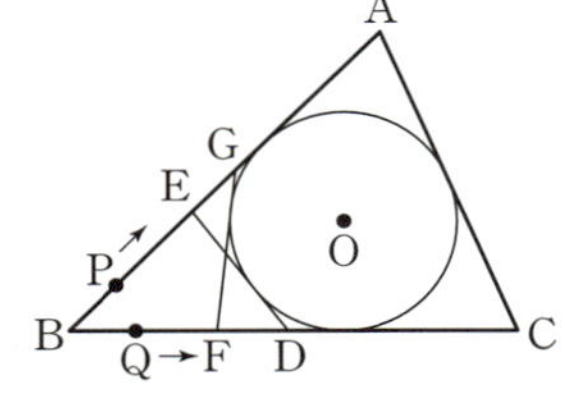

03 오른쪽 그림과 같이 둘레의 길이가 56 cm인 직사각형 ABCD에서 반지름의 길이가 4 cm인 두 원 O, O′이 각각 △ABC와 △ACD에 내접한다. 두 원 O, O′과 $\overline{AC}$의 접점을 각각 E, F라고 할 때, □EOFO′의 넓이를 구하여라. (단, $\overline{AB}<\overline{BC}$)

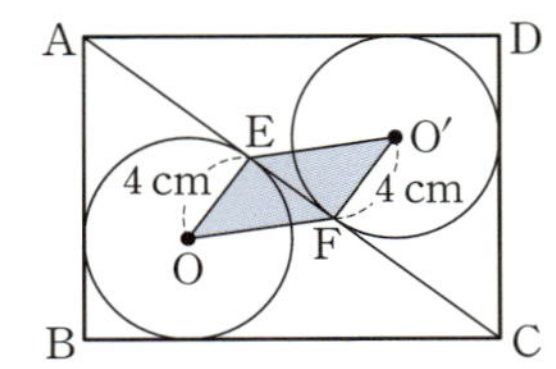

04 오른쪽 그림과 같이 반지름의 길이가 6 cm인 원 O의 지름 AB와 현 CD가 평행하고 $\overline{PO}=4$ cm, $\overline{PD}=8$ cm일 때, $\overline{PC}$의 길이를 구하여라.

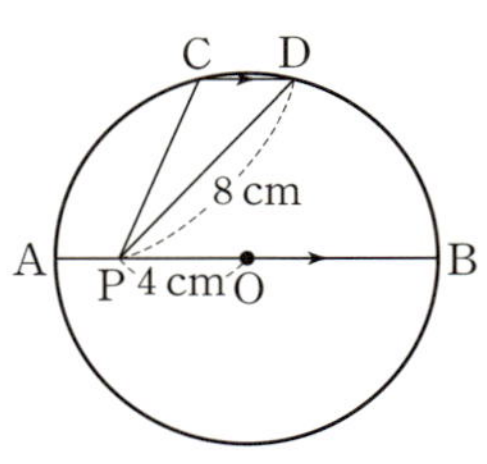

05 오른쪽 그림과 같이 직사각형 ABCD에서 원 O가 □ABCE에 내접하고 원 O′이 △ECD에 내접한다. $\overline{BC}=6$, $\overline{DE}=4$일 때, 두 원 O, O′의 넓이의 합을 구하여라.

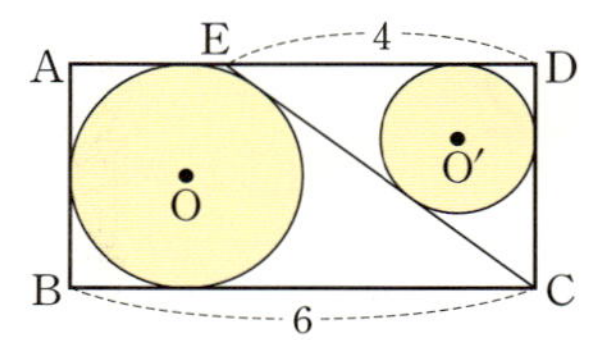

06 오른쪽 그림과 같이 $\overline{AB}$를 지름으로 하는 원 O에서 $\overline{AC}$, $\overline{BD}$, $\overline{CD}$는 원 O의 접선이고 세 점 A, B, P는 접점이다. $\overline{AD}$와 $\overline{BC}$의 교점을 Q, $\overline{PQ}$의 연장선이 $\overline{AB}$와 만나는 점을 R라 하고 $\overline{AC}=2$ cm, $\overline{BD}=6$ cm일 때, $\overline{OR}$의 길이를 구하여라.

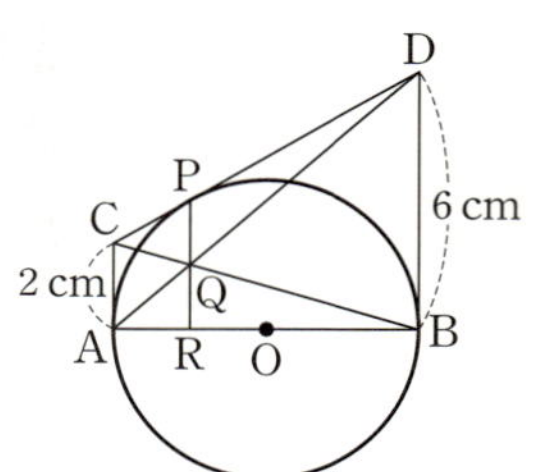

02. 원주각

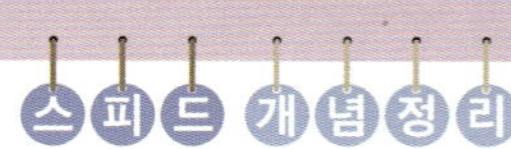

1 원주각과 중심각의 크기

(1) 원주각

원 O에서 $\overarc{AB}$ 위에 있지 않은 원 위의 한 점 P에 대하여 $\angle APB$를 $\overarc{AB}$에 대한 원주각이라고 한다.

(2) 원주각과 중심각의 크기

한 원에서 한 호에 대한 원주각의 크기는 그 호에 대한 중심각의 크기의 $\dfrac{1}{2}$이다.

➡ $\angle APB = \dfrac{1}{2} \angle AOB$

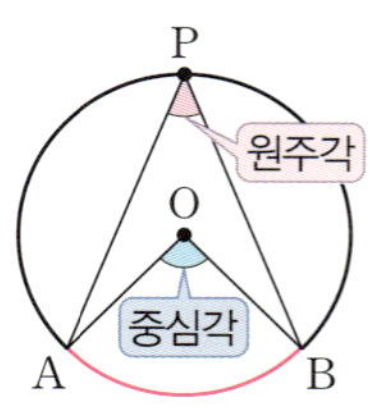

- ① 중심각 : 호의 양 끝점을 지나는 두 반지름이 이루는 각
  ② 원주각 : 호의 양 끝점을 지나는 두 현이 이루는 각
  ③ 한 호에 대한 중심각은 하나이지만 원주각은 무수히 많다.

2 원주각의 성질

(1) 한 원에서 한 호에 대한 원주각의 크기는 모두 같다.

➡ $\angle APB = \angle AQB = \angle ARB$

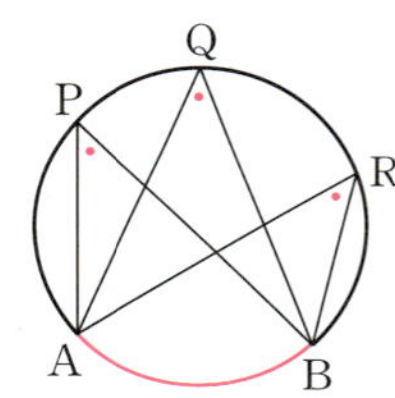

(2) 반원에 대한 원주각의 크기는 90°이다.

➡ $\angle APB = 90°$

참고 원주각의 크기가 90°이면 그에 대한 호의 길이는 원의 둘레의 길이의 $\dfrac{1}{2}$이다. 즉 $\angle APB = 90°$이면 $\overline{AB}$는 원 O의 지름이다.

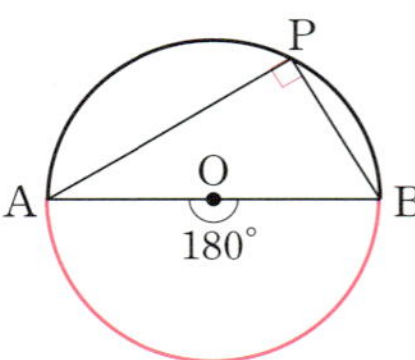

- $\overline{AB}$가 원 O의 지름이면 $\angle AOB = 180°$이므로
$$\angle APB = \dfrac{1}{2} \angle AOB$$
$$= \dfrac{1}{2} \times 180° = 90°$$

3 원주각의 크기와 호의 길이

한 원 또는 합동인 두 원에서

(1) 길이가 같은 호에 대한 원주각의 크기는 서로 같다.

➡ $\overarc{AB} = \overarc{CD}$이면 $\angle APB = \angle CQD$

(2) 크기가 같은 원주각에 대한 호의 길이는 서로 같다.

➡ $\angle APB = \angle CQD$이면 $\overarc{AB} = \overarc{CD}$

(3) 원주각의 크기와 호의 길이는 정비례한다.

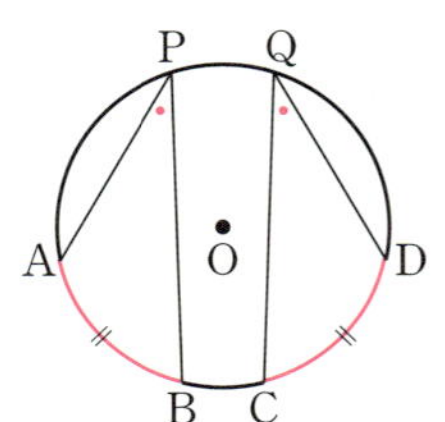

- 원주각의 크기와 현의 길이는 정비례하지 않는다.

Theme 01 원주각과 중심각의 크기

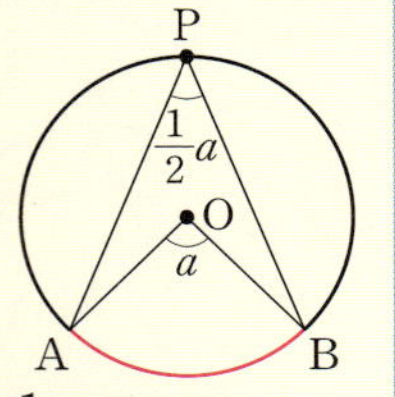

(1) 원주각 : 원 O에서 호 AB 위에 있지 않은 원 위의 한 점 P에 대하여 ∠APB를 호 AB에 대한 원주각이라고 한다.

(2) 한 원에서 한 호에 대한 원주각의 크기는 그 호에 대한 중심각의 크기의 $\dfrac{1}{2}$이다.

⇨ $\angle \text{APB} = \dfrac{1}{2} \angle \text{AOB}$

01

오른쪽 그림의 원 O에서 ∠BOD=120°일 때, ∠x, ∠y의 크기를 각각 구하여라.

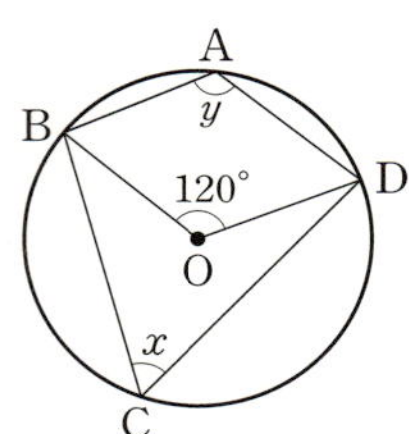

02

오른쪽 그림과 같은 원 O에서 ∠APB=31°, ∠AQC=63°일 때, ∠BOC의 크기를 구하여라.

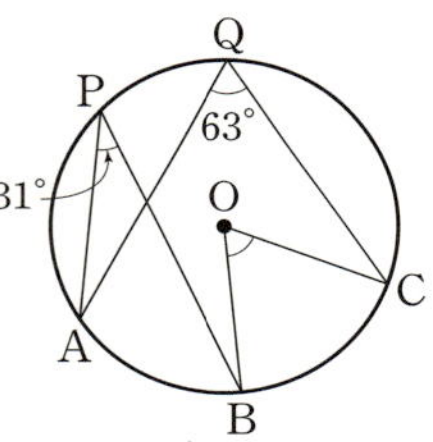

03

오른쪽 그림과 같이 반지름의 길이가 4 cm인 원 O에서 ∠BAC=45°일 때, 색칠한 부분의 넓이를 구하여라.

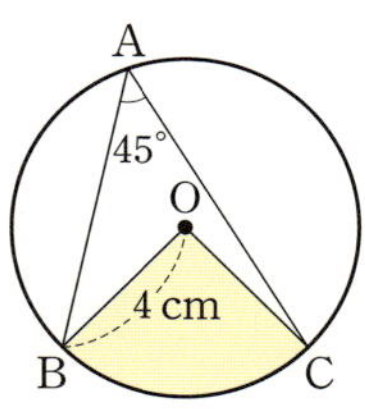

04

오른쪽 그림과 같은 원 O에서 ∠ABC=56°일 때, ∠OCA의 크기를 구하여라.

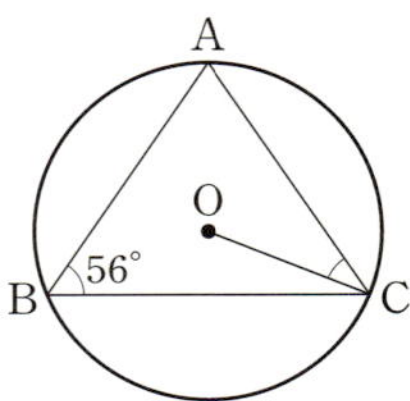

05

오른쪽 그림의 원 O에서 $\overrightarrow{\text{PA}}$, $\overrightarrow{\text{PB}}$는 접선이고 두 점 A, B는 접점이다. ∠AQB=55°일 때, ∠APB의 크기를 구하여라.

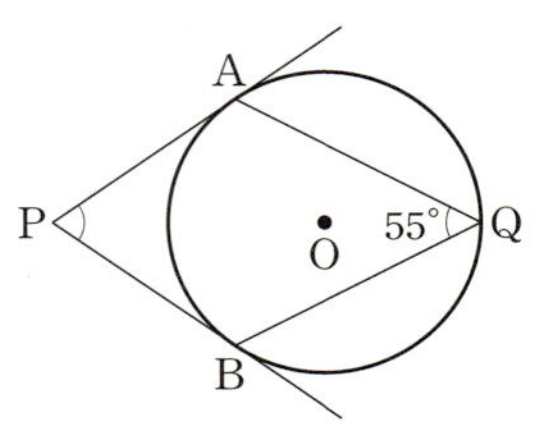

06

오른쪽 그림에서 $\overline{\text{PA}}$, $\overline{\text{PB}}$는 원 O의 접선이고 두 점 A, B는 접점이다. ∠APB=48°일 때, ∠x+∠y의 크기를 구하여라.

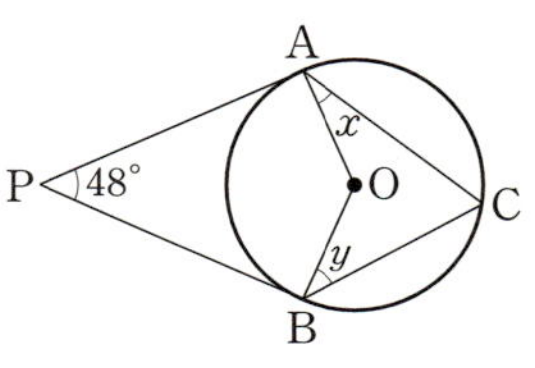

Theme **02** 원주각의 성질

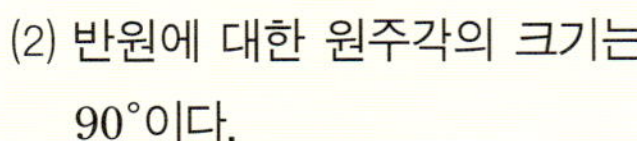

(1) 한 원에서 한 호에 대한 원주각의
   크기는 모두 같다.
   ⇨ $\angle APB = \angle AQB$
   $\quad\quad = \angle ARB$

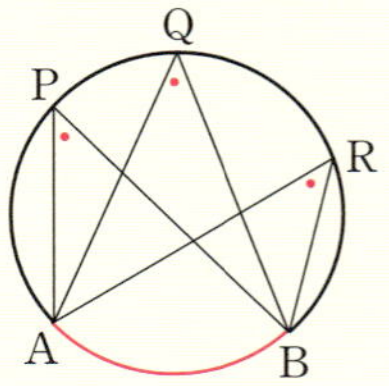

(2) 반원에 대한 원주각의 크기는
   90°이다.
   ⇨ $\angle APB = 90°$

07

오른쪽 그림과 같은 원에서 점 P
는 $\overline{AC}$, $\overline{BD}$의 교점이고
$\angle ABD = 20°$, $\angle APD = 64°$일 때,
$\angle x - \angle y + \angle z$의 크기를 구하여라.

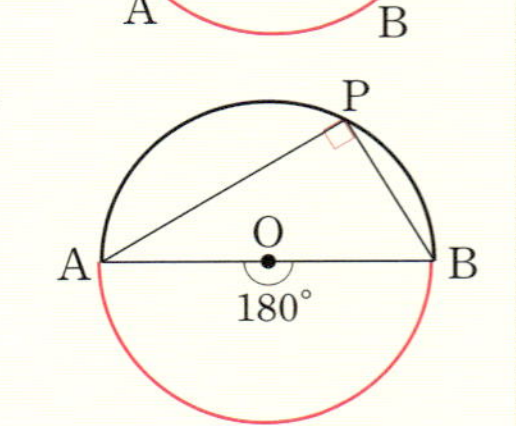

08

오른쪽 그림에서 점 P는 $\overline{AC}$
와 $\overline{BD}$의 교점이고 점 Q는
$\overline{AB}$와 $\overline{CD}$의 연장선의 교점
이다. $\angle AQD = 30°$,
$\angle APD = 74°$일 때, $\angle x$의 크기를 구하여라.

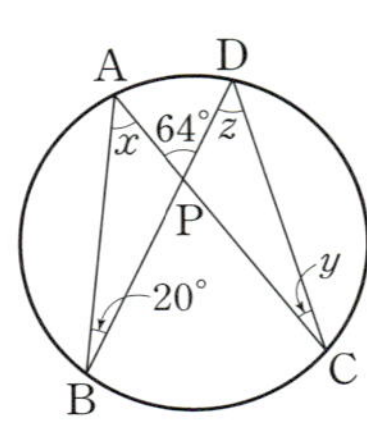

09

오른쪽 그림의 원 O에서
$\angle AQC = 70°$, $\angle BOC = 100°$
일 때, $\angle x$의 크기를 구하여라.

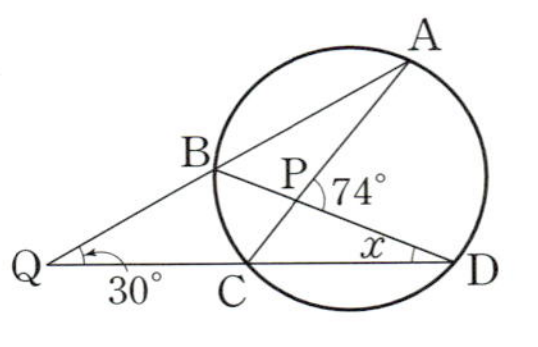

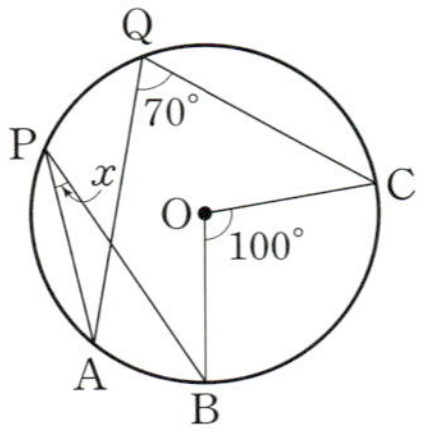

10

오른쪽 그림에서 □ABCD는
원에 내접하고 $\angle BCA = 59°$,
$\angle BDC = 35°$, $\angle CAD = 33°$일
때, $\angle ABD$의 크기를 구하여라.

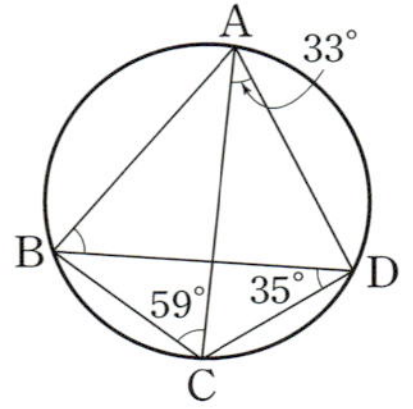

11

오른쪽 그림과 같이 $\overline{AB}$는 원 O
의 지름이고 $\angle DEB = 36°$일
때, $\angle ACD$의 크기를 구하여
라.

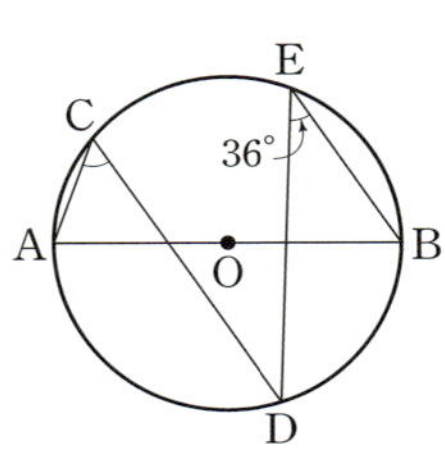

12

오른쪽 그림과 같이 반지름의 길이
가 4인 원 O에 내접하는 $\triangle ABC$에
서 $\overline{BC} = 6$일 때, $\cos A \times \sin A$의
값을 구하여라.

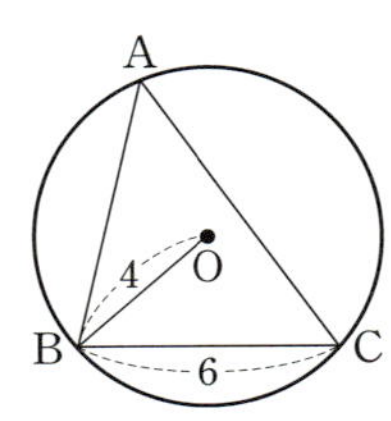

Theme 03 원주각의 크기와 호의 길이

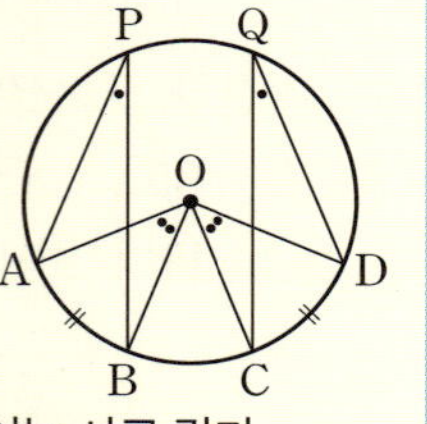

한 원 또는 합동인 두 원에서

(1) 길이가 같은 호에 대한 원주각의 크기는 서로 같다.

⇨ $\overarc{AB}=\overarc{CD}$이면

$\angle APB=\angle CQD$

(2) 크기가 같은 원주각에 대한 호의 길이는 서로 같다.

⇨ $\angle APB=\angle CQD$이면 $\overarc{AB}=\overarc{CD}$

(3) 원주각의 크기와 호의 길이는 정비례한다.

13

오른쪽 그림의 원에서 점 P는 두 현 AB, CD의 교점이다. $\overarc{AC}=\overarc{BD}$, $\angle DCB=28°$일 때, $\angle APC$의 크기를 구하여라.

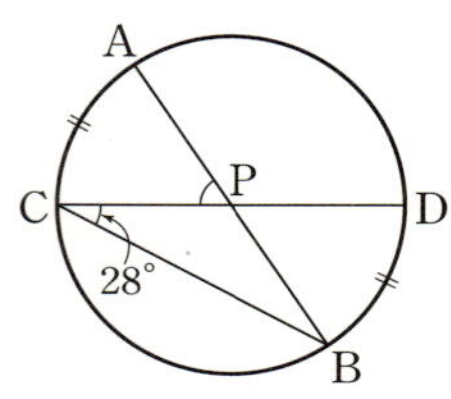

14

오른쪽 그림과 같이 원 위에 $\overarc{AB}=\overarc{BC}=\overarc{CD}$인 네 점 A, B, C, D를 잡고 $\overline{AB}$와 $\overline{CD}$의 연장선의 교점을 P라 하자.
$\angle P=28°$일 때, $\angle x$의 크기를 구하여라.

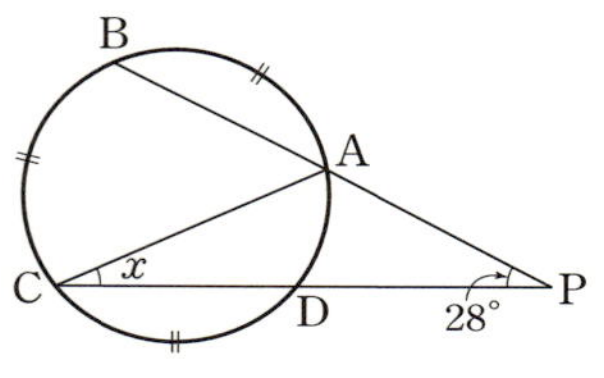

15

오른쪽 그림에서 점 P는 두 현 AC, BD의 교점이다. $\overarc{BC}=12\pi$ cm, $\angle ABD=20°$, $\angle BPC=60°$일 때, $\overarc{AD}$의 길이를 구하여라.

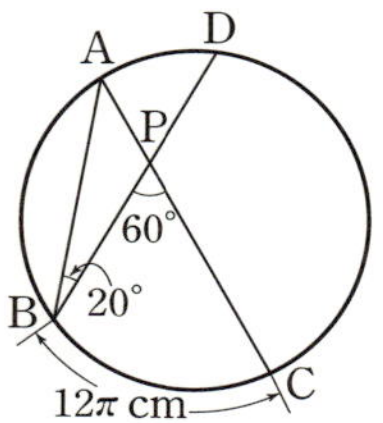

16

오른쪽 그림과 같은 원에서 점 P는 두 현 AB, CD의 교점이다. $\angle CPB=150°$이고 $\overarc{AD} : \overarc{CB}=2 : 3$일 때, $\angle ABD$의 크기를 구하여라.

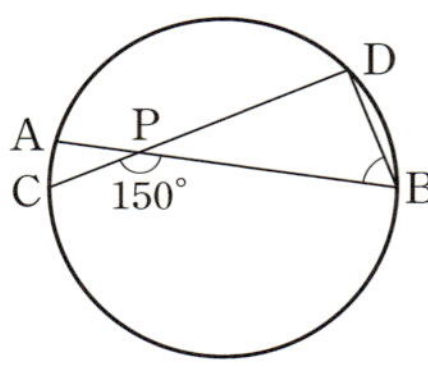

17

오른쪽 그림에서 $\overline{AB}$와 $\overline{CD}$의 연장선의 교점이 P, $\overline{AD}$와 $\overline{BC}$의 교점이 Q이다. $\angle BPD=39°$, $\overarc{AC} : \overarc{BD}=2 : 5$일 때, $\angle AQC$의 크기를 구하여라.

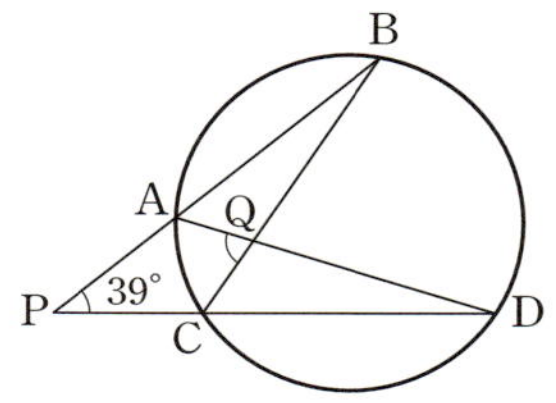

18

오른쪽 그림에서 $\overarc{AC}$의 길이는 원주의 $\frac{1}{4}$이고 $\overarc{AC} : \overarc{BD}=5 : 3$일 때, $\angle APC$의 크기를 구하여라.

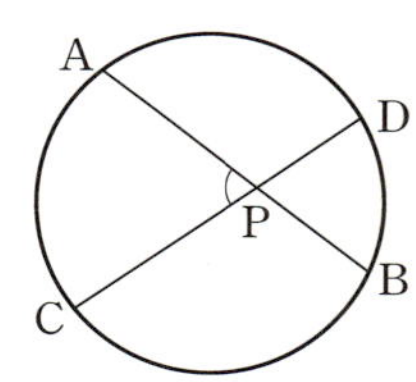

2단계 STEP B 실력완성문제

01

오른쪽 그림의 원 O에서
∠ABO=30°, ∠ACO=18°일 때,
∠BOC의 크기를 구하여라.

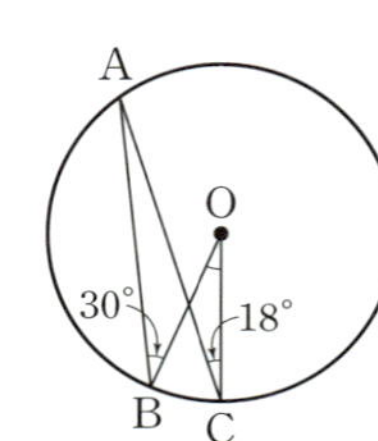

02

오른쪽 그림에서 점 P는 원
O의 두 현 AB, CD의 연장
선의 교점이다.
∠AOC=24°,
∠BOD=70°일 때, ∠APC의 크기를 구하여라.

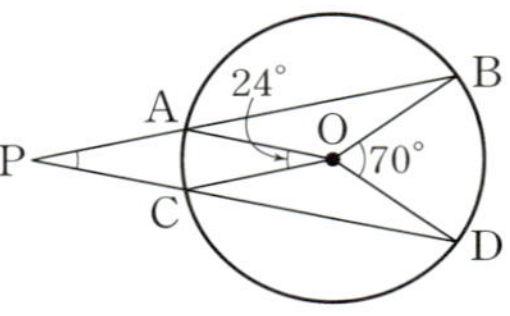

03

오른쪽 그림에서 $\overline{CD}$는 원 O의 지
름이고 점 P는 $\overline{AB}$와 $\overline{CD}$의 교점이
다. ∠CAB=34°, ∠ABC=46°
일 때, ∠APC의 크기를 구하여라.

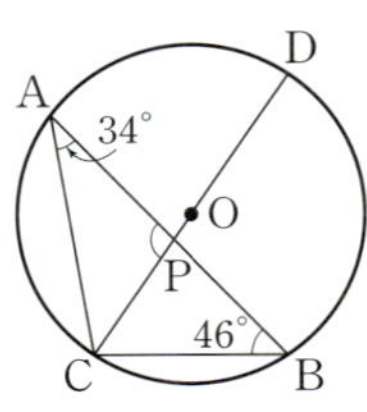

04

오른쪽 그림과 같이 $\overline{AB}$를
지름으로 하는 반원 O에서
$\overline{AC}$, $\overline{BD}$의 연장선의 교점을
E라고 하자. ∠COD=54°
일 때, ∠E의 크기를 구하여
라.

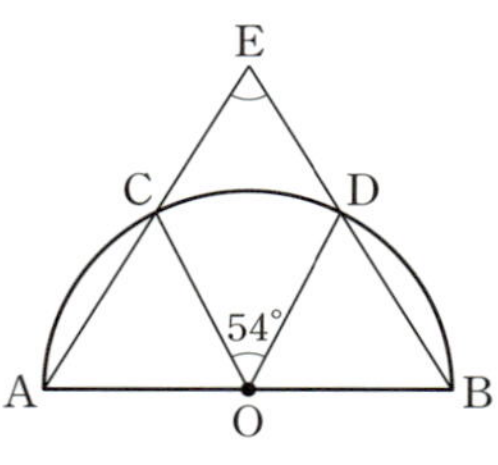

05

오른쪽 그림과 같이 원 O를 원주
위의 한 점이 원의 중심 O에 겹
쳐지도록 $\overline{AB}$를 접는 선으로 하
여 접었다. 호 AB 위에 있지 않
은 원 위의 점 P에 대하여
$\overline{PA}$=10 cm, $\overline{PB}$=8 cm일 때,
△PAB의 넓이를 구하여라.

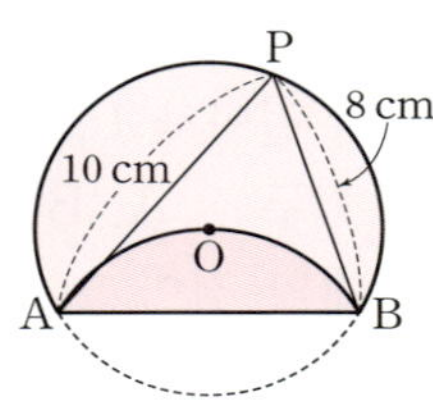

06

오른쪽 그림에서 $\overline{AB}$는 원 O의
지름이고 $\widehat{AD}=\widehat{DE}=\widehat{EB}$이다.
$\widehat{AC}:\widehat{CB}=7:5$일 때,
∠x+∠y의 크기를 구하여라.

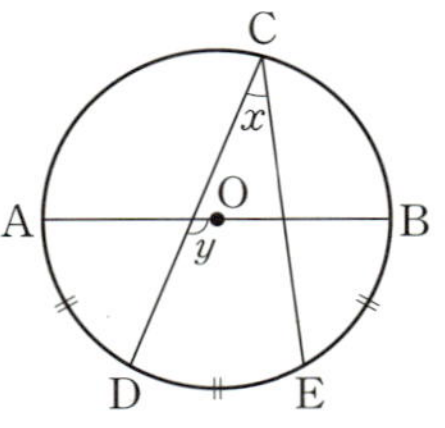

07 서술형

오른쪽 그림과 같이 두 삼각형 ABC와 ABD가 원에 내접하고 점 E는 $\overline{AD}$와 $\overline{BC}$의 교점이다. $\overline{AB}=\overline{AC}=5$ cm, $\overline{AE}=3$ cm일 때, $\overline{DE}$의 길이를 구하여라.

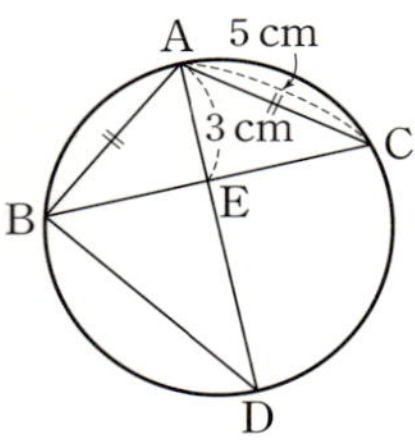

08

오른쪽 그림과 같이 한 눈금의 길이가 1인 모눈종이 위에 두 점 A, B를 포함한 35개의 점이 있다. 이 점 중에서 한 점을 선택하여 그 점을 P라고 할 때, $\angle APB=90°$를 만족시키는 점 P의 개수를 구하여라.

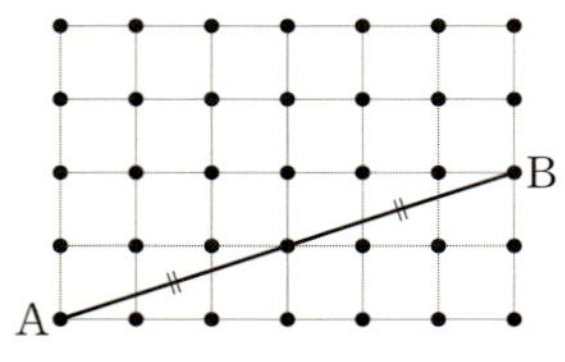

09

오른쪽 그림과 같이 원 O에 내접하는 정삼각형 ABC와 정사각형 ADEF가 있다. $\overset{\frown}{BD}=13$ cm일 때, $\overset{\frown}{AF}+\overset{\frown}{CE}$의 길이를 구하여라.

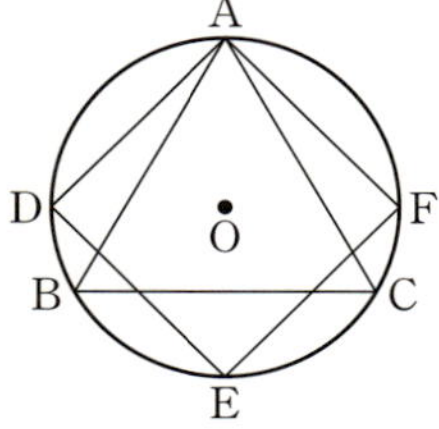

10

오른쪽 그림과 같이 원 O에 내접하는 $\triangle ABC$에서 $\overline{BC}=12$이고 $\tan A=\dfrac{4}{3}$일 때, 원 O의 넓이를 구하여라.

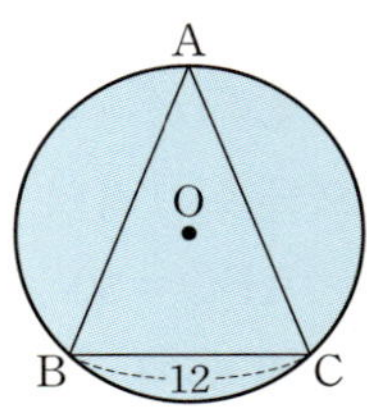

11

오른쪽 그림과 같이 $\overline{AB}$를 지름으로 하는 반원 O 위의 점 C에서 $\overline{AB}$에 내린 수선의 발을 D라 하자. $\overline{AB}=12$ cm, $\overline{AC}=4\sqrt{6}$ cm이고 $\angle ACD=\angle x$일 때, $\dfrac{\sin x}{\cos x}$의 값을 구하여라.

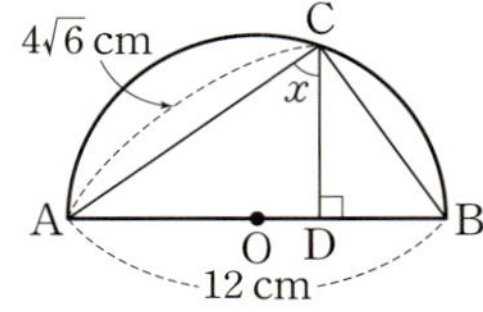

12

오른쪽 그림의 원 O에서 $\overset{\frown}{AE}=\overset{\frown}{ED}=\overset{\frown}{DC}$이고 $\angle AEB=30°$, $\angle BOC=126°$일 때, $\angle EAD$의 크기를 구하여라.

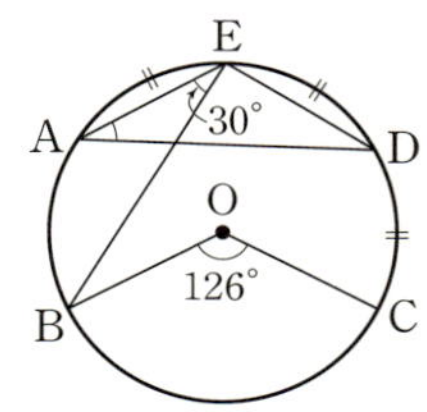

13

오른쪽 그림과 같이 원의 두 호 AC, BC의 중점을 각각 D, E 라 하고, 현 DE가 두 현 AC, BC와 만나는 점을 각각 M, N 이라고 하자. ∠ACB=62°일 때, ∠CNM의 크기를 구하여라.

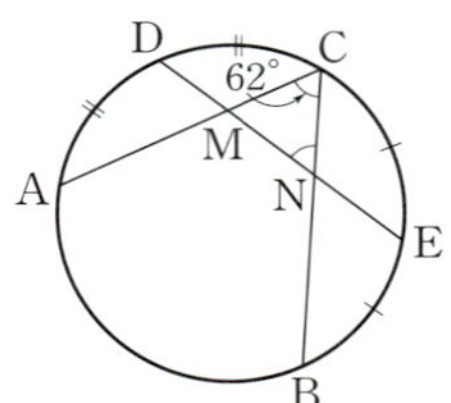

14

오른쪽 그림과 같이 원 O는 △ABC의 외접원이고 $\overline{AP}$와 $\overline{BD}$는 각각 ∠BAC와 ∠ABC 의 이등분선이다. $\overline{AC}$는 원 O의 지름이고 반지름의 길이가 6 cm 일 때, $\overline{PD}$의 길이를 구하여라.

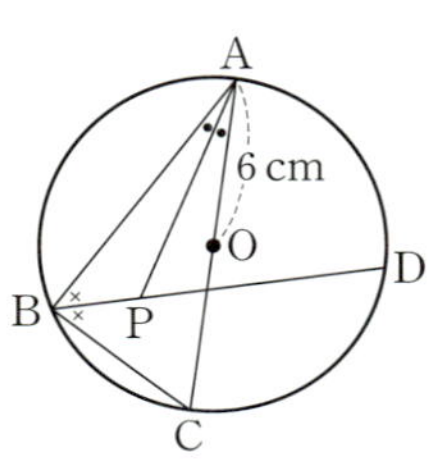

15

오른쪽 그림의 원 O에서 두 현 AB와 CD의 교점 P에 대하여 ∠APD=120°이다. $\overset{\frown}{AD}=3\pi$, $\overset{\frown}{BC}=5\pi$일 때, 원 O 의 둘레의 길이를 구하여라.

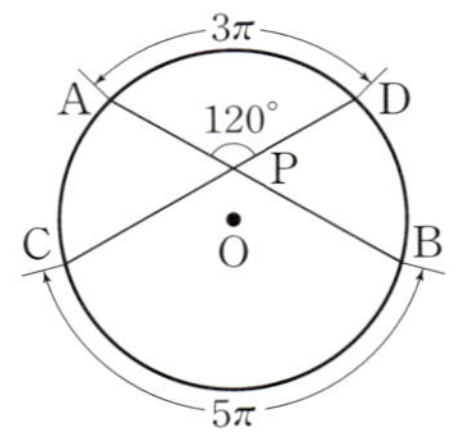

16

오른쪽 그림과 같은 원 O에서 $\overline{AB}$, $\overline{CD}$의 교점을 P라고 하자. 원 O의 반지름의 길이가 6 cm 이고 ∠APC=40°일 때, $\overset{\frown}{AC}+\overset{\frown}{BD}$의 길이를 구하여라.

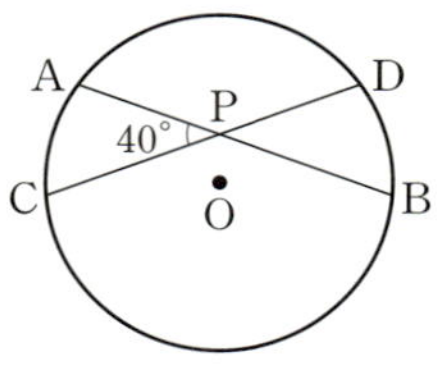

17

오른쪽 그림에서 원 O는 △ABC의 외접원이고 $\overline{AD}$는 원 O의 지름이다. $\overline{AH}\perp\overline{BC}$이 고 $\overline{AB}=10$ cm, $\overline{AC}=6$ cm, $\overline{AH}=5$ cm일 때, 원 O의 반지 름의 길이를 구하여라.

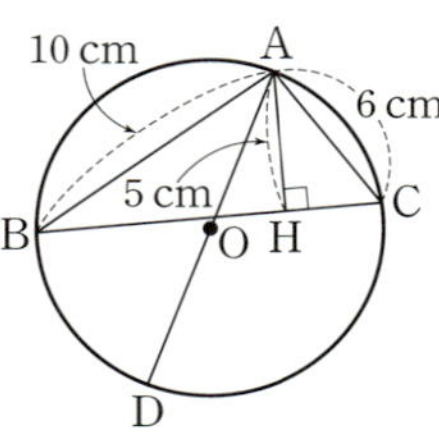

18

오른쪽 그림과 같이 원의 중심 이 $\overline{AB}$ 위에 있는 두 원 O, O′ 이 한 점 B에서 접하고, 원 O′ 의 지름의 길이는 원 O의 반지 름의 길이와 같다. 현 AQ는 점 P에서 원 O′에 접하고 $\overline{AQ}=16\sqrt{2}$ cm일 때, 원 O의 반지름의 길이를 구하여라.

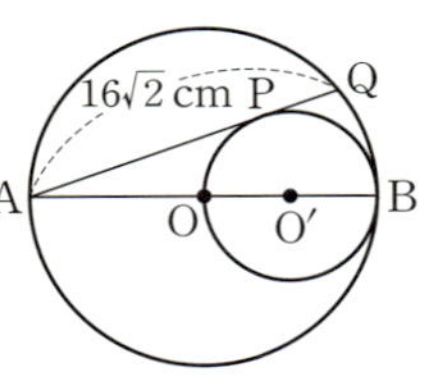

STEP A 3단계 최고난이도문제

01 오른쪽 그림에서 $\overline{CD}$는 반원 O의 지름이다. $\overline{AB}=\overline{BC}=3$, $\overline{CD}=12$일 때, $\overline{AD}$의 길이를 구하여라.

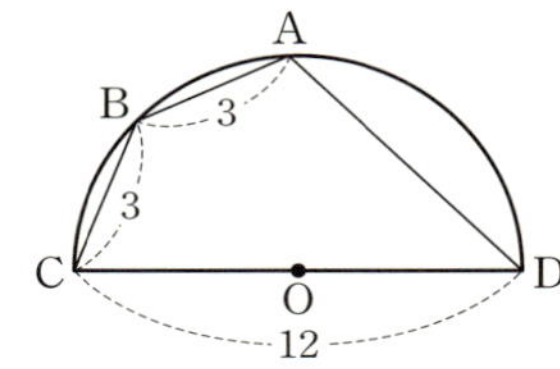

02 오른쪽 그림과 같이 반지름의 길이가 2 cm인 원 O에 내접하는 $\triangle ABC$에서 $\angle B=60°$, $\angle C=45°$일 때, $\overline{BC}$의 길이를 구하여라.

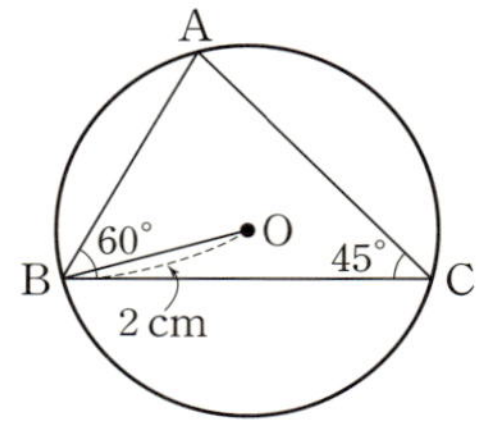

03 오른쪽 그림과 같이 반지름의 길이가 8인 원 O에서 $\overline{AC}\perp\overline{BD}$일 때, $\overline{AB}^2+\overline{CD}^2$의 값을 구하여라.

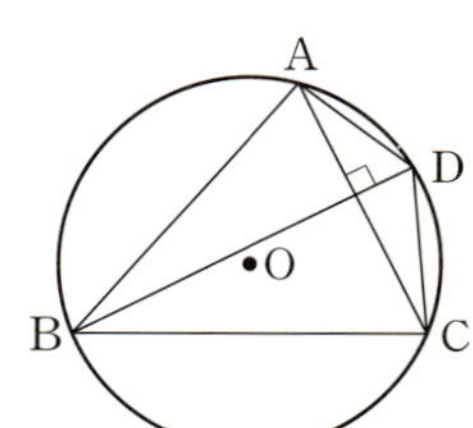

03. 원주각의 활용

1 네 점이 한 원 위에 있을 조건

선분 AB에 대하여 두 점 C, D가 같은 쪽에 있을 때,
$\angle ACB = \angle ADB$이면 네 점 A, B, C, D는 한 원 위에 있다.

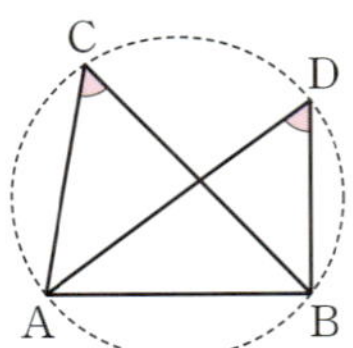

- 네 점 A, B, C, D가 한 원 위에 있으면 $\angle ACB = \angle ADB$이다.

2 원에 내접하는 사각형의 성질

(1) 원에 내접하는 사각형에서 한 쌍의 대각의 크기의 합은 180°이다.

➡ $\angle A + \angle C = 180°$
$\angle B + \angle D = 180°$

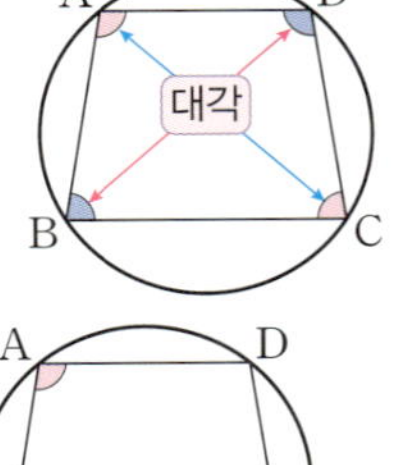

(2) 원에 내접하는 사각형에서 한 외각의 크기는 그 외각에 이웃한 내각에 대한 대각의 크기와 같다.

➡ $\angle DCE = \angle A$

3 사각형이 원에 내접하기 위한 조건

(1) 한 쌍의 대각의 크기의 합이 180°인 사각형은 원에 내접한다.

➡ $\angle A + \angle C = 180°$ 또는 $\angle B + \angle D = 180°$이면 □ABCD는 원에 내접한다.

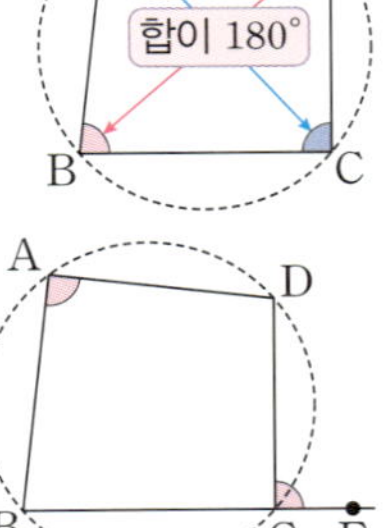

(2) 한 외각의 크기와 그 외각에 이웃한 내각에 대한 대각의 크기가 같은 사각형은 원에 내접한다.

➡ $\angle DCE = \angle A$이면 □ABCD는 원에 내접한다.

- 정사각형, 직사각형, 등변사다리꼴은 한 쌍의 대각의 크기의 합이 180°이므로 항상 원에 내접한다.

4 원의 접선과 현이 이루는 각

(1) 원의 접선과 그 접점을 지나는 현이 이루는 각의 크기는 그 각의 내부에 있는 호에 대한 원주각의 크기와 같다.

➡ $\angle BAT = \angle BCA$

(2) 원 O에서 $\angle BAT = \angle BCA$이면 $\overleftrightarrow{AT}$는 원 O의 접선이다.

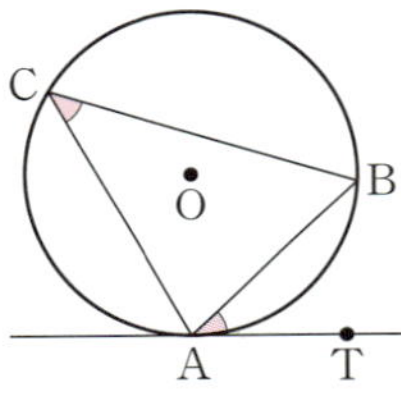

Theme 01 네 점이 한 원 위에 있을 조건

두 점 C, D가 직선 AB에 대하여 같은 쪽에 있을 때,
∠ACB=∠ADB이면 네 점 A, B, C, D는 한 원 위에 있다.

참고 네 점 A, B, C, D가 한 원 위에 있으면 ∠ACB=∠ADB

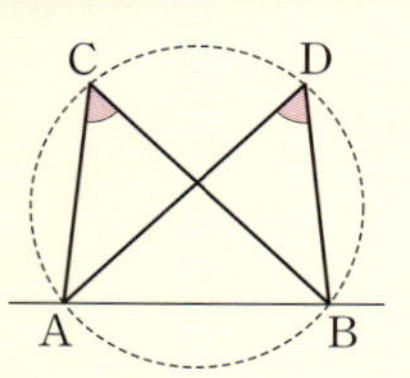

Theme 02 원에 내접하는 사각형의 성질

(1) 원에 내접하는 사각형에서 한 쌍의 대각의 크기의 합은 180°이다.
⇨ ∠A+∠C=∠B+∠D
=180°

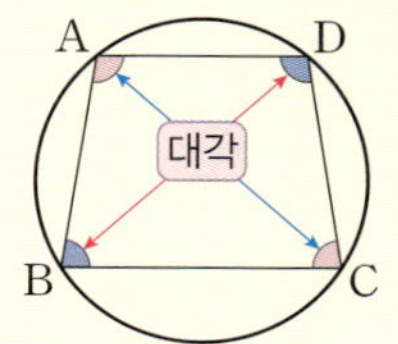

(2) 원에 내접하는 사각형에서 한 외각의 크기는 그와 이웃하는 내각의 대각의 크기와 같다.
⇨ ∠DCE=∠A

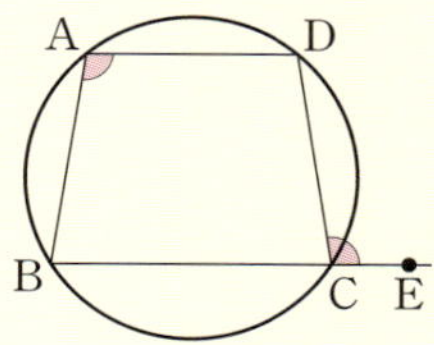

01

다음 중 네 점 A, B, C, D가 한 원 위에 있는 것을 모두 고르면? (정답 2개)

① 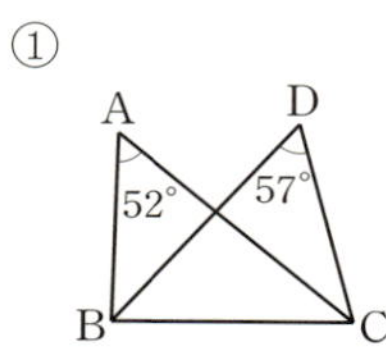
② 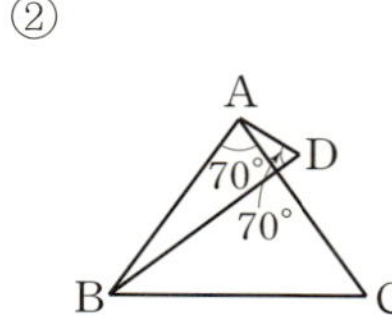
③ 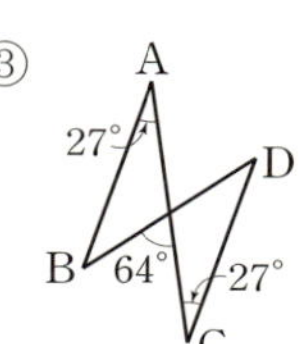
④ 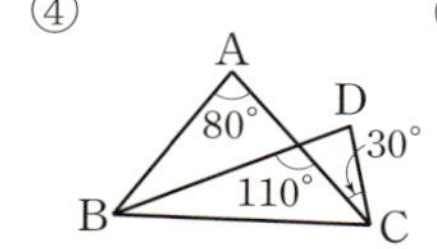
⑤ 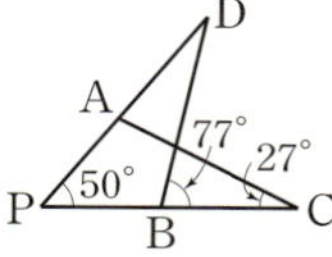

04

오른쪽 그림과 같이 □ABCD가 원에 내접하고 ∠ABC=85°, ∠ACD=35°일 때, ∠x의 크기를 구하여라.

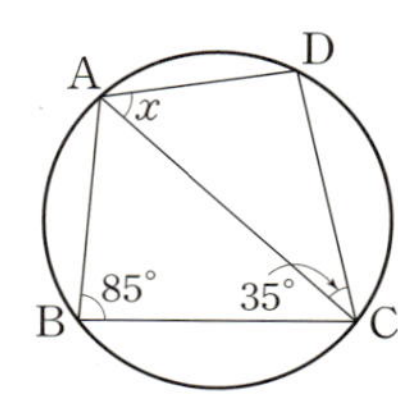

02

오른쪽 그림에서 점 P는 $\overline{AC}$와 $\overline{BD}$의 교점이고 네 점 A, B, C, D가 한 원 위에 있을 때, ∠x+∠y의 크기를 구하여라.

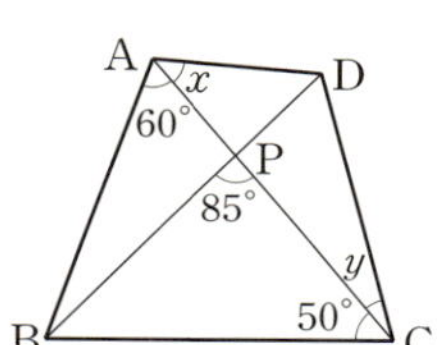

05 서술형

오른쪽 그림과 같이 네 점 A, B, C, D가 한 원 위에 있다. ∠ADB=70°, ∠BDC=50°, ∠BCD=108°일 때, ∠y-∠x의 크기를 구하여라.

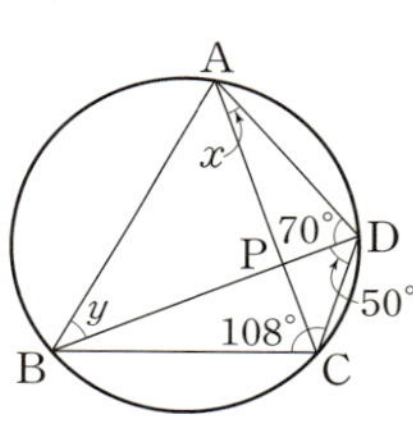

03

오른쪽 그림에서 ∠DPC=60°, ∠PDB=32°이고 네 점 A, B, C, D가 한 원 위에 있을 때, ∠x의 크기를 구하여라.

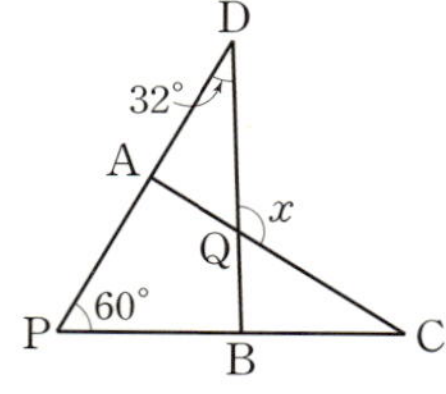

06

오른쪽 그림에서 □ABCD는 원 O에 내접하고 점 E는 $\overline{BC}$의 연장선 위의 점이다. ∠OBC=50°, ∠DCE=85°일 때, ∠x의 크기를 구하여라.

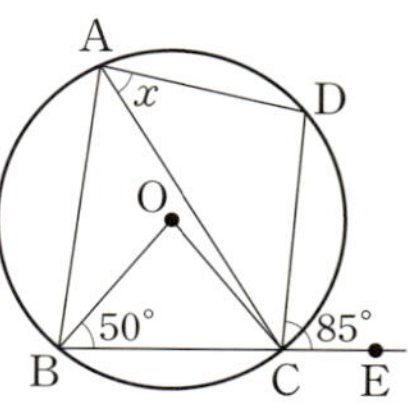

07

오른쪽 그림과 같이 □ABCD
는 원 O에 내접하고 $\overline{BD}$는 원 O
의 지름이다. ∠EPB=70°,
∠ECD=75°일 때, ∠ADC의
크기를 구하여라.

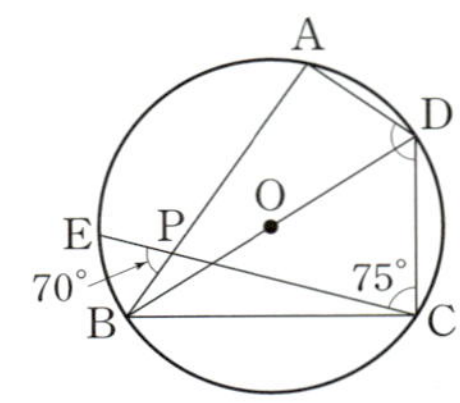

08

오른쪽 그림과 같이
□ABCD가 원에 내접하고
∠APB=30°,
∠AQD=52°일 때, ∠x의
크기를 구하여라.

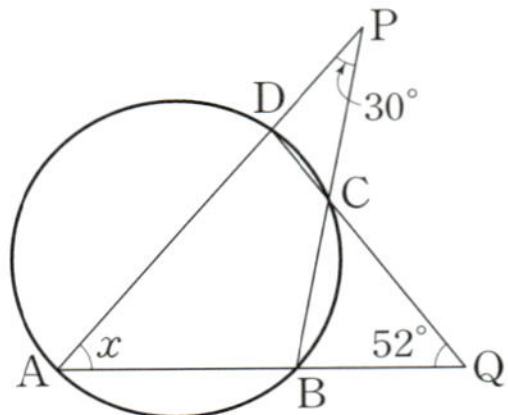

09

오른쪽 그림과 같이 육각형
ABCDEF가 원 O에 내접하고
∠BAF=130°, ∠DEF=110°
일 때, ∠x의 크기를 구하여라.

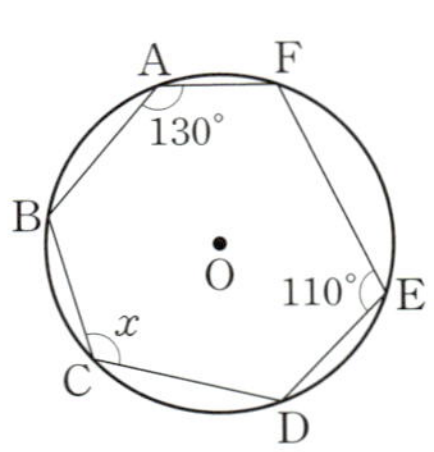

Theme 03 사각형이 원에 내접하기 위한 조건

(1) 한 쌍의 대각의 크기의 합이 180°인 사각형은 원에 내접
한다.

(2) 한 외각의 크기가 그와 이웃하는 내각의 대각의 크기와
같은 사각형은 원에 내접한다.

10

다음 중 □ABCD가 원에 내접하지 <u>않는</u> 것을 모두
고르면? (정답 2개)

① 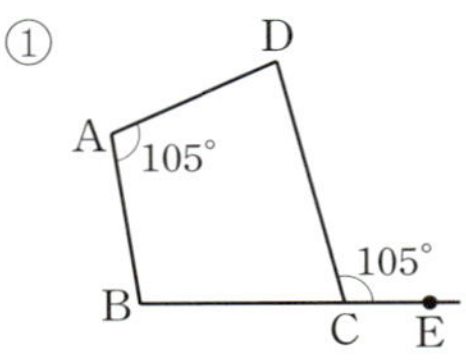

② 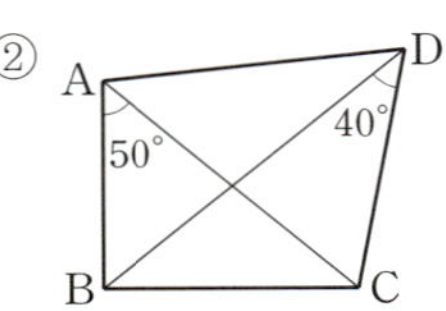

③ 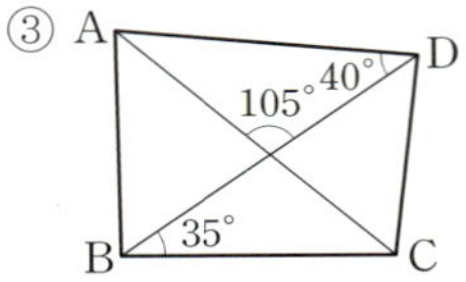

④ 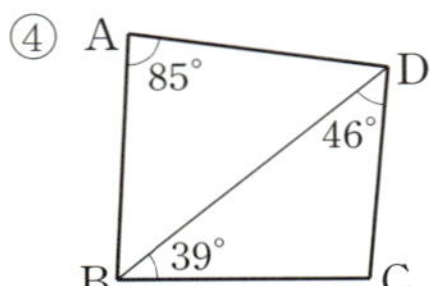

⑤ 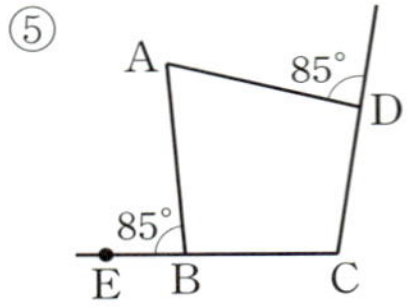

11

오른쪽 그림에서 점 D는 $\overline{EC}$와
$\overline{AF}$의 교점이고 ∠BEC=41°,
∠AFB=35°일 때, □ABCD
가 원에 내접하도록 하는 ∠x의
크기를 구하여라.

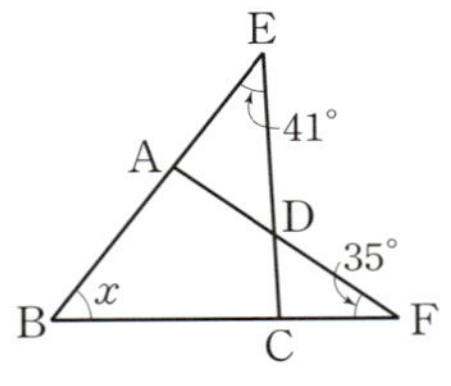

Theme 04 접선과 현이 이루는 각

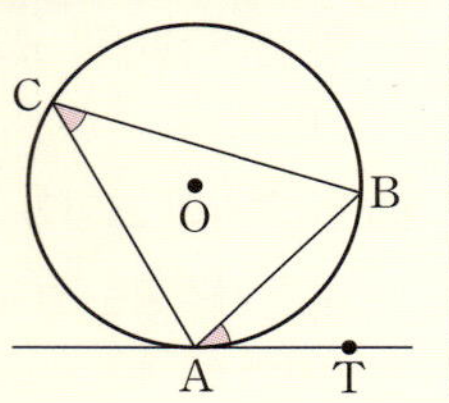

원의 접선과 그 접점을 지나는 현이 이루는 각의 크기는 그 각의 내부에 있는 호에 대한 원주각의 크기와 같다.

⇨ ∠BAT = ∠BCA

12

오른쪽 그림에서 △ABC는 원 O에 내접하고 직선 BT는 원 O의 접선이다. ∠ABT=65°일 때, ∠AOB의 크기를 구하여라.

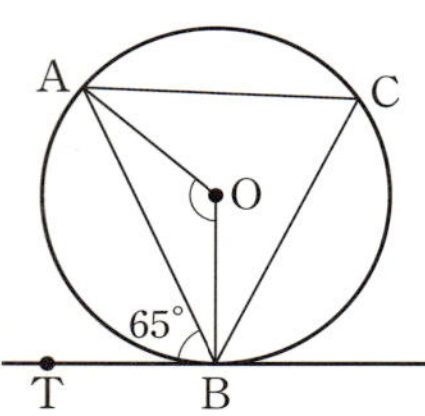

13

오른쪽 그림에서 □ABCD는 원 O에 내접하고, $\overleftrightarrow{CT}$는 원 O의 접선이다. $\overline{BC}=\overline{CD}$이고 ∠A=80°일 때, ∠$x$의 크기를 구하여라.

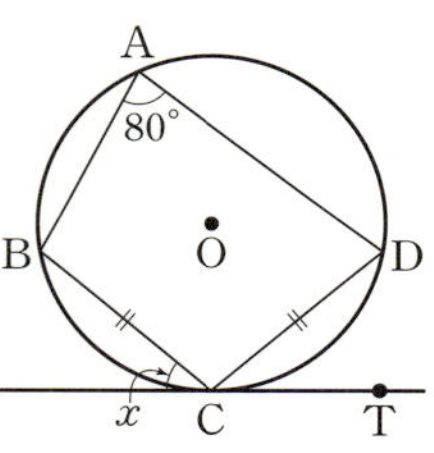

14

오른쪽 그림에서 $\overline{AB}$는 원 O의 지름이고 $\overrightarrow{PT}$는 원 O의 접선이다. ∠APT=26°일 때, ∠x의 크기를 구하여라.

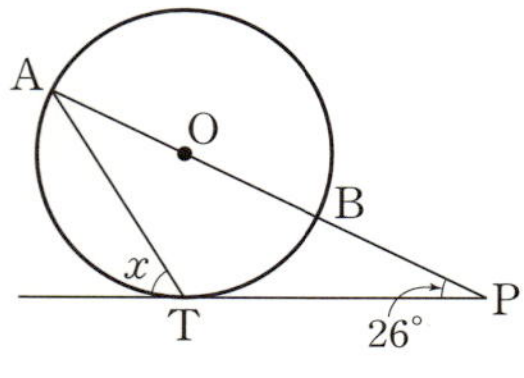

15

오른쪽 그림에서 $\overline{PC}$는 원 O의 접선이고 점 C는 접점이다. $\overline{PB}$가 원의 중심 O를 지나고 ∠PBC=30°, $\overline{AB}$=16 cm일 때, $\overline{PA}$의 길이를 구하여라.

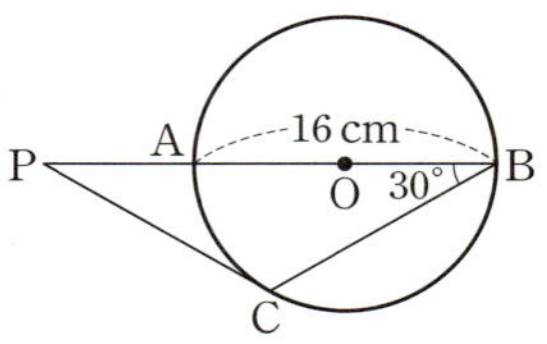

16

오른쪽 그림에서 $\overleftrightarrow{TP}$는 원 O의 접선이고 점 T는 그 접점이다. $\overarc{AB}$: $\overarc{BT}$: $\overarc{TA}$=8 : 5 : 7일 때, ∠x의 크기를 구하여라.

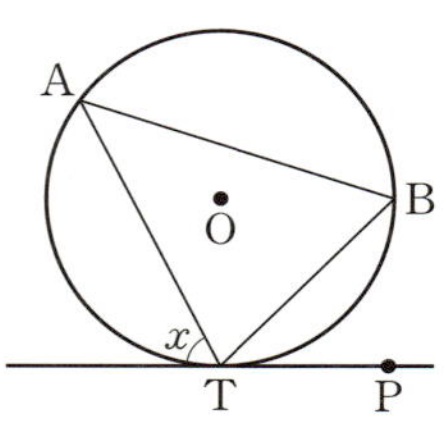

17

오른쪽 그림에서 원 O는 △ABC의 내접원이면서 △DEF의 외접원이다. ∠ABC=36°, ∠DEF=50°일 때, ∠ACB의 크기를 구하여라.

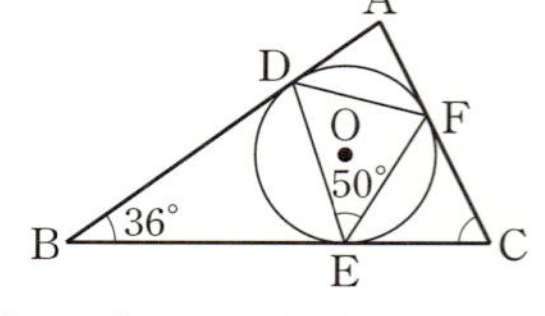

01

오른쪽 그림과 같이 △ABC의 꼭짓점 B, C에서 $\overline{AC}$, $\overline{AB}$에 내린 수선의 발을 각각 D, E라 하고 $\overline{BC}$의 중점을 M이라고 하자. ∠A＝75°일 때, ∠EMD의 크기를 구하여라.

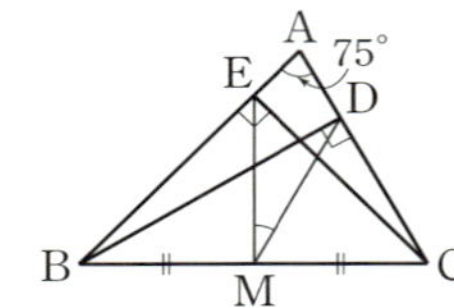

02 서술형

오른쪽 그림과 같이 원 O에 내접하는 오각형 ABCDE에서 ∠ABC＝100°, ∠ODC＝30°일 때, ∠AED의 크기를 구하여라.

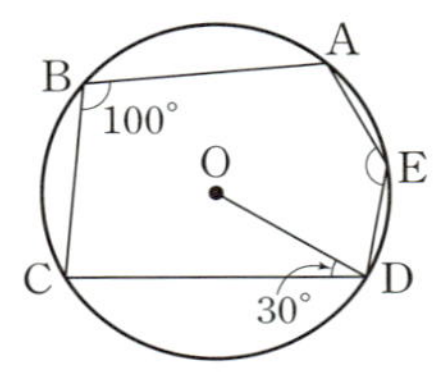

03

오른쪽 그림과 같이 오각형 ABCDE는 원 O에 내접하고 $\overline{BE}$는 원 O의 지름이다. $\overline{AB}$와 $\overline{DE}$의 연장선의 교점을 F라고 하고 ∠ABE＝∠EBD, ∠BCD＝112°일 때, ∠x의 크기를 구하여라.

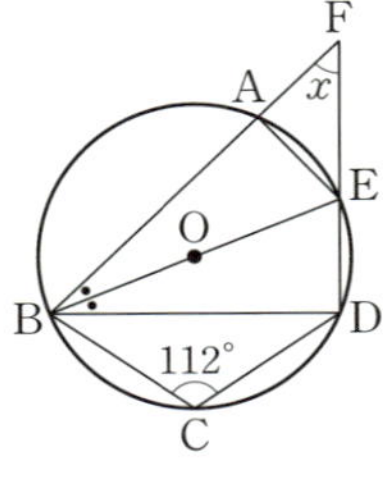

04

오른쪽 그림과 같이 $\overline{AB}$를 지름으로 하는 반원 O에서 점 P는 $\overline{AB}$ 위의 점이다. ∠OCP＝∠ODP＝16°, ∠AOC＝50°일 때, ∠DOB의 크기를 구하여라.

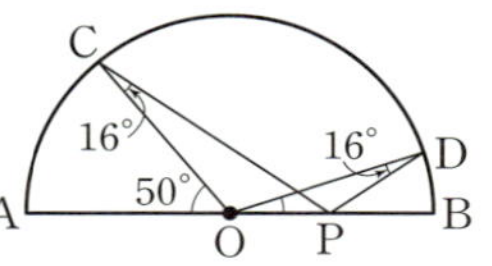

05

오른쪽 그림과 같은 원에서 두 점 P, Q는 각각 $\overparen{AB}$, $\overparen{BC}$를 이등분하는 점이다. ∠PRQ＝54°일 때, ∠ABC의 크기를 구하여라.

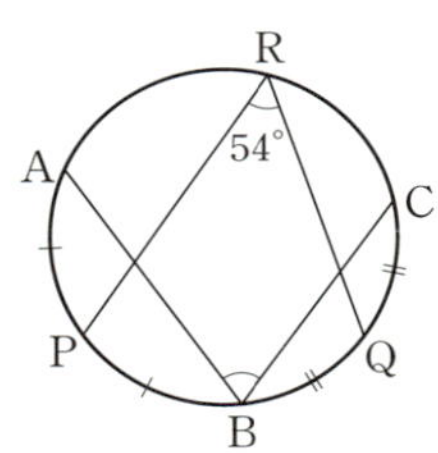

06

오른쪽 그림과 같이 △ABC가 원에 내접하고 $\overparen{AD}=\overparen{AE}$이다. $\overline{AB}$, $\overline{AC}$와 $\overline{DE}$의 교점을 각각 P, Q라 하고, ∠DQC＝135°일 때, ∠ABC의 크기를 구하여라.

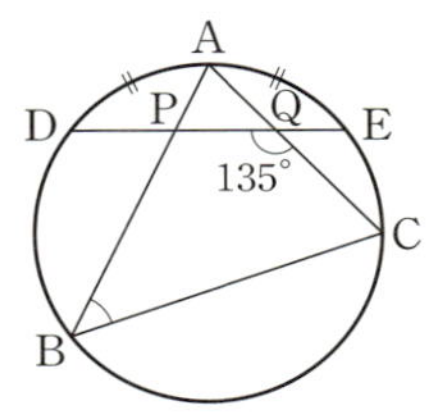

07

오른쪽 그림에서 두 삼각형 ABC와 ADE는 합동이고 ∠AED=108°이다. 네 점 A, B, D, E가 한 원 위에 있을 때, ∠BAD의 크기를 구하여라.

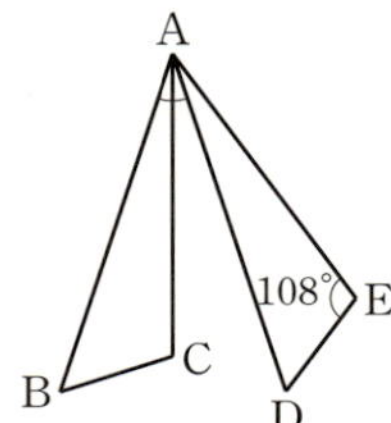

08

오른쪽 그림과 같이 △ABC의 세 꼭짓점에서 대변에 내린 수선의 발을 각각 D, E, F라 하고 세 수선의 교점을 G라고 하자. 점 A, B, C, D, E, F, G 중 4개의 점을 꼭짓점으로 하는 사각형을 만들 때, 원에 내접하는 사각형은 모두 몇 개인지 구하여라.

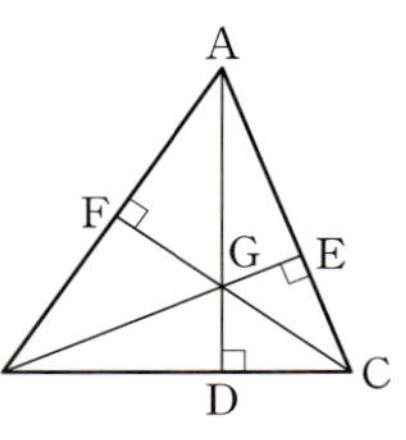

09

오른쪽 그림과 같이 두 원 O, O′이 두 점 P, Q에서 만나고 ∠ABC=100°, ∠BAD=70°일 때, ∠DO′Q의 크기를 구하여라.

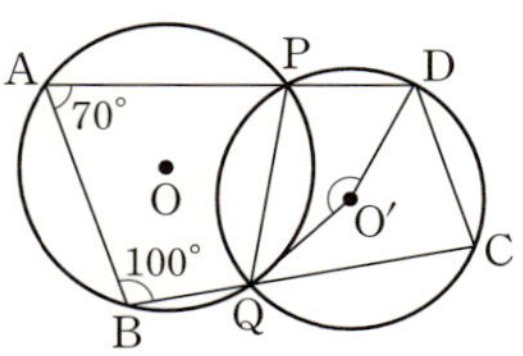

10

오른쪽 그림에서 $\overrightarrow{PT}$는 원의 접선이고 점 T는 접점이다. $\overline{PD}$는 ∠BPT의 이등분선이고, $\overline{AT}$와 $\overline{PD}$의 교점을 C라 하자. $\overline{AT}=4$ cm, $\overline{BT}=8$ cm일 때, $\overline{BD}$의 길이를 구하여라.

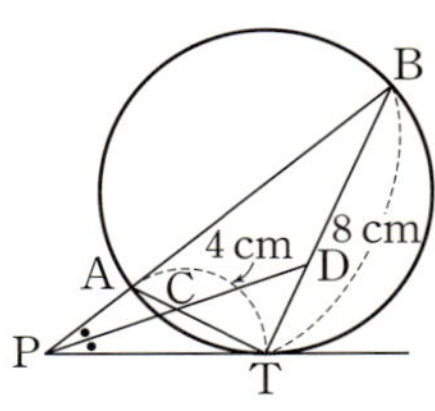

11

오른쪽 그림과 같이 $\overline{AB}$, $\overline{AC}$를 각각 지름으로 하는 두 반원이 있다. $\overline{BQ}$는 작은 반원의 접선이고 점 P는 접점이다. ∠APQ=68°일 때, ∠y−∠x의 크기를 구하여라.

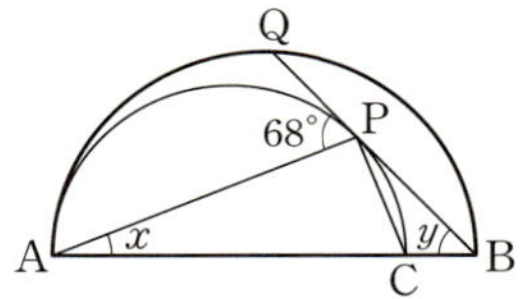

12

오른쪽 그림에서 $\overrightarrow{PT}$는 원 O의 접선이고 점 T는 그 접점이다. $\overline{AT}=4$, $\tan x=\dfrac{1}{2}$일 때, 원 O의 넓이를 구하여라.

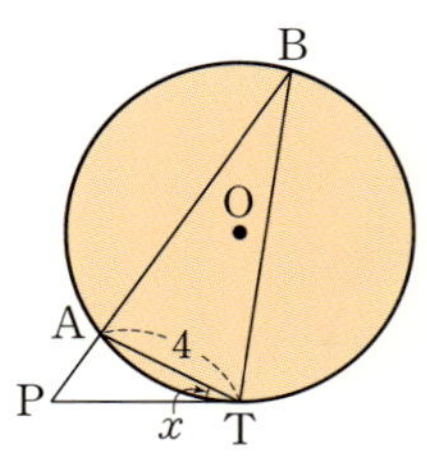

13

다음 그림에서 $\overleftrightarrow{ST}$는 두 원 O, O'의 공통인 접선이고 점 P는 그 접점이다. $\angle ABD=80°$, $\angle BDC=55°$일 때, $\angle AOP$의 크기를 구하여라.

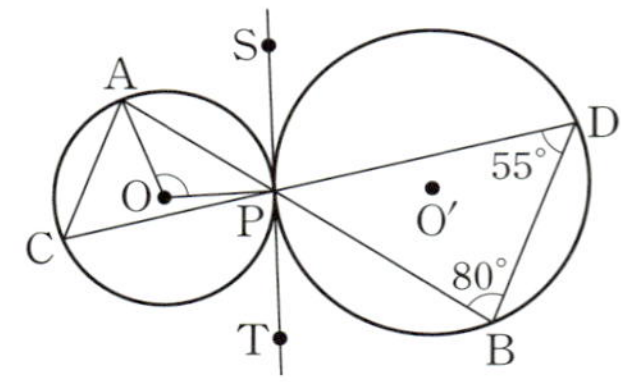

14

오른쪽 그림에서 $\overline{PT}$는 원의 접선이고 점 T는 접점이다. $\overline{AB}=\overline{BT}$, $\angle BPT=42°$일 때, $\angle BCT$의 크기를 구하여라.

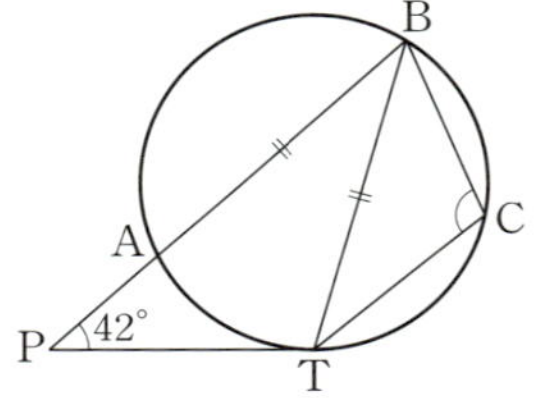

15

오른쪽 그림에서 $\overline{PT}$는 원의 접선이고 점 T는 접점이다. $\overarc{BC}=\overarc{CT}$이고 $\angle BPT=36°$, $\angle BTC=25°$일 때, $\angle x$의 크기를 구하여라.

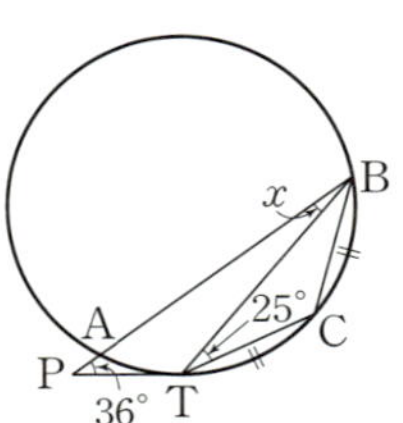

16

오른쪽 그림에서 $\overleftrightarrow{TE}$는 원 O의 접선이고 점 T는 접점, $\overline{AB}$는 원의 지름이다. $\overline{AC} /\!/ \overline{TE}$이고 $\angle ADC=63°$일 때, $\angle ACD$의 크기를 구하여라.

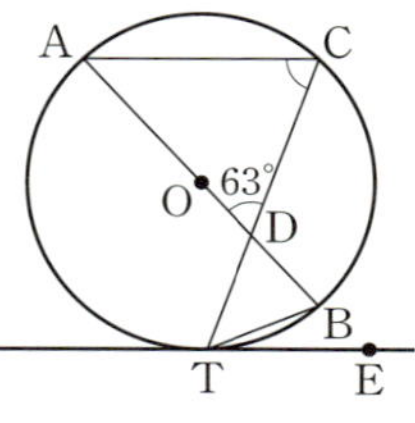

17

오른쪽 그림에서 $\overline{PT}$는 $\overline{AB}$를 지름으로 하는 원 O의 접선이고 점 T는 접점이다. $\overline{AP}\perp\overline{PT}$이고 $\overline{AB}=12$ cm, $\overline{AP}=8$ cm일 때, $\overline{PT}$의 길이를 구하여라.

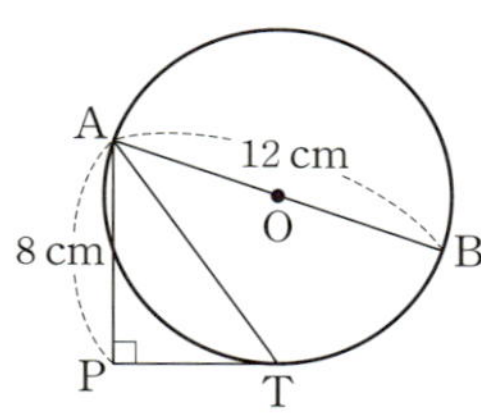

18 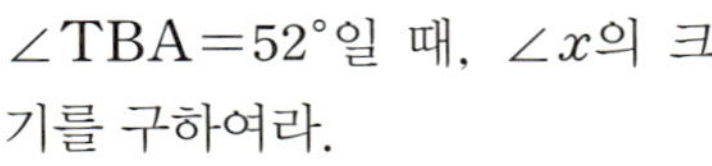

오른쪽 그림에서 $\overleftrightarrow{PQ}$는 점 T에서 두 원과 접하고 큰 원의 현 AB는 작은 원과 점 C에서 접한다. $\angle TAB=30°$, $\angle TBA=52°$일 때, $\angle x$의 크기를 구하여라.

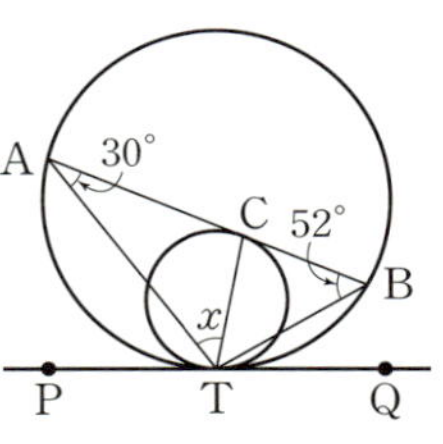

STEP A 최고난이도문제

01 오른쪽 그림과 같이 $\overline{AB}=\overline{AC}$인 이등변삼각형 ABC가 원에 내접하고 $\angle BAC=30°$이다. 두 점 F, G는 각각 현 DE가 $\overline{AB}$, $\overline{AC}$와 만나는 점이고 $\overparen{AE}$, $\overparen{BD}$의 길이는 각각 원주의 $\dfrac{1}{12}$이다. $\overline{DE}=2\ cm$일 때, $\overline{AF}$의 길이를 구하여라.

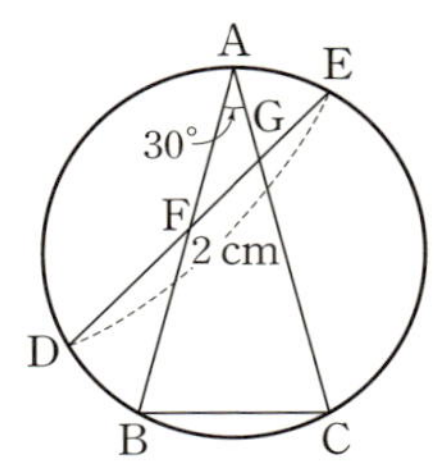

02 오른쪽 그림과 같이 $\overline{AB}$를 지름으로 하는 원 안에 $\overline{BC}$를 지름으로 하는 원을 그렸다. $\overline{AD}$는 점 P에서 작은 원에 접하고, 점 P에서 $\overline{AB}$에 내린 수선의 발을 H라 하자. $\angle DAB=28°$일 때, $\angle PHD$의 크기를 구하여라.

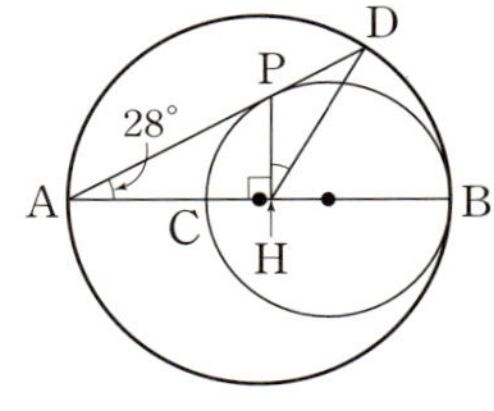

03 오른쪽 그림에서 $\overleftrightarrow{PQ}$는 두 원의 공통인 접선이고 점 T는 접점이다. 점 T를 지나는 두 직선이 두 원과 네 점 A, B, C, D에서 만난다. $\overline{AB}=6\ cm$, $\overline{AT}=\overline{BT}=5\ cm$, $\overline{CD}=4\ cm$일 때, 색칠한 부분의 넓이를 구하여라.

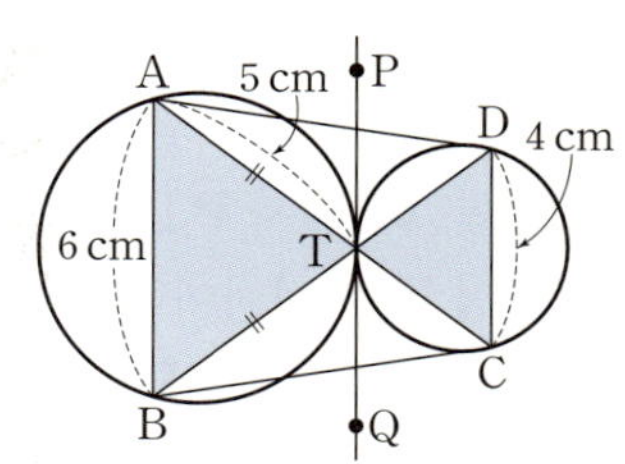

Ⅲ 통계

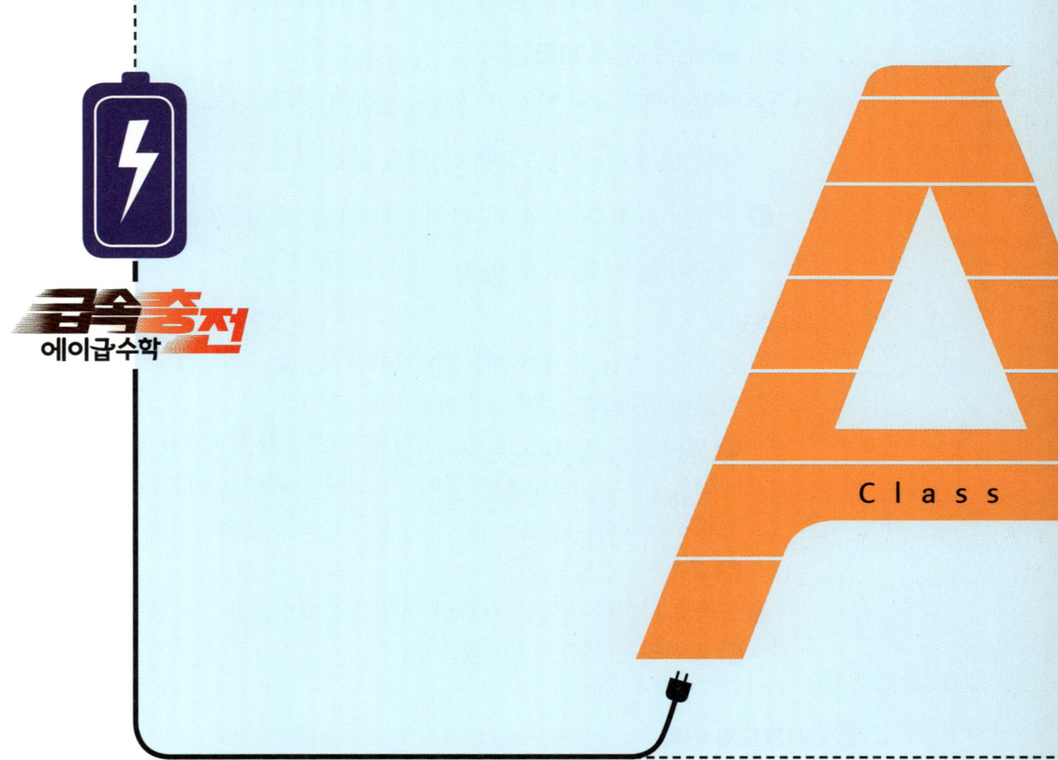

01. 대푯값과 산포도

1 대푯값

(1) 대푯값

자료 전체의 중심적인 경향이나 특징을 대표적으로 나타낸 값으로 평균, 중앙값, 최빈값 등이 있다.

(2) 평균

변량의 총합을 변량의 개수로 나눈 값

➡ $(평균) = \dfrac{(변량의\ 총합)}{(변량의\ 개수)}$

예 4, 6, 8, 10, 15, 23의 평균은

$$\dfrac{4+6+8+10+15+23}{6} = \dfrac{66}{6} = 11$$

> • 변량은 점수, 무게, 온도 등과 같이 자료를 수량으로 나타낸 것을 말한다.

2 중앙값과 최빈값

(1) 중앙값

① 중앙값 : 변량을 작은 값에서부터 크기순으로 나열할 때, 중앙에 위치하는 값

② 변량의 개수 n이 홀수일 때에는 중앙에 위치하는 값이 중앙값이다.

➡ $\dfrac{n+1}{2}$ 번째 변량의 값

③ 변량의 개수 n이 짝수일 때에는 중앙에 위치하는 두 값의 평균이 중앙값이다.

➡ $\dfrac{n}{2}$ 번째와 $\left(\dfrac{n}{2}+1\right)$ 번째 변량의 값의 평균

예 변량이 2, 4, 5, 7, 8, 9, 11의 7개이면 중앙값은 7

변량이 2, 4, 5, 6, 8, 9, 10, 11의 8개이면 중앙값은 $\dfrac{6+8}{2} = 7$

> • 변량 중에서 매우 크거나 매우 작은 값, 즉 극단적인 값이 있는 경우에는 중앙값이 평균보다 그 자료의 특징을 더 잘 나타낼 수 있다.

(2) 최빈값

① 최빈값 : 변량 중에서 가장 많이 나타나는 값

② 자료에 따라 최빈값은 2개 이상일 수도 있다.

예 변량이 2, 2, 4, 5, 8, 8, 10인 경우 최빈값은 2, 8의 두 개이다.

③ 변량의 개수가 많거나 변량이 중복되어 나타나는 자료는 주로 최빈값을 대푯값으로 이용한다.

예 몸무게, 신발의 치수

④ 숫자로 나타나지 않는 자료의 대푯값은 최빈값을 이용한다.

예 좋아하는 색깔, 먹고 싶은 음식

> • 6명의 학생이 좋아하는 색이 파랑, 빨강, 노랑, 검정, 파랑, 빨강일 때, 최빈값은 파랑과 빨강이다. 이때 최빈값을 2라고 답하지 않도록 주의한다.

3 산포도와 편차

(1) 산포도

변량들이 중심으로부터 흩어져 있는 정도를 하나의 수로 나타낸 값을 산포도라 하고, 분산과 표준편차 등이 있다.

참고 변량들이 대푯값 주위에 모여 있으면 산포도가 작고, 대푯값으로부터 멀리 떨어져 있으면 산포도가 크다.

> • 대푯값이 자료의 중심적인 경향을 나타내는 값이라면 산포도는 자료의 흩어져 있는 정도를 나타내는 값이다.

(2) 편차

어떤 자료의 각 변량에서 평균을 뺀 값

➡ (편차) = (변량) − (평균)

⊙ 변량 4, 6, 8, 10, 15, 23의 평균은 11이므로 각 변량의 편차는 차례로 -7, -5, -3, -1, 4, 12이다.

(3) 편차의 성질

① 편차의 총합은 0이다.

② 평균보다 큰 변량의 편차는 양수이고, 평균보다 작은 변량의 편차는 음수이다.

③ 편차의 절댓값이 클수록 변량은 평균에서 멀리 떨어져 있고, 편차의 절댓값이 작을수록 변량은 평균에 가까이 있다.

4 분산과 표준편차

(1) 분산 : 어떤 자료의 편차를 제곱한 값의 평균

➡ $(분산) = \dfrac{\{(편차)^2의\ 총합\}}{(변량의\ 개수)}$

참고 분산은 다음과 같은 방법으로 구할 수도 있다.

$(분산) = \dfrac{\{(변량)^2의\ 총합\}}{(변량의\ 개수)} - (평균)^2$

(2) 표준편차 : 분산의 음이 아닌 제곱근

➡ $(표준편차) = \sqrt{(분산)}$

참고 • 편차와 표준편차의 단위는 변량의 단위와 같고, 분산은 단위를 쓰지 않는다. 분산에서 끝나지 않고 표준편차를 구하는 이유는 산포도의 단위를 변량과 일치시키기 위함이다.

• 분산이 0이면 표준편차도 0이다.

• 분산과 표준편차 구하는 순서
 ① 평균 구하기
 ② (편차)^{2}의 총합 구하기
 ③ 분산 구하기
 ④ 표준편차 구하기

5 변화된 변량의 평균, 분산, 표준편차

n개의 변량 x_1, x_2, x_3, $\cdots$, x_n의 평균이 m이고 표준편차가 s일 때, 변량 ax_1+b, ax_2+b, ax_3+b, $\cdots$, ax_n+b (a, b는 상수)에 대하여

(1) $(평균) = am+b$

(2) $(분산) = a^2 s^2$

(3) $(표준편차) = |a|s$

6 분산과 표준편차의 해석

(1) 분산과 표준편차가 작을수록 자료가 평균 주위에 모여 있다.

➡ 자료의 분포 상태가 고르다.

(2) 분산과 표준편차가 클수록 자료가 평균으로부터 멀리 흩어져 있다.

➡ 자료의 분포 상태가 고르지 않다.

Theme 01 평균

(1) 평균 : 변량의 총합을 변량의 개수로 나눈 값

⇨ n개의 변량 $x_1, x_2, x_3, \cdots, x_n$에서

$$(\text{평균}) = \frac{x_1 + x_2 + x_3 + \cdots + x_n}{n}$$

(2) 두 집단 A, B의 도수와 평균이 오른쪽 표와 같을 때, 두 집단 전체의 평균은

집단	A	B
도수	m	n
평균	a	b

$$\Rightarrow \frac{(\text{전체 자료의 값의 합})}{(\text{전체 도수의 합})} = \frac{ma + nb}{m + n}$$

01

5개의 변량 x_1, x_2, x_3, x_4, x_5의 평균이 9일 때, 다음 5개의 변량의 평균을 구하여라.

$$x_1 + 1,\ x_2 - 3,\ x_3 + 8,\ x_4 + 11,\ x_5 - 2$$

02

5개의 변량 $6x_1 + 2$, $6x_2 + 2$, $6x_3 + 2$, $6x_4 + 2$, $6x_5 + 2$의 평균이 14일 때, x_1, x_2, x_3, x_4, x_5의 평균을 구하여라.

03

씨름부 학생 8명의 몸무게의 평균이 74 kg이었는데 68 kg, 74 kg인 2명의 학생이 탈퇴했을 때, 남은 6명의 학생의 몸무게의 평균을 구하여라.

04

오른쪽 표는 1반과 2반의 학생 수와 영어 성적의 평균을 조사하여

반	학생 수(명)	평균(점)
1	30	75
2	20	x

나타낸 것이다. 두 반 전체 학생의 영어 성적의 평균이 77점일 때, x의 값을 구하여라.

05

정수네 반 남학생 30명의 과학 성적의 평균은 72점이고 여학생의 과학 성적의 평균은 85.2점이다. 정수네 반 전체 학생의 과학 성적의 평균은 78점일 때, 이 반의 여학생 수는 몇 명인가?

① 20명   ② 25명   ③ 30명
④ 35명   ⑤ 40명

06

선호는 7일 동안 매일 1분간 윗몸일으키기를 하였다. 윗몸일으키기를 한 횟수의 평균을 구하는데 그중에서 32회의 기록을 잘못 보고 계산하여 평균이 3회 높게 나왔다. 이때 32회의 기록을 얼마로 잘못 보고 평균을 구했는지 구하여라.

Theme 02 중앙값

(1) 중앙값 : 자료를 작은 값에서부터 크기순으로 나열할 때, 중앙에 위치하는 값

(2) 중앙값을 구하는 방법

① 변량의 개수 n이 홀수일 때 : $\dfrac{n+1}{2}$ 번째 변량의 값

② 변량의 개수 n이 짝수일 때 :

$\dfrac{n}{2}$ 번째와 $\left(\dfrac{n}{2}+1\right)$ 번째 변량의 값의 평균

(3) 중앙값이 주어질 때 : 변량을 작은 값부터 크기순으로 나열한 후 변량의 개수가 홀수일 때와 짝수일 때에 따라 조건에 맞게 식을 세운다.

07

다음 표는 커피 동호회 회원이 지난 한 달 동안 산 원두의 무게를 조사하여 나타낸 것이다. 평균이 725 g일 때, 이 자료의 중앙값을 구하여라.

원두 무게(g)	500	600	700	800	900	1000	합계
회원 수	3	5	a	6	4	1	

08

학생 10명의 키를 작은 키부터 차례로 나열하면 다섯 번째 학생의 키는 156 cm이고, 중앙값은 159 cm이다. 이때 키가 163 cm인 학생을 포함한 11명의 학생의 키의 중앙값을 구하여라.

09

두 자연수 a, b에 대하여 a, b, 8, 9, 14의 중앙값이 11이고, a, b, 7, 21의 중앙값이 13일 때, $a+b$의 값을 구하여라. (단, $a<b$)

Theme 03 최빈값

(1) 최빈값 : 변량 중에서 가장 많이 나타나는 값

(2) 최빈값은 경우에 따라 2개 이상일 수도 있다.

(3) 최빈값이 주어질 때 : 미지수인 변량이 최빈값이 되는 경우를 모두 확인한다.

10

다음 자료의 평균을 a, 중앙값을 b, 최빈값을 c라 할 때, $a+b-c$의 값을 구하여라.

26	34	31	27	42	33
35	28	39	24	30	35

11

다음 자료의 평균이 2이고 최빈값이 6일 때, $b-a$의 값을 구하여라. (단, $a<b$)

-4	6	3	a	-5	b	11

12

다음은 어느 반 학생 5명이 일주일 동안 게임을 한 시간을 조사하여 나타낸 것이다. 평균과 최빈값이 같을 때, x의 값을 구하여라.

(단위 : 분)

78	91	x	69	74

Theme 04 분산과 표준편차

(1) (편차) = (변량) − (평균)

  참고 편차의 총합은 항상 0이다.

(2) (분산) = $\dfrac{\{(편차)^2의\ 총합\}}{(변량의\ 개수)}$

  참고 (분산) = $\dfrac{\{(변량)^2의\ 총합\}}{(변량의\ 개수)}$ − (평균)^2

(3) (표준편차) = $\sqrt{(분산)}$

13

다음은 6명의 학생 A, B, C, D, E, F의 수학 성적의 편차를 조사하여 나타낸 것이다. 평균이 73점일 때, 학생 D의 점수를 구하여라.

학생	A	B	C	D	E	F
편차(점)	8	−1	0	x	−5	4

14

다음은 학생 5명의 키를 조사하여 나타낸 것이다. 이때 키의 분산과 표준편차를 각각 구하여라.

학생	A	B	C	D	E
키(cm)	160	149	162	143	156

15 서술형

7개의 변량 3, 5, 6, 7, 9, 15, x의 평균이 8이고 분산이 y일 때, $x+y$의 값을 구하여라.

16

다음은 아라네 학교 일곱 반의 국어 성적을 조사하여 나타낸 표이다. 일곱 반 중 국어 성적이 가장 고른 반을 구하여라. (단, 각 반의 학생 수는 같다.)

반	1	2	3	4	5	6	7
평균(점)	81	79	68	85	90	77	83
표준편차(점)	5.2	6.4	7.1	3.3	3.2	5.1	6.8

17

5개의 변량 13, x, 16, y, 7의 평균이 11이고, 분산이 10일 때, x^2+y^2의 값을 구하여라.

18

5개의 변량 a, b, c, d, e의 평균이 3이고 표준편차가 $3\sqrt{2}$일 때, a^2, b^2, c^2, d^2, e^2의 평균을 구하여라.

Theme 05 변화된 변량의 평균과 분산

n개의 변량 x_1, x_2, x_3, $\cdots$, x_n의 평균이 m, 표준편차가 s일 때

(1) 변량 ax_1, ax_2, ax_3, $\cdots$, ax_n의
   (평균)$=am$, (분산)$=a^2s^2$, (표준편차)$=|a|s$

(2) 변량 x_1+b, x_2+b, x_3+b, $\cdots$, x_n+b의
   (평균)$=m+b$, (분산)$=s^2$, (표준편차)$=s$

(3) 변량 ax_1+b, ax_2+b, ax_3+b, $\cdots$, ax_n+b의
   (평균)$=am+b$, (분산)$=a^2s^2$, (표준편차)$=|a|s$

19

5개의 변량 a, b, c, d, e의 평균이 8, 분산이 4일 때, 변량 $2a$, $2b$, $2c$, $2d$, $2e$의 평균과 표준편차를 각각 구하여라.

20

네 수 x_1, x_2, x_3, x_4의 평균이 12이고 분산이 16일 때, 네 수 $2x_1+3$, $2x_2+3$, $2x_3+3$, $2x_4+3$의 평균과 표준편차를 각각 구하여라.

21

정재의 중간고사 7개 과목의 성적은 평균이 82점, 표준편차가 2점이었다. 기말고사에서 동일한 7개 과목의 성적이 모두 2점씩 떨어졌을 때, 기말고사 7개 과목의 성적의 평균과 표준편차를 각각 구하여라.

Theme 06 자료의 분석

(1) 산포도(분산, 표준편차)가 작다.
   ⇨ 자료가 평균을 중심으로 모여 있다.
   ⇨ 자료의 분포 상태가 고르다.

(2) 산포도(분산, 표준편차)가 크다.
   ⇨ 자료가 평균에서 멀리 흩어져 있다.
   ⇨ 자료의 분포 상태가 고르지 않다.

22

다음 표는 어느 중학교 3학년 다섯 반의 국어 성적의 평균과 표준편차를 나타낸 것이다. 다음 설명 중 옳은 것은?

반	1	2	3	4	5
평균(점)	74	79	76	81	78
표준편차(점)	8.7	3.6	5.8	6.2	4.1

① 편차의 합은 4반이 제일 크다.
② 산포도는 2반이 제일 크다.
③ 성적이 가장 높은 학생은 4반에 있다.
④ 성적이 가장 고르게 분포된 반은 1반이다.
⑤ 5반의 성적은 3반의 성적보다 평균 주위에 모여 있다.

23

다음 그림은 우빈, 혜리 두 사람이 과녁에 화살을 10회 쏜 것이다. 다음 설명 중 옳지 <u>않은</u> 것을 모두 고르면? (정답 2개)

① 우빈이와 혜리의 점수의 평균이 같다.
② 우빈이와 혜리의 점수의 분산이 같다.
③ 혜리의 점수의 표준편차는 $\sqrt{1.2}$점이다.
④ 우빈이의 점수의 표준편차가 혜리의 점수의 표준편차보다 작다.
⑤ 우빈이의 점수가 혜리의 점수보다 평균에서 멀리 흩어져 있다.

01

서준이네 반 학생의 몸무게를 조사하였더니 남학생 평균이 61 kg, 여학생 평균이 52 kg이었다. 이 반 전체 학생의 몸무게의 평균이 56 kg일 때, 남학생 수와 여학생 수의 비를 가장 간단한 자연수의 비로 나타내어라.

02

길이의 평균이 30 cm인 5개의 끈이 있다. 각 끈의 길이를 한 변으로 하는 5개의 정사각형을 만들 때, 이 정사각형 5개의 둘레의 길이의 평균은?

① 90 cm 　② 120 cm 　③ 150 cm

④ 165 cm 　⑤ 180 cm

03

n명의 학생들의 과학 점수의 평균이 m점, 표준편차가 s점이다. 이 n명의 학생들의 점수를 각각 7점씩 올려 준다고 할 때, 과학 점수의 평균과 분산을 차례대로 구한 것은?

① m점, s

② m점, s^2

③ $(m+7)$점, 7

④ $(m+7)$점, s^2

⑤ $(m+7)$점, $s+7$

04

13명의 학생들이 하루 동안 마신 물의 양을 조사하였더니 같은 양의 물을 마신 학생은 없었다. 가장 적게 마신 학생을 제외한 12명이 마신 물의 양의 평균은 1.6 L이고, 가장 많이 마신 학생을 제외한 12명이 마신 물의 양의 평균은 1.3 L이다. 가장 적게 마신 학생과 가장 많이 마신 학생이 마신 물의 양의 합은 4.2 L일 때, 13명이 마신 물의 양의 평균을 구하여라.

05

다음 두 조건을 만족하는 정수 a의 값의 개수를 구하여라.

> ㄱ. 4개의 변량 a, 58, 63, 71의 중앙값은 67이다.
> ㄴ. 5개의 변량 a, 67, 79, 82, 89의 중앙값은 79이다.

06

다음 10개의 변량의 평균이 7이고, $a-b=3$이다. 중앙값을 x, 최빈값을 y라 할 때, $2x-y$의 값을 구하여라.

> 6　8　12　a　2　3　9　7　b　4

07

다음 자료의 평균이 1.4이고 최빈값이 4일 때, 중앙값을 구하여라. (단, x, y, z는 정수)

$$x \quad 3 \quad -9 \quad 4 \quad 1 \quad -6 \quad 8 \quad y \quad z \quad -6$$

08

다음 표는 어느 꽃집에서 만든 꽃다발 25개에 사용된 꽃송이를 조사하여 나타낸 것이다. 꽃다발에 사용된 꽃송이의 평균이 5.2송이일 때, 중앙값과 최빈값을 각각 구하여라.

꽃의 수(송이)	3	4	5	6	7	합계
꽃다발 수(개)	3	a	4	b	5	25

09 서술형

다음 표는 5개의 변량 A, B, C, D, E의 편차를 나타낸 것이다. 평균이 84일 때, 변량 D의 값을 모두 구하여라.

변량	A	B	C	D	E
편차	$2x^2+9$	$-5x+1$	-10	$-x^2+x-2$	$2x-13$

10

다음 두 자료 A, B에 대하여 자료 A의 중앙값이 15이고, 두 자료 A, B를 합친 전체 자료의 중앙값이 18일 때, a, b의 값을 각각 구하여라. (단, a, b는 자연수)

[자료 A]	11	a	b	23	14
[자료 B]	22	13	$a+1$	27	b

11 서술형

5개의 변량 19, 24, 12, 29, x의 평균과 중앙값이 서로 같을 때, x의 값으로 가능한 모든 자연수의 합을 구하여라.

12

어느 편의점에서 파는 9종류의 음료수의 판매 개수의 평균은 43개이고, 분산이 12이다. 음료수 9종류 중에서 판매 개수가 43개인 한 음료수를 제외한 나머지 음료수 8종류의 판매 개수의 분산을 구하여라.

13

다음 표는 6명의 학생 A, B, C, D, E, F의 통학 거리의 편차를 나타낸 것이다. 학생 E보다 통학 거리가 2.3 km 더 먼 학생 G를 포함하여 7명의 통학 거리의 평균을 구했더니 6명의 통학 거리의 평균보다 12.5 % 증가하였다. A, B, C, D, E, F, G 중에서 세 번째로 집이 먼 학생의 통학 거리는?

학생	A	B	C	D	E	F
편차(km)	-0.5	-0.2	0.3	1.2	-0.9	0.1

① 1.4 km   ② 1.6 km   ③ 1.9 km
④ 2.1 km   ⑤ 2.4 km

14

다음은 두 학생 A, B의 일주일 동안의 줄넘기 기록을 조사하여 나타낸 것이다. 이 자료에 대한 설명으로 옳은 것은?

요일	월	화	수	목	금	토	일
A(회)	32	41	62	30	46	84	62
B(회)	45	64	51	29	42	51	82

① A가 B보다 평균이 크다.
② A는 중앙값과 최빈값이 같다.
③ A와 B의 최빈값은 같다.
④ B는 최빈값이 중앙값보다 크다.
⑤ B는 중앙값이 평균보다 작다.

15

다음 표는 다섯 명의 학생 지수, 정은, 민영, 선미, 상희를 대상으로 일주일 동안의 핸드폰 사용 시간을 조사하여 각 학생의 핸드폰 사용 시간에서 정은이의 핸드폰 사용 시간을 각각 뺀 값을 나타낸 것이다. 이때 다섯 명의 학생의 일주일 동안의 핸드폰 사용 시간의 분산은?

(단위 : 시간)

	지수	정은	민영	선미	상희
(각 학생의 핸드폰 사용 시간) − (정은이의 핸드폰 사용 시간)	-5	0	2	4	-6

① $\dfrac{70}{5}$ ② $\dfrac{72}{5}$ ③ $\dfrac{74}{5}$
④ $\dfrac{76}{5}$ ⑤ $\dfrac{78}{5}$

16

어느 야구팀의 선수 20명의 키의 평균이 186 cm이고, 표준편차는 8 cm이었다. 그런데 이 야구팀의 선수 중 키가 180 cm, 188 cm인 야구선수가 다른 팀으로 가고, 178 cm, 190 cm인 두 선수가 새로 들어왔다. 새로 두 선수가 들어온 이후 20명의 키의 표준편차를 구하여라.

17

3개의 변량 a, b, c의 평균이 20이고, 분산이 8일 때, 8개의 변량 $\dfrac{1}{2}a-3$, $\dfrac{1}{2}b-3$, $\dfrac{1}{2}c-3$, 5, 5, 7, 8, 10 의 평균과 표준편차를 각각 구하여라.

18

다음 표는 어느 반의 남학생과 여학생의 중간고사 영어 점수의 평균과 표준편차를 조사하여 나타낸 것이다. 이 반 전체의 영어 점수의 표준편차를 구하여라.

	평균(점)	학생 수(명)	표준편차(점)
남학생	74	18	6
여학생	74	12	$\sqrt{11}$

19

6명의 학생이 가위바위보를 하여 이기는 학생에게는 4점, 지는 학생에게는 0점을 주기로 하였다. 6명의 학생은 모두 서로 한 번씩 가위바위보를 하였고 총 15번의 가위바위보 중 비기는 경우는 없었다. 다음은 학생들이 받은 점수를 조사하여 표로 나타낸 것이다. 학생들이 받은 점수의 분산을 V라 할 때, $3V$의 값을 구하여라.

받은 점수(점)	학생 수(명)
4	1
8	x
12	y
16	1
합계	6

20

다음 세 자료 X, Y, Z의 표준편차를 각각 x, y, z라 할 때, x, y, z의 대소를 비교하여라.

[자료 X] 1부터 100까지의 자연수
[자료 Y] 1부터 200까지의 짝수
[자료 Z] 101부터 200까지의 자연수

21

다음 그림은 세 모둠 A, B, C 학생들이 1년 동안 관람한 영화 편수를 조사하여 나타낸 막대 그래프이다. 다음 중 옳은 것은?

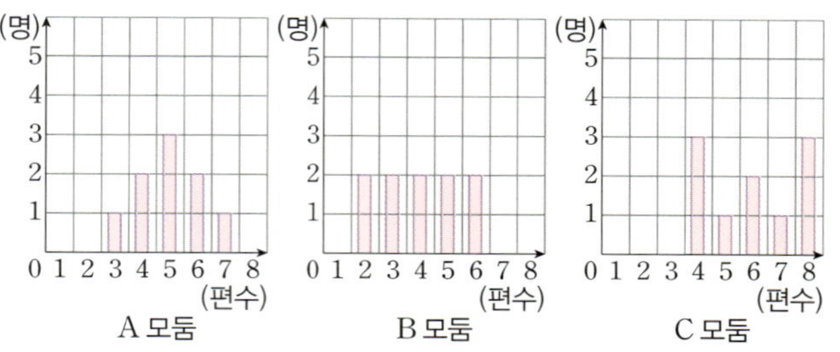

① 세 모둠의 평균은 모두 같다.
② B 모둠의 학생 수가 가장 적다.
③ A 모둠은 C 모둠보다 분산이 크다.
④ 세 모둠 중 분포가 가장 고른 모둠은 B 모둠이다.
⑤ 표준편차가 작은 모둠부터 순서대로 나열하면 A, B, C이다.

22

다음 표는 학생 수가 모두 25명으로 같은 A, B, C, D, E 다섯 반 학생들의 수학 점수의 평균과 표준편차를 나타낸 것이다. 다음 중 옳은 것을 모두 고르면?

(정답 2개)

반	A	B	C	D	E
평균(점)	74.8	74	75.1	76	73.5
표준편차(점)	2	1.5	4.5	2.6	1

① 수학 점수가 가장 높은 학생은 D반에 있다.
② 학생들 간의 수학 점수의 격차가 가장 큰 반은 C반이다.
③ B반의 학생 중 5명의 수학 점수를 각각 5점씩 올리면 B반과 D반의 평균은 같아진다.
④ D반 학생 전체의 수학 점수를 각각 3점씩 올리면 표준편차는 $(1+\sqrt{3})$점이 된다.
⑤ 학생들 간의 수학 점수가 가장 고른 반은 E반이다.

01 7개의 자연수로 이루어진 자료가 다음 조건을 모두 만족시킬 때, 가장 작은 변량을 x라 하자. 이때 x의 최솟값을 구하여라.

> ㄱ. 평균은 62이다.
> ㄴ. 중앙값은 63이다.
> ㄷ. 최빈값은 55이다.
> ㄹ. 가장 큰 변량은 75이다.

02 5개의 변량 a_1, a_2, a_3, a_4, a_5의 평균을 m, 표준편차를 s라 할 때, 5개의 변량 $\dfrac{a_1-m}{s}$, $\dfrac{a_2-m}{s}$, $\dfrac{a_3-m}{s}$, $\dfrac{a_4-m}{s}$, $\dfrac{a_5-m}{s}$의 평균과 표준편차를 차례로 구하면?

① m, s ② 0, 1 ③ 0, s

④ 1, 0 ⑤ 1, s

03 4개의 변량 a, b, c, d의 평균이 6이고, 표준편차가 $\sqrt{7}$일 때, 이차함수 $f(x)=(x-a)^2+(x-b)^2+(x-c)^2+(x-d)^2$에 대하여 $f(5)$의 값을 구하여라.

04 오른쪽 표는 A 중학교, B 중학교의 남녀 학생들의 몸무게의 평균을 나타낸 것이다. A, B 두 중학교의 여학생 전체의 몸무게의 평균을 구하여라.

	A 중학교	B 중학교	전체
남학생	57 kg	60 kg	59 kg
여학생	52 kg	53 kg	
전체	55 kg	56 kg	

05 다음은 진수네 반 학생 8명의 1분 동안의 턱걸이 횟수를 조사하여 나타낸 표인데 일부분이 훼손되었다. 평균이 8회이고, 표준편차가 최소일 때의 기환, 동환이의 점수를 각각 a점, b점이라 하자. 이때 a^2+b^2의 값을 구하여라.

학생	서훈	정우	태영	래오	영준	지율	기환	동환
횟수(회)	8	9	6	9	5	10		

06 변량의 개수가 6개인 자료 A의 평균이 11, 분산이 3이고, 두 자료 A, B를 섞은 전체 자료의 평균이 11, 분산이 8이다. 자료 B의 변량의 개수가 5개일 때, 자료 B의 평균과 표준편차를 각각 구하여라.

02. 산점도와 상관관계

1 산점도

(1) 산점도

두 변량 x, y를 순서쌍으로 하는 점 (x, y)를 좌표평면 위에 나타낸 그림을 두 변량 x, y에 대한 산점도라 한다.

예 아래 표는 학생 5명의 국어 성적과 수학 성적을 조사하여 나타낸 것이다. 국어 성적을 x점, 수학 성적을 y점이라 하면 x, y의 산점도는 다음과 같다.

학생	국어 성적(점)	수학 성적(점)
A	60	70
B	70	90
C	90	100
D	80	70
E	100	80

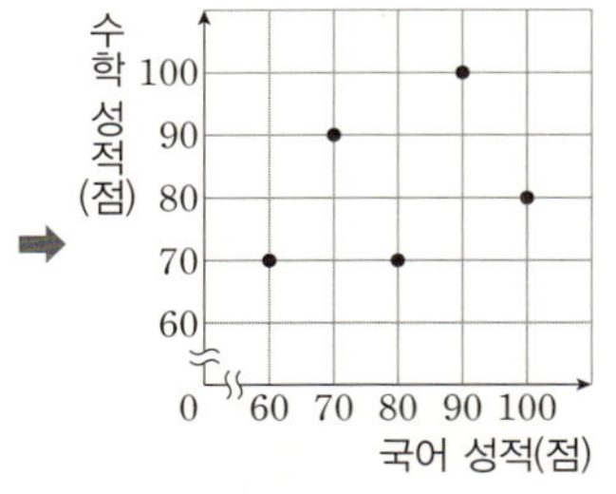

- 산점도를 이용하면 두 변량 사이에 어떤 관계가 있는지 조금 더 쉽게 알 수 있다.

(2) 산점도에서 두 변량의 비교

① 산점도에서 두 변량 x, y가 대각선의 위쪽에 있는 경우
　➡ $x < y$

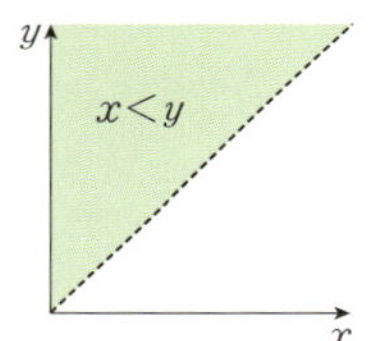

② 산점도에서 두 변량 x, y가 대각선 위에 있는 경우
　➡ $x = y$

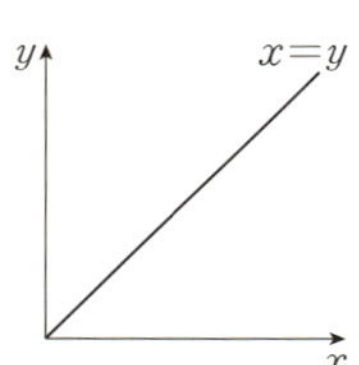

③ 산점도에서 두 변량 x, y가 대각선의 아래쪽에 있는 경우
　➡ $x > y$
특히 대각선에서 멀리 떨어져 있는 점일수록 변량의 차가 크다.

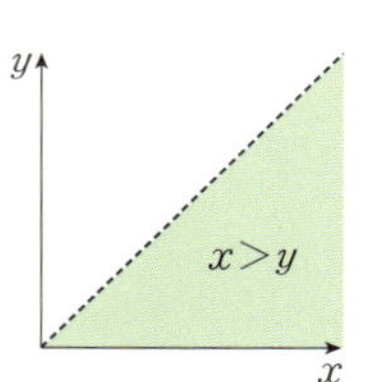

- 이상 또는 이하의 조건이 주어지면 가로축 또는 세로축에 평행한 기준선을 그어 생각한다.

2 상관관계

(1) 상관관계

두 변량 x, y 사이에 x의 값이 증가함에 따라 y값이 증가하거나 감소하는 경향이 있을 때, 두 변량 x, y 사이에 상관관계가 있다고 한다.

(2) 상관관계의 종류

두 변량 x, y에 대한 산점도에서

① 양의 상관관계

x의 값이 증가함에 따라 y의 값도 대체로 증가하는 경향이 있을 때, 두 변량 x와 y 사이에는 양의 상관관계가 있다고 한다.

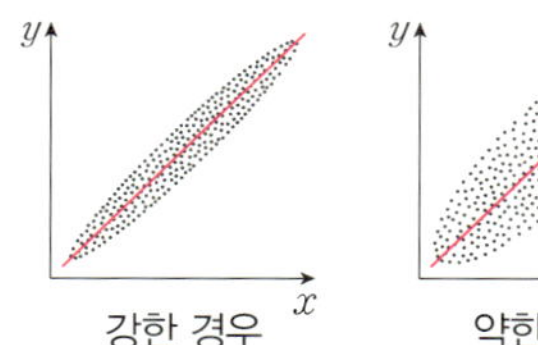

예 키와 몸무게, 여름철 기온과 에어컨 사용량

② 음의 상관관계

x의 값이 증가함에 따라 y의 값이 대체로 감소하는 경향이 있을 때, 두 변량 x와 y 사이에는 음의 상관관계가 있다고 한다.

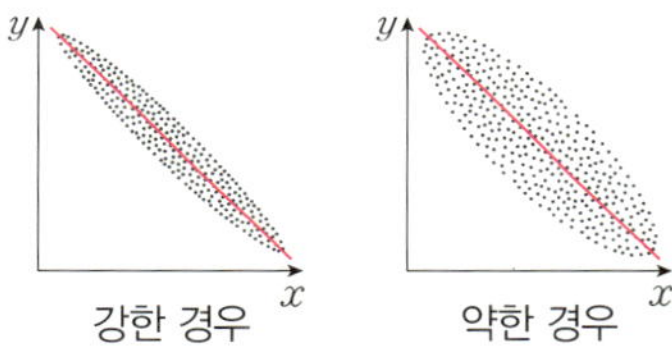

예 하루 중 낮과 밤의 길이, 산의 높이와 기온

③ 상관관계가 없다.

x의 값이 증가함에 따라 y의 값이 증가하는 경향이 있는지 감소하는 경향이 있는지 분명하지 않을 때, x와 y 사이에는 상관관계가 없다고 한다.

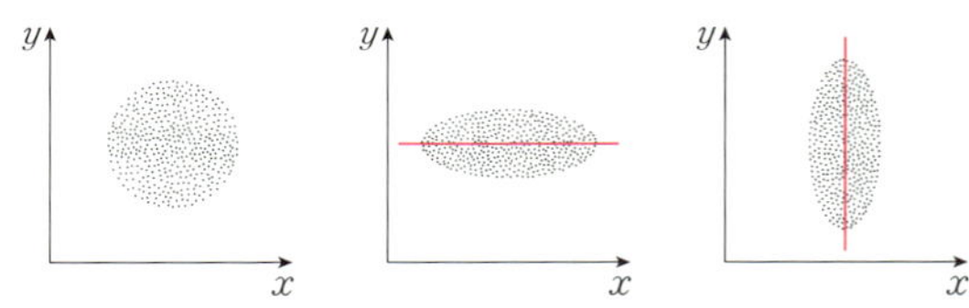

예 시력과 눈의 크기, 지능 지수와 머리둘레

- 산점도에서 점들이 기울기가 양인 직선 주위에 모여 있으면 양의 상관관계가 있고, 기울기가 음인 직선 주위에 모여 있으면 음의 상관관계가 있다.

- 산점도에서 점들이 양 또는 음인 직선에 가까이 모여 있을수록 상관관계가 강하고, 흩어져 있을수록 상관관계가 약하다고 한다.

Theme 01 산점도의 이해(1)

(1) 산점도 : 두 변량의 순서쌍을 좌표로 하는 점을 좌표평면 위에 나타낸 그림
(2) 주어진 조건에 따라 다음과 같이 기준이 되는 보조선을 긋는다.

① 이상, 이하의 문제

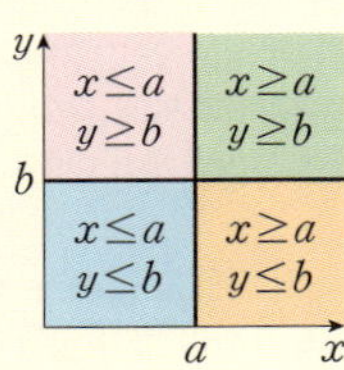

② 두 변량을 비교하는 문제

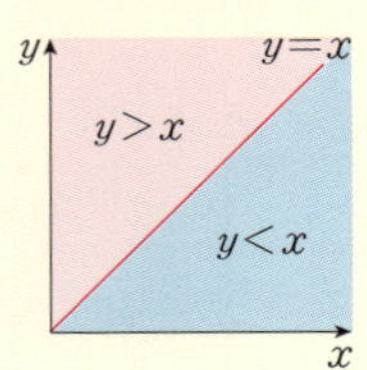

01

아래 표는 8명의 학생들이 1회, 2회 농구 경기에서 넣은 슛의 개수를 조사하여 나타낸 것이다. 1회에 넣은 슛의 개수를 x개, 2회에 넣은 슛의 개수를 y개라 할 때, 두 변량 x, y에 대한 산점도를 바르게 나타낸 것은?

(단위 : 개)

학생	A	B	C	D	E	F	G	H
1회	3	6	3	1	6	4	5	4
2회	4	3	3	2	5	6	6	3

① 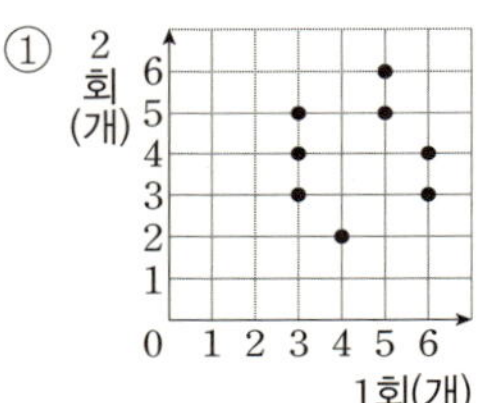 ② 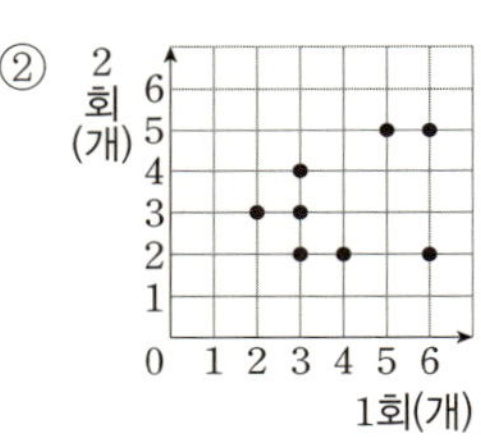

③ 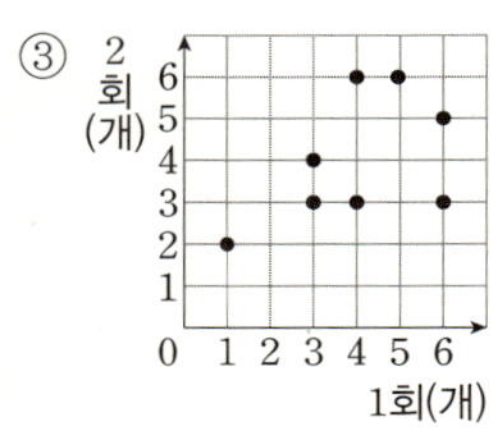 ④ 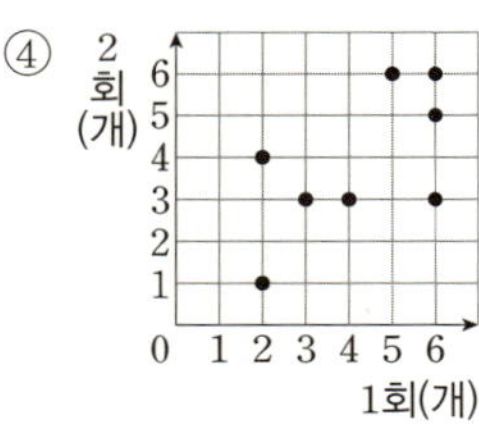

⑤ 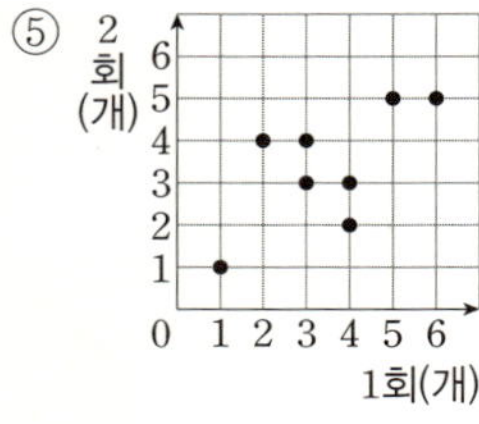

[02~03] 오른쪽은 서원이네 반 학생 25명이 지난달과 이번 달에 읽은 책의 권수를 조사하여 나타낸 산점도이다. 다음 물음에 답하여라.

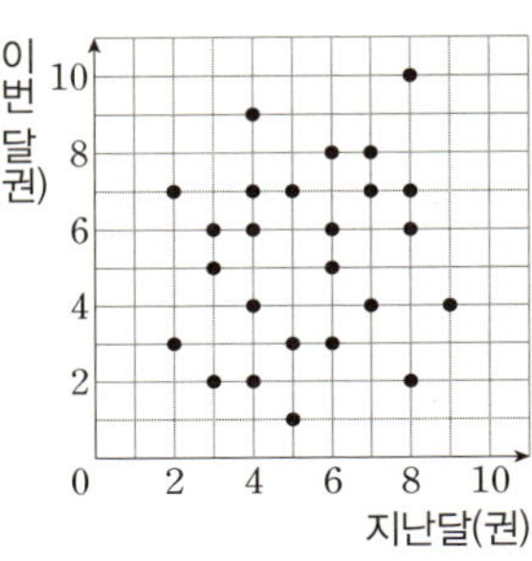

02

지난달 읽은 책이 5권 이상 8권 이하인 학생 수를 구하여라.

03

지난달보다 이번 달 읽은 책의 수가 더 많은 학생 수를 구하여라.

04

오른쪽은 혜련이네 반 학생 20명의 국어 성적과 수학 성적을 조사하여 나타낸 산점도이다. 다음 중 옳지 <u>않은</u> 것은?

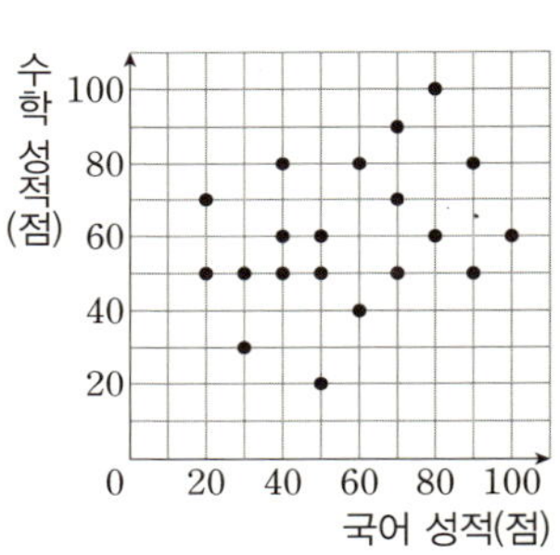

① 국어 성적이 60점 이상인 학생은 10명이다.
② 국어 성적이 가장 좋은 학생의 수학 성적은 60점이다.
③ 수학 성적이 80점인 학생 수는 전체의 15 %이다.
④ 국어 성적과 수학 성적 모두 70점 이상인 학생 수는 2명이다.
⑤ 국어 성적과 수학 성적이 같은 학생들의 국어 성적의 평균은 50점이다.

Theme **02** 산점도의 이해 (2)

주어진 조건에 따라 다음과 같이 기준이 되는 보조선을 긋는다.

(1) 두 변량의 합이 $2a$ 이상 또는 평균이 a 이상인 문제

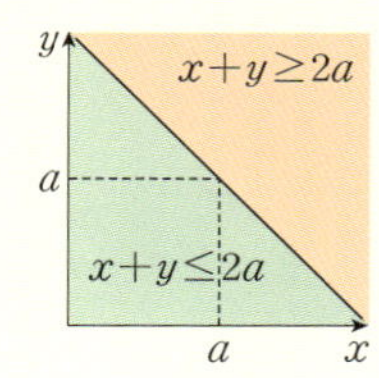

(2) 두 변량의 차가 a 이상인 문제

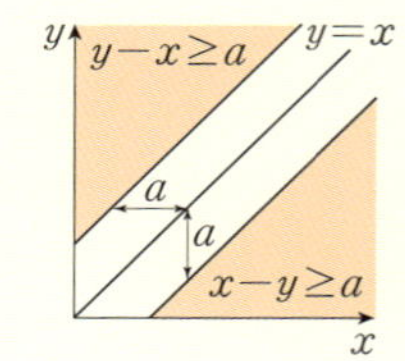

[05~06] 오른쪽은 현수네 반 학생 25명의 음악 성적과 미술 성적을 조사하여 나타낸 산점도이다. 다음 물음에 답하여라.

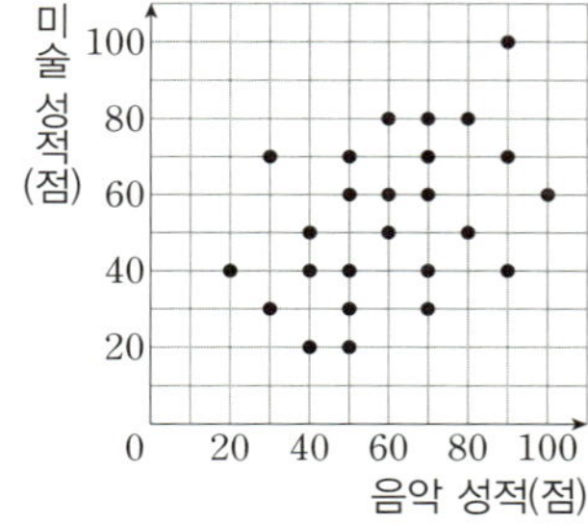

05

음악 성적과 미술 성적의 합이 140점 이상인 학생 수를 구하여라.

06

음악 성적과 미술 성적의 차가 가장 큰 학생의 음악 성적과 미술 성적의 차를 구하여라.

07

오른쪽은 재열이네 반 학생 15명의 던지기 점수와 달리기 점수를 조사하여 나타낸 산점도이다. 던지기 점수와 달리기 점수의 차가 2점 이상인 학생 수를 구하여라.

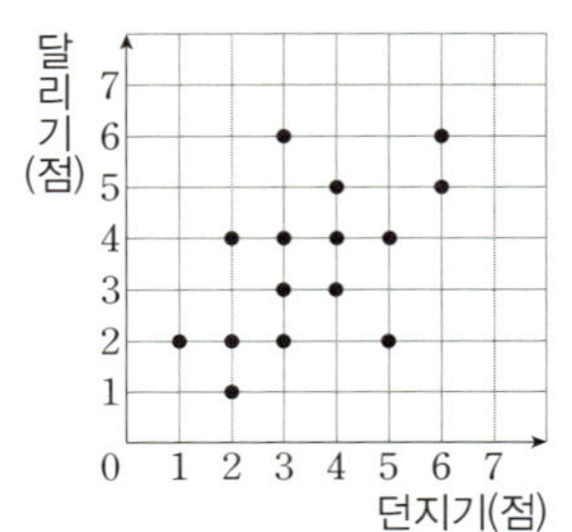

Theme **03** 상관관계

(1) 상관관계 : 두 변량 x, y 사이에 x의 값이 증가함에 따라 y의 값이 증가하거나 감소하는 경향이 있을 때, 두 변량 x, y 사이에 상관관계가 있다고 한다.

(2) 상관관계의 종류 : 두 변량 x, y에 대하여

① 양의 상관관계 : x의 값이 커짐에 따라 y의 값도 대체로 커지는 관계

② 음의 상관관계 : x의 값이 커짐에 따라 y의 값이 대체로 작아지는 관계

③ 상관관계가 없다. : x의 값이 커짐에 따라 y의 값이 커지는지 작아지는지 그 관계가 분명하지 않은 경우

08

다음은 5개 집단의 독서 시간과 성적을 각각 조사하여 나타낸 산점도이다. 독서 시간이 길수록 대체로 성적이 올라가는 경향이 가장 뚜렷한 산점도는?

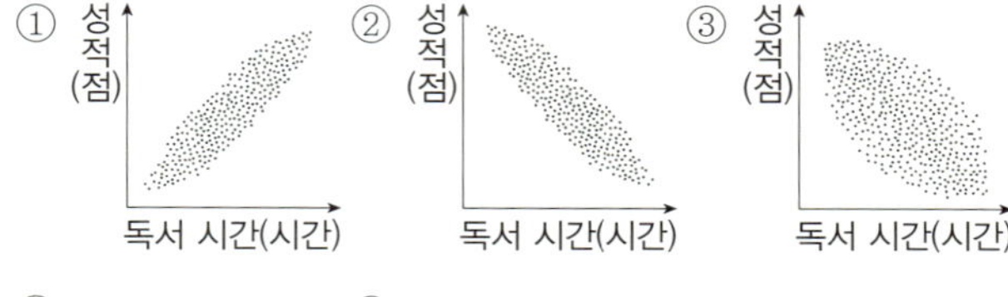

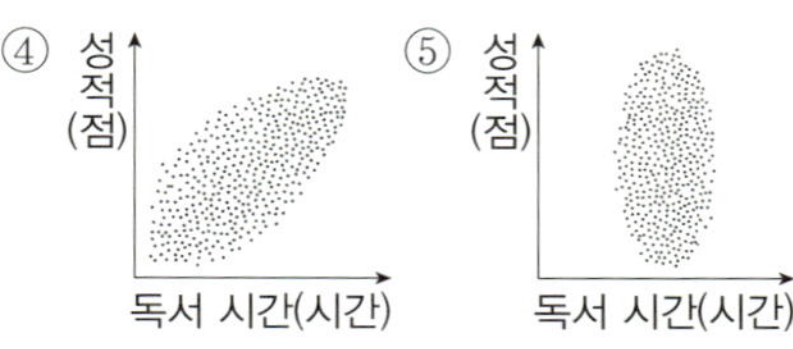

09

다음 중 두 변량의 산점도를 그린 것이 오른쪽 그림과 같이 나타나는 것은?

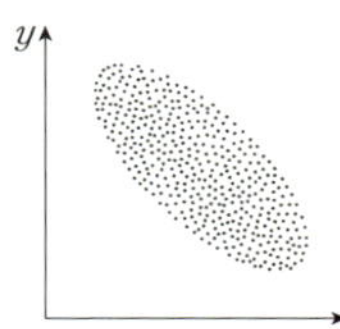

① 예금액과 이자
② 키와 몸무게
③ 겨울철 기온과 난방비
④ 지능 지수와 머리둘레의 크기
⑤ 여름철 기온과 전력 사용량

10

오른쪽 그림은 두 변량 x, y에 대한 산점도이다. 다음 중 옳지 <u>않은</u> 것을 모두 고르면? (정답 2개)

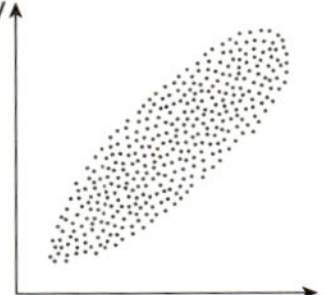

① 두 변량 x와 y 사이에는 양의 상관관계가 있다.
② 여름철 기온과 팥빙수 판매량 사이의 관계를 나타낸 산점도이다.
③ 배추의 생산량과 가격 사이의 상관관계를 나타낸 산점도이다.
④ 지능 지수와 통학 시간 사이의 상관관계를 나타낸 산점도이다.
⑤ x의 값이 커질수록 y의 값이 대체로 커지는 경향이 비교적 뚜렷하다고 할 수 있다.

11

다음 **보기**의 산점도에 대한 설명으로 옳은 것은?

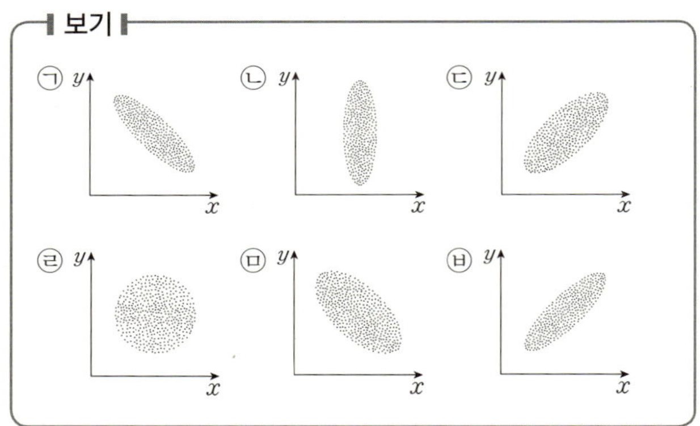

① 양의 상관관계를 나타내는 것은 ㉠, ㉡, ㉰이다.
② 상관관계가 없는 것은 ㉣뿐이다.
③ ㉤은 ㉠보다 강한 상관관계가 있다.
④ ㉢은 도시의 인구수와 교통량 사이의 상관관계를 나타낸다.
⑤ ㉤은 국어 성적과 독서량 사이의 상관관계를 나타낸다.

오른쪽 그림과 같은 산점도에서
(1) A가 대각선 위쪽에 위치한다.
⇨ A는 x의 값에 비해 y의 값이 크다.
(2) B가 대각선 아래쪽에 위치한다.
⇨ B는 x의 값에 비해 y의 값이 작다.

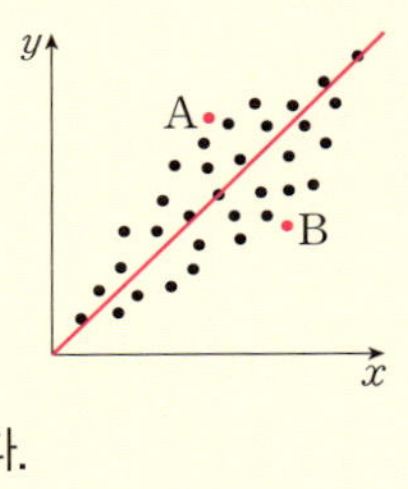

12

오른쪽은 어느 반 학생들의 키와 몸무게를 조사하여 나타낸 산점도이다. A, B, C, D, E 5명의 학생 중 키에 비해 몸무게가 가장 무거운 학생을 말하여라.

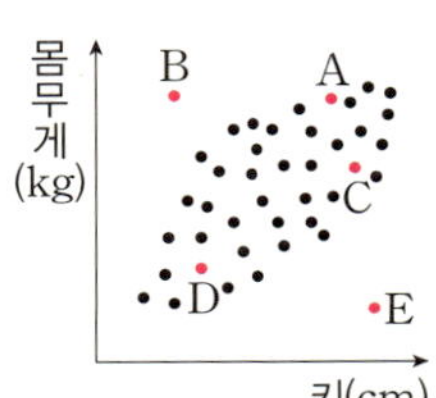

13

오른쪽은 어느 중학교 학생들의 통학 거리와 통학 시간을 조사하여 나타낸 산점도이다. 다음 중 옳지 <u>않은</u> 것은?

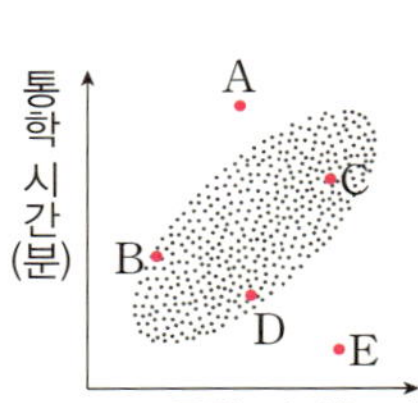

① 통학 거리와 통학 시간 사이에는 양의 상관관계가 있다.
② A는 통학 거리에 비해 통학 시간이 긴 편이다.
③ C는 D보다 통학 시간이 짧다.
④ 통학 시간이 가장 짧은 학생은 E이다.
⑤ 통학 거리가 먼 학생은 대체로 통학 시간이 긴 편이다.

2단계 STEP B 실력완성문제

01

다음 **보기** 중 두 변량에 대한 산점도가 오른쪽 그림과 같이 나타나는 것을 모두 골라라.

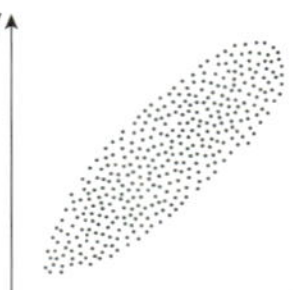

┌ 보기 ┐

ㄱ 일조량과 과일의 당도
ㄴ 쌀 생산량과 가격
ㄷ 머리의 크기와 지능 지수
ㄹ 시력과 몸무게
ㅁ 물건의 공급량과 가격
ㅂ 인구수와 교통량
ㅅ 온도와 설탕의 용해도

02

다음 그림은 어느 빵집에서 파는 빵의 무게와 가격을 조사하여 나타낸 산점도이다. 다섯 가지의 빵 A, B, C, D, E 중에서 무게가 가볍고 가격도 싼 빵과 무게에 비하여 가격이 비싼 빵의 가격의 차는?

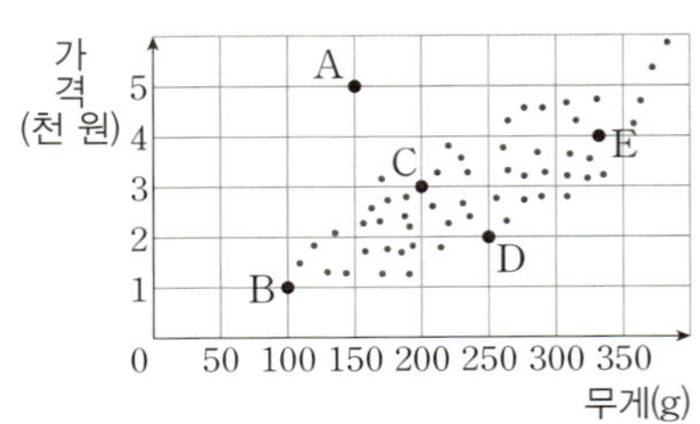

① 1천 원 　② 2천 원 　③ 3천 원
④ 4천 원 　⑤ 5천 원

03

오른쪽은 윤희를 포함한 19명의 학생들의 수학 성적과 과학 성적을 조사하여 나타낸 산점도이다. 수학 성적이 윤희보다 높은 학생은 8명이고 윤희의 과학 성적은 수학 성적보다 낮다고 할 때, 윤희의 수학 성적과 과학 성적의 평균을 구하여라.

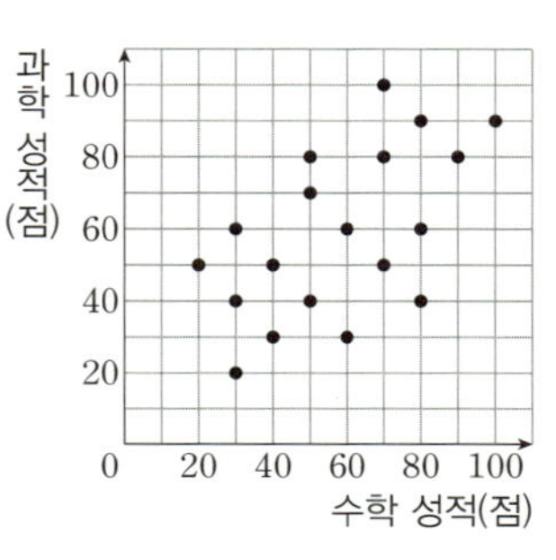

04

오른쪽은 선우네 반 학생 20명의 턱걸이 횟수와 팔굽혀펴기 횟수를 조사하여 나타낸 산점도이다. 턱걸이는 6회 이상이고 팔굽혀펴기는 4회 미만인 학생은 전체의 몇 %인지 구하여라.

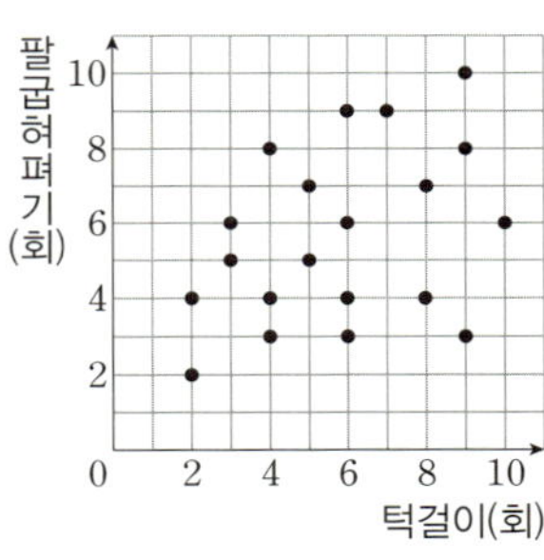

05

다음 **보기** 중 두 변량에 대한 산점도를 그렸을 때, 오른쪽 그림과 같은 모양이 되는 것을 모두 골라라.

┃ 보기 ┃

㉠ 키와 머리카락 굵기
㉡ 통화 시간과 통화 요금
㉢ 자동차의 속력과 이동 시간
㉣ 지능 지수와 청력

06

오른쪽 그림은 경미네 반 학생 25명의 1학기 중간고사와 기말고사의 영어 성적을 조사하여 나타낸 산점도이다. 중간고사보다 기말고사의 영어 성적이 떨어진 학생들에 대하여 중간고사와 기말고사의 영어 점수 차의 평균을 구하여라.

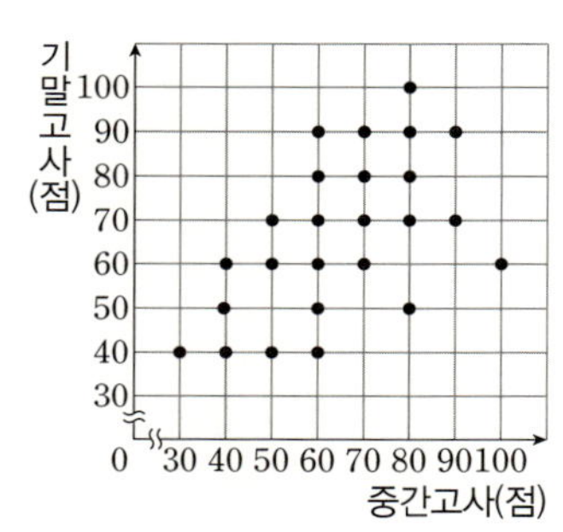

07

오른쪽은 하연이네 반 학생 21명의 독서 시간과 국어 성적을 조사하여 나타낸 산점도이다. 독서 시간이 2시간 이상 3시간 이하인 학생들의 국어 성적의 평균을 구하여라.

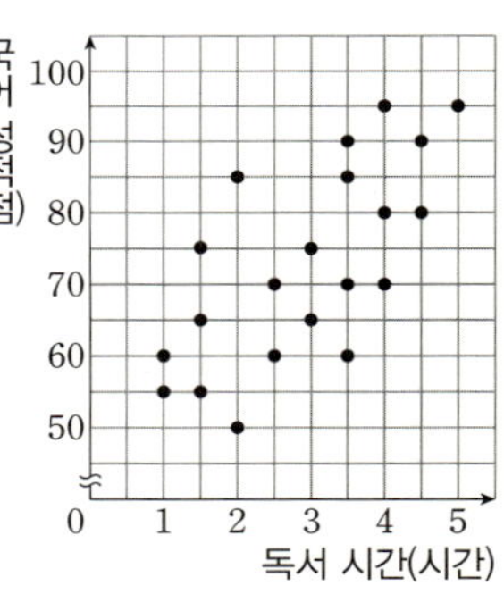

08 서술형

오른쪽은 진우네 반 학생 23명의 영어 성적과 사회 성적을 조사하여 나타낸 산점도이다. 영어 성적과 사회 성적의 합이 130점 이하인 학생을 a명, 두 과목 중 적어도 한 과목의 성적이 70점 이상인 학생 수를 b명이라 할 때, $b-a$의 값을 구하여라.

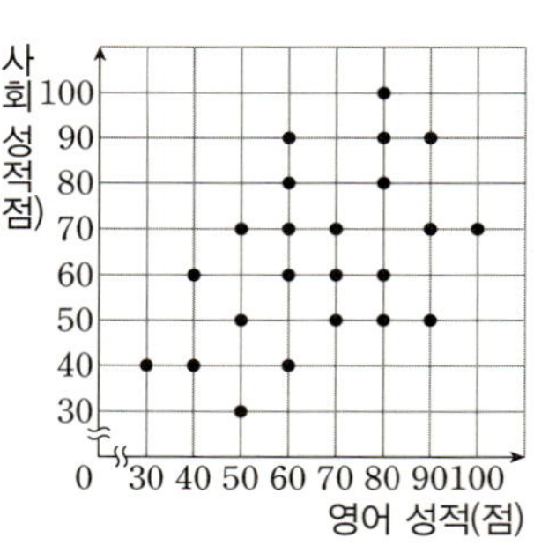

09

오른쪽은 어느 도서관 회원 24명이 1년 동안 대출한 추리 소설과 판타지 소설의 권수를 조사하여 나타낸 산점도이다. 대출한 판타지 소설의 수가 추리 소설의 수와 같거나 많은

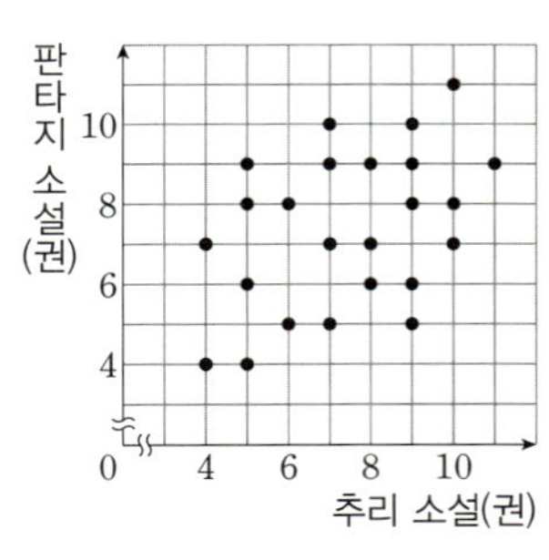

회원 중 판타지 소설을 8권 이하 대출한 회원 수를 구하여라.

10

오른쪽 그림은 송이네 반 학생 25명의 1학기 점수와 2학기 점수를 조사하여 나타낸 산점도이다. 1학기 점수가 전체의 상위 16 % 이내에 들었던 학생 중에 2학기 점수도 전

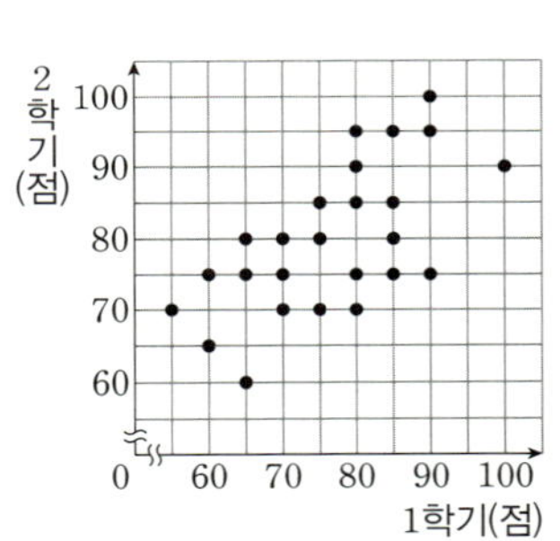

체의 상위 16 % 이내에 든 학생들의 1학기, 2학기 전체 점수의 합을 구하여라.

11

오른쪽은 어느 사격선수 22명의 1차, 2차의 사격 점수를 조사하여 나타낸 산점도이다. 1차와 2차의 평균으로 등수를 정할 때, 상위 4등인 선수의 1차 점수를 a점, 10등인 선수의

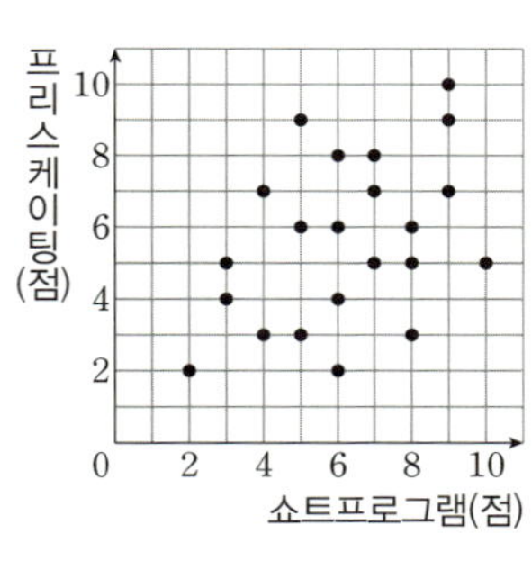

평균을 b점이라 하자. 이때 $a+b$의 값을 구하여라. (단, 평균이 같은 경우는 2차 점수가 높은 순으로 등수를 정한다.)

12

오른쪽은 두 변량 x, y에 대한 산점도이다. 다음 물음에 답하여라.

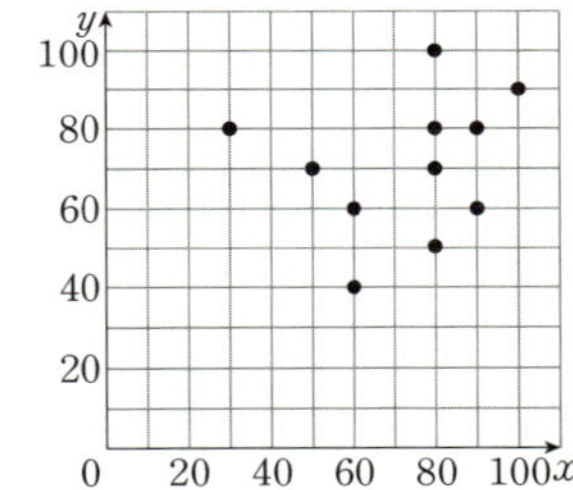

(1) 오른쪽 산점도에서 두 변량 x, y 사이의 상관관계를 말하여라.

(2) 산점도에 여섯 개의 점 $(20, 30)$, $(30, 20)$, $(40, 40)$, $(40, 50)$, $(50, 30)$, $(60, 50)$을 추가하였을 때, 두 변량 x, y 사이의 상관관계를 말하여라.

13

오른쪽 그림은 동주네 반 학생 25명의 1학기 중간고사와 기말고사 성적을 조사하여 나타낸 산점도이다. 중간고사 점수가 기말고사 점수보다 낮은 학생은 전체의 a %이고,

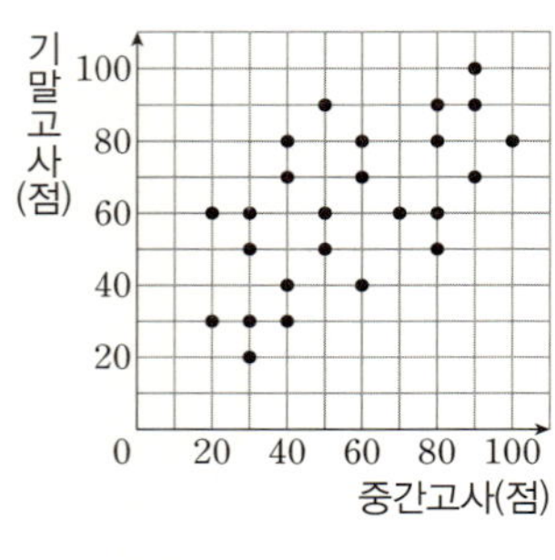

중간고사와 기말고사의 점수의 차가 20점 이상인 학생은 전체의 b %라 할 때, $a+b$의 값을 구하여라.

15

오른쪽 그림은 학생 20명의 하루 평균 자는 시간과 성적을 조사하여 나타낸 산점도이다. 4시간 이하로 자는 학생들의 성적의 평균은 8시간 이상 자는 학생들의 성적의 평

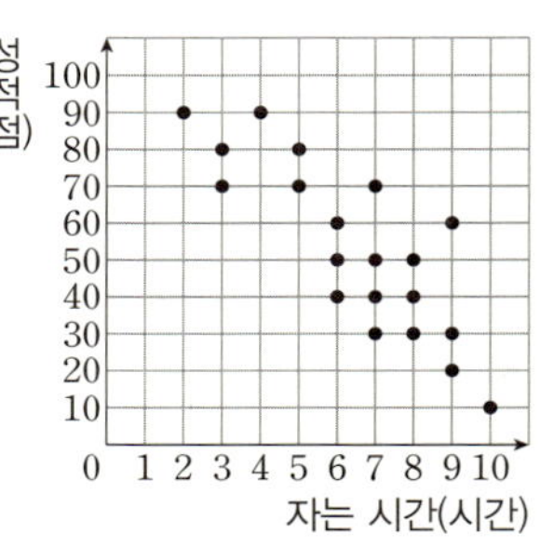

균의 $\dfrac{a}{b}$ 배일 때, $a+b+1$의 값을 구하여라.

(단, a, b는 서로소인 자연수)

14

오른쪽 그림은 민호네 반 학생들의 용돈과 지출을 조사하여 나타낸 산점도이다. 다음 중 옳은 것은?

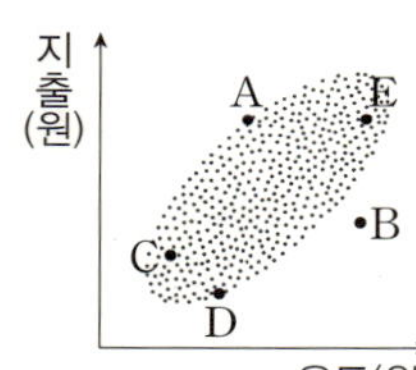

① C의 용돈이 가장 많다.
② D는 A보다 용돈이 많다.
③ B와 D의 용돈이 비슷하고, B와 C의 지출이 비슷하다.
④ D는 용돈에 비해 지출이 가장 큰 편이다.
⑤ 5명 중 저축을 가장 많이 할 것으로 예상되는 학생은 B이다.

16 서술형

오른쪽은 어느 학교 학생 20명의 1학기 성적과 2학기 성적을 조사하여 나타낸 산점도이다. 1, 2학기의 총점이 상위 20 % 이내에 드는 학생들을 뽑아 그중에

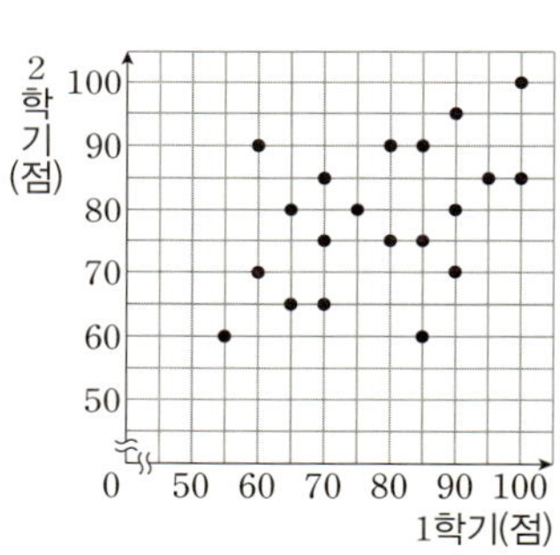

서 예선전을 치러 퀴즈 프로그램에 나갈 학생을 뽑으려고 한다. 예선전을 치를 수 있는 학생들의 총점의 평균을 구하여라.

01 오른쪽 그림은 어느 회사 입사 시험에 지원한 20명의 지원자가 1차와 2차에 걸쳐 치른 입사 시험 성적을 조사하여 나타낸 산점도이다. 두 번의 시험에서 모두 각각 평균 이상의 점수를 받아야 합격일 때, 지원자 중 합격자의 비율은 몇 %인지 구하여라.

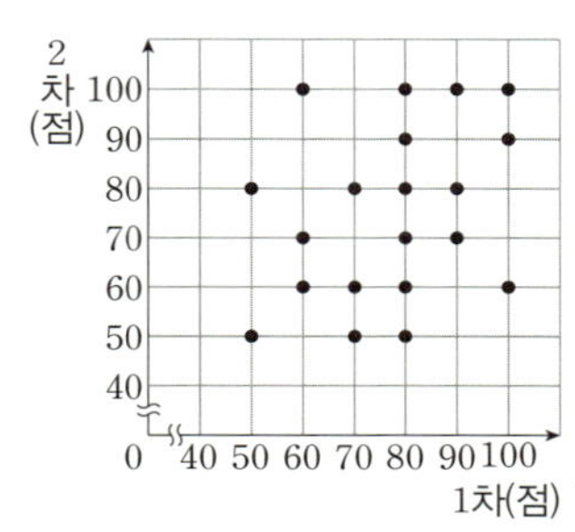

02 오른쪽은 피겨스케이팅 대회에 참가한 선수 30명의 쇼트프로그램 점수와 프리스케이팅 점수를 조사하여 나타낸 산점도이다. 두 점수의 합을 기준으로 본선에 진출할 선수를 선발하였더니 선발된 선수들의 점수의 합의 평균이 205점이었다. 이때 선발된 선수들은 상위 몇 % 이내에 드는지 구하여라. (단, 올림하여 소수점 아래 첫째 자리까지 나타낸다.)

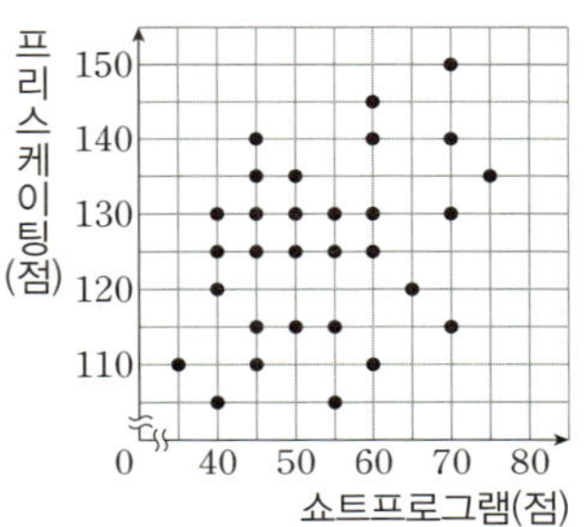

03 오른쪽은 민재네 반 학생 25명의 중간고사와 기말고사의 수학 성적을 조사하여 나타낸 산점도이다. 다음 조건을 모두 만족시키는 학생 수를 구하여라.

> ㄱ. 중간고사보다 기말고사의 성적이 하락하였다.
> ㄴ. 중간고사와 기말고사의 성적의 차가 30점 이상이다.
> ㄷ. 중간고사와 기말고사의 성적의 평균이 75점 이상이다.

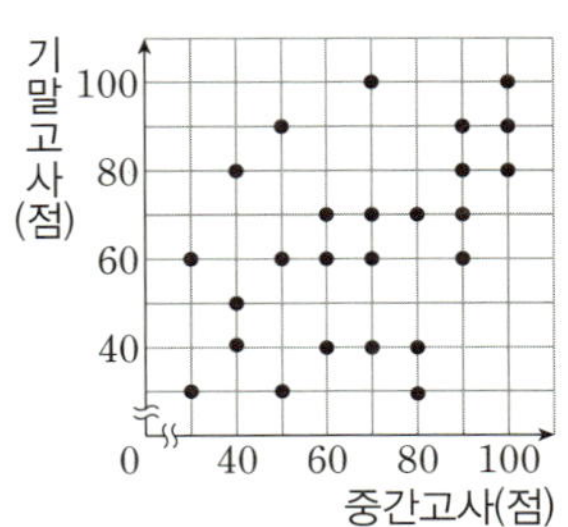

04 오른쪽은 현아네 반 학생들의 미술 필기 점수와 실기 점수를 조사하여 나타낸 산점도이다. 필기 점수와 실기 점수를 각각 a점, b점이라 할 때, $60<|3a-b|<100$을 만족하는 학생은 전체의 몇 %인지 구하여라.

(단, 겹치는 점은 없다.)

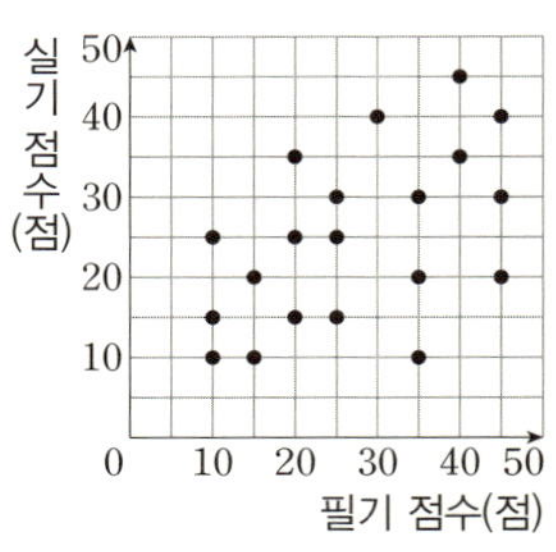

05 오른쪽은 수아네 반 학생 10명의 2회에 걸친 영어 듣기 시험을 조사하여 나타낸 산점도이다. 이 산점도에서 한 점은 2명의 학생을 중복하여 나타내었다. 1회, 2회의 점수의 평균이 각각 6.8점, 7.1점일 때, 중복된 점에 해당하는 학생 한 명의 1회 점수와 2회 점수의 합을 구하여라.

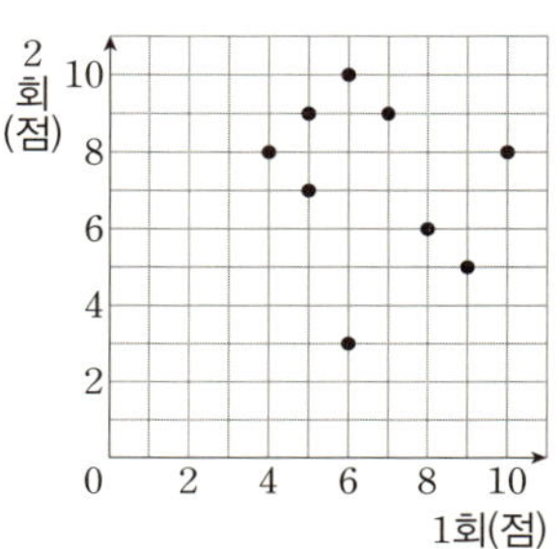

06 오른쪽은 축구 선수 20명이 지난 시즌 넣은 골의 수와 이번 시즌 넣은 골의 수를 조사하여 나타낸 산점도인데 일부분이 찢어져 보이지 않는다. 지난 시즌보다 이번 시즌 넣은 골의 수가 많은 선수들은 지난 시즌 평균 5골을 넣었고, 이번 시즌 평균 7골을 넣었을 때, 찢어진 부분의 자료는 몇 가지로 나오는지 구하여라. (단, 중복되는 점은 없고, 각 시즌 최고 골수는 10골이다.)

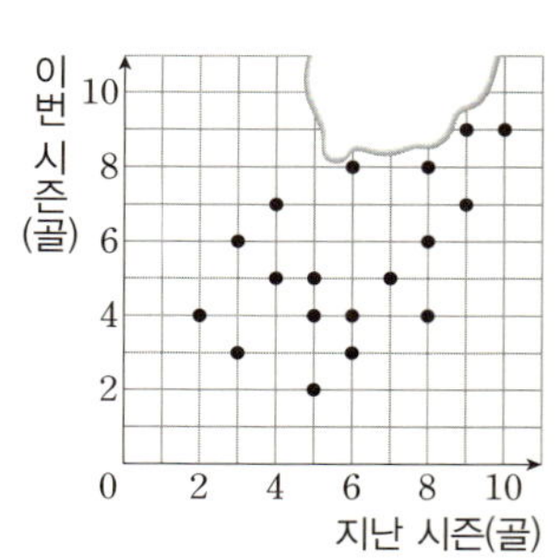

각도	사인 (sin)	코사인 (cos)	탄젠트 (tan)	각도	사인 (sin)	코사인 (cos)	탄젠트 (tan)
0°	0.0000	1.0000	0.0000	26°	0.4384	0.8988	0.4877
1°	0.0175	0.9998	0.0175	27°	0.4540	0.8910	0.5095
2°	0.0349	0.9994	0.0349	28°	0.4695	0.8829	0.5317
3°	0.0523	0.9986	0.0524	29°	0.4848	0.8746	0.5543
4°	0.0698	0.9976	0.0699	30°	0.5000	0.8660	0.5774
5°	0.0872	0.9962	0.0875	30°	0.5000	0.8660	0.5774
6°	0.1045	0.9945	0.1051	31°	0.5150	0.8572	0.6009
7°	0.1219	0.9925	0.1228	32°	0.5299	0.8480	0.6249
8°	0.1392	0.9903	0.1405	33°	0.5446	0.8387	0.6494
9°	0.1564	0.9877	0.1584	34°	0.5592	0.8290	0.6745
10°	0.1736	0.9848	0.1763	35°	0.5736	0.8192	0.7002
11°	0.1908	0.9816	0.1944	36°	0.5878	0.8090	0.7265
12°	0.2079	0.9781	0.2126	37°	0.6018	0.7986	0.7536
13°	0.2250	0.9744	0.2309	38°	0.6157	0.7880	0.7813
14°	0.2419	0.9703	0.2493	39°	0.6293	0.7771	0.8098
15°	0.2588	0.9659	0.2679	40°	0.6428	0.7660	0.8391
16°	0.2756	0.9613	0.2867	41°	0.6561	0.7547	0.8693
17°	0.2924	0.9563	0.3057	42°	0.6691	0.7431	0.9004
18°	0.3090	0.9511	0.3249	43°	0.6820	0.7314	0.9325
19°	0.3256	0.9455	0.3443	44°	0.6947	0.7193	0.9657
20°	0.3420	0.9397	0.3640	45°	0.7071	0.7071	1.0000
21°	0.3584	0.9336	0.3839	46°	0.7193	0.6947	1.0355
22°	0.3746	0.9272	0.4040	47°	0.7314	0.6820	1.0724
23°	0.3907	0.9205	0.4245	48°	0.7431	0.6691	1.1106
24°	0.4067	0.9135	0.4452	49°	0.7547	0.6561	1.1504
25°	0.4226	0.9063	0.4663	50°	0.7660	0.6428	1.1918

각도	사인 (sin)	코사인 (cos)	탄젠트 (tan)	각도	사인 (sin)	코사인 (cos)	탄젠트 (tan)
51°	0.7771	0.6293	1.2349	71°	0.9455	0.3256	2.9042
52°	0.7880	0.6157	1.2799	72°	0.9511	0.3090	3.0777
53°	0.7986	0.6018	1.3270	73°	0.9563	0.2924	3.2709
54°	0.8090	0.5878	1.3764	74°	0.9613	0.2756	3.4874
55°	0.8192	0.5736	1.4281	75°	0.9659	0.2588	3.7321
56°	0.8290	0.5592	1.4826	76°	0.9703	0.2419	4.0108
57°	0.8387	0.5446	1.5399	77°	0.9744	0.2250	4.3315
58°	0.8480	0.5299	1.6003	78°	0.9781	0.2079	4.7046
59°	0.8572	0.5150	1.6643	79°	0.9816	0.1908	5.1446
60°	0.8660	0.5000	1.7321	80°	0.9848	0.1736	5.6713
61°	0.8746	0.4848	1.8040	81°	0.9877	0.1564	6.3138
62°	0.8829	0.4695	1.8807	82°	0.9903	0.1392	7.1154
63°	0.8910	0.4540	1.9626	83°	0.9925	0.1219	8.1443
64°	0.8988	0.4384	2.0503	84°	0.9945	0.1045	9.5144
65°	0.9063	0.4226	2.1445	85°	0.9962	0.0872	11.4301
66°	0.9135	0.4067	2.2460	86°	0.9976	0.0698	14.3007
67°	0.9205	0.3907	2.3559	87°	0.9986	0.0523	19.0811
68°	0.9272	0.3746	2.4751	88°	0.9994	0.0349	28.6363
69°	0.9336	0.3584	2.6051	89°	0.9998	0.0175	57.2900
70°	0.9397	0.3420	2.7475	90°	1.0000	0.0000	

나를 응원해!

꿈을 향해 LET'S GO!

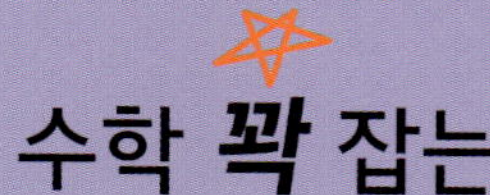

논리 사고력 A
문제 해결력 A
종합 응용력 A

A
Class

정답과 풀이

Ⅰ. 삼각비

01. 삼각비   10~21쪽

STEP C 주제별필수문제

01 $\dfrac{\sqrt{21}}{6}$ 02 $\dfrac{\sqrt{10}}{5}$

03 $24\sqrt{2}$ cm²   04 $\dfrac{3}{5}$ 05 $\dfrac{1}{2}$ 06 $\dfrac{7}{11}$

07 $\dfrac{23}{17}$ 08 $\dfrac{10}{13}$ 09 $\dfrac{1}{5}$ 10 $\dfrac{\sqrt{15}}{2}$ 11 $\dfrac{7}{5}$

12 ④   13 $\dfrac{11}{13}$ 14 $\dfrac{2\sqrt{2}}{9}$ 15 ②   16 ②

17 $\dfrac{4}{3}$ 18 ②, ③   19 11   20 ③   21 $6\sqrt{2}$

22 $2-\sqrt{3}$ 23 3   24 ④   25 -2 26 ④

27 (1) 0.6696   (2) 18°   28 3.682

STEP B 실력완성문제

01 $\dfrac{7}{5}$ 02 $\dfrac{\sqrt{5}}{3}$ 03 $\dfrac{5\sqrt{5}}{6}$

04 1   05 ④   06 ④   07 0.7265   08 ②

09 $\dfrac{7\sqrt{7}}{12}$ 10 $\overline{AD}=5\sqrt{3}$ cm, $\overline{DE}=\dfrac{15}{2}$ cm   11 16

12 $48\sqrt{3}-48$ 13 $\dfrac{3\sqrt{2}}{4}$ 14 $\dfrac{9}{10}$ 15 $\dfrac{3\sqrt{10}}{10}$

16 84   17 $\dfrac{\sqrt{15}}{5}$ 18 $A\left(0, \dfrac{13}{3}\right)$ 19 $\dfrac{11}{13}$

20 $2+\sqrt{3}$ 21 $2+\sqrt{3}$ 22 $\dfrac{\sqrt{6}-\sqrt{2}}{4}$ 23 $3\sqrt{3}$ cm²

24 ㉣, ㉢, ㉠, ㉡, ㉤, ㉥   25 2   26 $\dfrac{\sqrt{10}}{10}$ 27 $\dfrac{4}{3}$

28 $\dfrac{\sqrt{2}+\sqrt{6}}{4}$ 29 $\dfrac{1}{2}$ 30 $\dfrac{4\sqrt{2}}{3}$

STEP A 최고난이도문제

01 $2\sqrt{2}$ 02 $\sqrt{2}$

03 $(4\sqrt{3}+12)$ cm²   04 $\dfrac{3\sqrt{10}}{10}$ 05 $-\dfrac{1}{2}$ 06 90

02. 삼각비의 활용   24~34쪽

STEP C 주제별필수문제

01 27.525   02 2.403

03 $245\sqrt{3}$ cm³   04 44.1 m   05 $(10\sqrt{3}+30)$ m

06 25초   07 $4\sqrt{7}$ cm   08 $(4\sqrt{5}+8)$ m

09 $(27+9\sqrt{2}+9\sqrt{3})$ cm   10 $7(\sqrt{3}-1)$

11 $10\sqrt{3}$ cm   12 $40(\sqrt{3}+1)$ m   13 8 cm²   14 18 cm²

15 ②   16 18 cm²   17 150°   18 $\dfrac{25}{2}$

19 $45\sqrt{3}$ cm²   20 $30\sqrt{3}$ cm²

21 $54\sqrt{3}$ cm²   22 $4\sqrt{3}$ cm   23 135   24 6

STEP B 실력완성문제

01 $72\sqrt{3}\pi$ cm³   02 335 m

03 $81(\sqrt{3}-1)$ cm²   04 $2\sqrt{3}$ km   05 $72\pi+24\sqrt{3}\pi$

06 $48\sqrt{3}$ cm²   07 $98\sqrt{2}$ cm²

08 $(24\pi-12\sqrt{3})$ cm²   09 ②   10 $10\sqrt{13}$ km

11 $(12-6\sqrt{3})$ cm   12 100 cm²   13 $\dfrac{36\sqrt{3}}{5}$ cm²

14 $5\sqrt{3}$ 15 $36(3+\sqrt{3})$ cm²   16 $2\sqrt{39}$ 17 18 cm²

18 22 cm   19 $\dfrac{3}{5}$ 20 $80\sqrt{2}$ cm²

21 72   22 14 cm   23 $5\sqrt{6}$ 24 $12\pi+18+6\sqrt{3}$

25 16π cm   26 $\dfrac{35\sqrt{3}}{4}$ 27 $(144\pi-144\sqrt{3})$ cm²

28 $48(2+\sqrt{3})$ 29 $92\sqrt{3}$ cm²

30 $100\sqrt{6}$ m

STEP A 최고난이도문제

01 $\dfrac{3\sqrt{6}}{5}$ 02 $\left(108-\dfrac{63\sqrt{3}}{2}\right)$ cm²

03 $22\sqrt{3}$ cm²   04 9 cm²   05 $\dfrac{\sqrt{21}}{7}$

06 $216\sqrt{3}-72\pi$

Ⅱ. 원의 성질

01. 원과 직선   38~48쪽

STEP C 주제별필수문제

01 9 cm   02 12 cm

03 $10\sqrt{3}$ cm   04 225π cm²   05 10 cm

06 8 cm   07 4 cm   08 12 cm²   09 62°   10 27 cm

11 144π cm²   12 $10(3+\sqrt{3})$ cm   13 3 cm

14 $6\sqrt{15}$ cm   15 6   16 $8\sqrt{6}$ cm

17 $4\sqrt{11}$ cm   18 28 cm   19 3 cm   20 9π cm²

21 $x=14, y=9$ 22 2 cm   23 6 cm

STEP B 실력완성문제

01 64π cm²   02 $4\sqrt{10}$ cm

03 $4\sqrt{14}$ cm   04 $12\sqrt{7}$ cm²   05 12 cm

06 128 cm²   07 $\sqrt{65}$ cm   08 $(48\pi-72\sqrt{3})$ cm²

09 $\dfrac{16}{3}\pi+16\sqrt{3}$ 10 16 cm   11 $9\sqrt{3}$ 12 $\dfrac{72}{5}$ cm

13 $\left(\dfrac{4}{3}\pi+\dfrac{8}{3}\right)$ cm   14 4π cm²   15 $(12\sqrt{3}-4\pi)$ cm²

16 4   17 8   18 $18\sqrt{3}$ 19 80 cm²

20 $\dfrac{27}{4}\pi$ cm²   21 ①   22 7   23 14 cm

24 $\sqrt{97}$ 25 $8\sqrt{3}+12$ 26 $(24-4\pi)$ cm²   27 3

28 4 cm   29 $\dfrac{100}{9}\pi$ cm²   30 $\dfrac{26}{3}$

STEP A 최고난이도문제

01 20π cm   02 10초   03 16 cm²

04 $2\sqrt{10}$ cm   05 $\dfrac{13}{4}\pi$ 06 $\sqrt{3}$ cm

STEP C 주제별필수문제　**01** $\angle x=60°$, $\angle y=120°$

02 $64°$　**03** 4π cm^2　**04** $34°$　**05** $70°$　**06** $66°$

07 $68°$　**08** $22°$　**09** $20°$　**10** $53°$　**11** $54°$

12 $\dfrac{3\sqrt{7}}{16}$　**13** $56°$　**14** $24°$　**15** 6π cm

16 $60°$　**17** $91°$　**18** $72°$

STEP B 실력완성문제　**01** $24°$　**02** $23°$　**03** $102°$

04 $63°$　**05** $20\sqrt{3}$ cm^2　**06** $142.5°$　**07** $\dfrac{16}{3}$ cm

08 4개　**09** 65 cm　**10** $\dfrac{225}{4}\pi$　**11** $\sqrt{2}$　**12** $29°$

13 $59°$　**14** $6\sqrt{2}$ cm　**15** 12π　**16** $\dfrac{8}{3}\pi$ cm　**17** 6 cm

18 12 cm

STEP A 최고난이도문제　**01** $\dfrac{21}{2}$　**02** $(\sqrt{2}+\sqrt{6})$ cm

03 256

STEP C 주제별필수문제　**01** ④, ⑤　**02** $70°$　**03** $124°$

04 $50°$　**05** $16°$　**06** $45°$　**07** $125°$　**08** $49°$

09 $120°$　**10** ②, ⑤　**11** $52°$　**12** $130°$　**13** $40°$

14 $58°$　**15** 8 cm　**16** $63°$　**17** $64°$

STEP B 실력완성문제　**01** $30°$　**02** $140°$　**03** $46°$

04 $18°$　**05** $72°$　**06** $45°$　**07** $36°$　**08** 6개

09 $160°$　**10** $\dfrac{16}{3}$ cm　**11** $24°$　**12** 20π　**13** $110°$

14 $106°$　**15** $14°$　**16** $69°$　**17** $4\sqrt{2}$ cm　**18** $49°$

STEP A 최고난이도문제　**01** $(4\sqrt{3}-6)$ cm　**02** $31°$

03 $\dfrac{52}{3}$ cm^2

Ⅲ. 통계

STEP C 주제별필수문제　**01** 12　**02** 2　**03** 75 kg

04 80　**05** ②　**06** 53회　**07** 700 g　**08** 162 cm

09 26　**10** 29　**11** 9　**12** 78　**13** 67점

14 분산 : 50, 표준편차 : $5\sqrt{2}$ cm　**15** 25　**16** 5반

17 181　**18** 27　**19** 평균 : 16, 표준편차 : 4

20 평균 : 27, 표준편차 : 8

21 평균 : 80점, 표준편차 : 2점

22 ⑤　**23** ②, ⑤

STEP B 실력완성문제　**01** 4 : 5　**02** ②　**03** ④

04 1.5 L　**05** 9개　**06** 7　**07** 3.5

08 중앙값 : 5송이, 최빈값 : 6송이　**09** 62, 70

10 $a=15$, $b=20$ 또는 $a=21$, $b=15$　**11** 68　**12** 13.5

13 ③　**14** ⑤　**15** ④　**16** $\sqrt{66}$ cm

17 평균 : 7, 표준편차 : $\sqrt{3}$　**18** $\sqrt{26}$점　**19** 44

20 $x=z<y$　**21** ⑤　**22** ②, ⑤

STEP A 최고난이도문제　**01** 39　**02** ②　**03** 32

04 52.8 kg　**05** 145　**06** 평균 : 11, 표준편차 : $\sqrt{14}$

STEP C 주제별필수문제　**01** ③　**02** 14명　**03** 11명

04 ④　**05** 7명　**06** 50점　**07** 3명　**08** ①

09 ③　**10** ③, ④　**11** ④　**12** B　**13** ③

STEP B 실력완성문제　**01** ㉠, ㉤, ㊉　**02** ④　**03** 45점

04 10 %　**05** ㉠, ㉣　**06** 18.75점　**07** 67.5점　**08** 4

09 6명　**10** 375점　**11** 13.5

12 ⑴ 상관관계가 없다. ⑵ 양의 상관관계　**13** 96

14 ⑤　**15** 110　**16** 187.5점

STEP A 최고난이도문제　**01** 35 %　**02** 23.4 %　**03** 1명

04 30 %　**05** 14점　**06** 2가지

I 삼각비

01. 삼각비

STEP C 주제별필수문제 본문 10~14쪽

01 $\dfrac{\sqrt{21}}{6}$	**02** $\dfrac{\sqrt{10}}{5}$	**03** $24\sqrt{2}\ \text{cm}^2$
04 $\dfrac{3}{5}$	**05** $\dfrac{1}{2}$	**06** $\dfrac{7}{11}$ **07** $\dfrac{23}{17}$ **08** $\dfrac{10}{13}$
09 $\dfrac{1}{5}$	**10** $\dfrac{\sqrt{15}}{2}$	**11** $\dfrac{7}{5}$ **12** ④ **13** $\dfrac{11}{13}$
14 $\dfrac{2\sqrt{2}}{9}$	**15** ②	**16** ② **17** $\dfrac{4}{3}$ **18** ②, ③
19 11	**20** ③	**21** $6\sqrt{2}$ **22** $2-\sqrt{3}$ **23** 3
24 ④	**25** -2	**26** ④
27 (1) 0.6696 (2) 18°		**28** 3.682

01

$\triangle\text{BCD}$에서 $\overline{\text{BC}}=\sqrt{8^2-2^2}=2\sqrt{15}$

$\triangle\text{ABC}$에서 $\overline{\text{AC}}=\sqrt{12^2-(2\sqrt{15})^2}=2\sqrt{21}$

$\therefore \cos A=\dfrac{\overline{\text{AC}}}{\overline{\text{AB}}}=\dfrac{2\sqrt{21}}{12}=\dfrac{\sqrt{21}}{6}$

답 $\dfrac{\sqrt{21}}{6}$

02

오른쪽 그림과 같이 일차방정식
$3x-y+9=0$의 그래프가 x축, y축과
만나는 점을 각각 A, B라고 하면 x절편
은 -3, y절편은 9이므로
$\triangle\text{AOB}$에서 $\overline{\text{AB}}=\sqrt{3^2+9^2}=3\sqrt{10}$

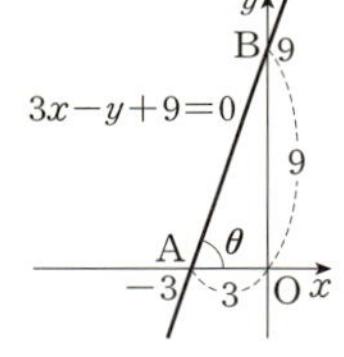

$\therefore \sin\theta-\cos\theta=\dfrac{9}{3\sqrt{10}}-\dfrac{3}{3\sqrt{10}}$
$\qquad\qquad\quad =\dfrac{6}{3\sqrt{10}}=\dfrac{\sqrt{10}}{5}$

답 $\dfrac{\sqrt{10}}{5}$

03

$\cos A=\dfrac{\overline{\text{AB}}}{12}=\dfrac{\sqrt{3}}{3}$이므로 $\overline{\text{AB}}=4\sqrt{3}\ (\text{cm})$

$\overline{\text{BC}}=\sqrt{12^2-(4\sqrt{3})^2}=4\sqrt{6}\ (\text{cm})$

$\therefore \triangle\text{ABC}=\dfrac{1}{2}\times4\sqrt{3}\times4\sqrt{6}=24\sqrt{2}\ (\text{cm}^2)$

답 $24\sqrt{2}\ \text{cm}^2$

04

$\tan B=\dfrac{8}{\overline{\text{BC}}}=\dfrac{2}{3}$에서 $\overline{\text{BC}}=12$

$\therefore \overline{\text{DC}}=\dfrac{1}{2}\overline{\text{BC}}=6$

$\triangle\text{ADC}$에서 $\overline{\text{AD}}=\sqrt{6^2+8^2}=10$이므로

$\sin\theta=\dfrac{6}{10}=\dfrac{3}{5}$

답 $\dfrac{3}{5}$

05

$\cos B=\dfrac{5}{\overline{\text{BC}}}=\dfrac{1}{2}$에서 $\overline{\text{BC}}=10$

$\triangle\text{ABC}$에서 $\overline{\text{AC}}=\sqrt{10^2-5^2}=5\sqrt{3}$

$\sin B=\dfrac{\overline{\text{AC}}}{\overline{\text{BC}}}=\dfrac{5\sqrt{3}}{10}=\dfrac{\sqrt{3}}{2}$

$\tan C=\dfrac{\overline{\text{AB}}}{\overline{\text{AC}}}=\dfrac{5}{5\sqrt{3}}=\dfrac{\sqrt{3}}{3}$

$\therefore \sin B\times\tan C=\dfrac{\sqrt{3}}{2}\times\dfrac{\sqrt{3}}{3}=\dfrac{1}{2}$

답 $\dfrac{1}{2}$

06

$\cos A=\dfrac{7}{11}$이므로 $\angle B=90°$,
$\overline{\text{AB}}=7k$, $\overline{\text{AC}}=11k$인 직각삼각형
ABC를 그리면 오른쪽 그림과 같다.

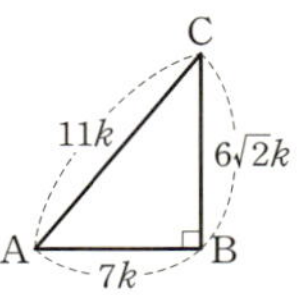

$\overline{\text{BC}}=\sqrt{(11k)^2-(7k)^2}=6\sqrt{2}\,k$

$\therefore \sin A\times\tan C=\dfrac{6\sqrt{2}}{11}\times\dfrac{7}{6\sqrt{2}}=\dfrac{7}{11}$

답 $\dfrac{7}{11}$

07

$17\sin A-8=0$에서 $\sin A=\dfrac{8}{17}$

$\sin A=\dfrac{8}{17}$인 직각삼각형 ABC를 그
리면 오른쪽 그림과 같으므로

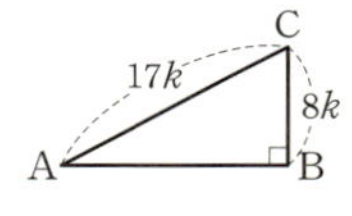

$\overline{\text{AB}}=\sqrt{(17k)^2-(8k)^2}=15k$

$\therefore \cos A(1+\tan A)=\dfrac{15}{17}\times\left(1+\dfrac{8}{15}\right)$
$\qquad\qquad\qquad\quad =\dfrac{15}{17}\times\dfrac{23}{15}=\dfrac{23}{17}$

답 $\dfrac{23}{17}$

08

전략

$\angle B=90°$인 직각삼각형 ABC에서 $90°-\angle A=\angle C$임을 이용
한다.

$\tan A=\dfrac{5}{12}$인 직각삼각형 ABC를 그
리면 오른쪽 그림과 같으므로

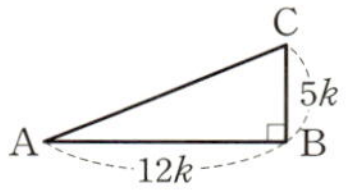

$$\cdots\cdots 30\%$$

$$\overline{AC}=\sqrt{(12k)^2+(5k)^2}=13k \qquad \cdots\cdots 30\%$$

$$\therefore \sin A+\frac{\cos A}{\tan(90°-A)}=\sin A+\frac{\cos A}{\tan C}$$

$$=\frac{5}{13}+\frac{12}{13}\div\frac{12}{5}$$

$$=\frac{5}{13}+\frac{12}{13}\times\frac{5}{12}$$

$$=\frac{5}{13}+\frac{5}{13}=\frac{10}{13} \quad \cdots\cdots 40\%$$

目 $\dfrac{10}{13}$

채점기준	배점
알맞은 직각삼각형 그리기	30 %
$\overline{AC}$의 길이 구하기	30 %
주어진 식의 값 구하기	40 %

09

$\triangle ABC \backsim \triangle HBA \backsim \triangle HAC$ (AA 닮음)이므로

$\angle B=\angle CAH=y,\ \angle C=\angle BAH=x$

이때 $\overline{BC}=\sqrt{6^2+8^2}=10$이므로

$$\cos x-\cos y=\cos C-\cos B=\frac{8}{10}-\frac{6}{10}=\frac{1}{5} \qquad 目\ \frac{1}{5}$$

10

$\triangle ABC \backsim \triangle CBH \backsim \triangle ACH$ (AA 닮음)이므로

$\angle BAC=\angle BCH=x$

$\triangle ABC$에서 $\cos A=\cos x=\dfrac{1}{4}$

$\dfrac{\overline{AC}}{8}=\dfrac{1}{4}$에서 $\overline{AC}=2$이므로 $\overline{BC}=\sqrt{8^2-2^2}=2\sqrt{15}$

$2\sqrt{15}\times2=8\times\overline{CH} \qquad \therefore \overline{CH}=\dfrac{\sqrt{15}}{2} \qquad 目\ \dfrac{\sqrt{15}}{2}$

11

$\triangle ABD \backsim \triangle HAD$ (AA 닮음)이므로

$\angle ABD=\angle HAD=x$

$\triangle ABD$에서 $\overline{BD}=\sqrt{9^2+12^2}=15$

$\sin x=\dfrac{12}{15}=\dfrac{4}{5},\ \cos x=\dfrac{9}{15}=\dfrac{3}{5}$

$\therefore \sin x+\cos x=\dfrac{7}{5} \qquad 目\ \dfrac{7}{5}$

12

$\triangle ABC \backsim \triangle EBD$ (AA 닮음)이므로

$\angle BCA=\angle BDE=x$

$\cos x=\cos C=\dfrac{8}{17} \qquad 目\ ④$

13

$\triangle ABC \backsim \triangle DEC$ (AA 닮음)이므로

$\angle EDC=\angle BAC=x \qquad \cdots\cdots 40\%$

$\overline{CE}=\sqrt{13^2-11^2}=4\sqrt{3}$이므로

$\sin x=\sin(\angle EDC)=\dfrac{4\sqrt{3}}{13},$

$\tan x=\tan(\angle EDC)=\dfrac{4\sqrt{3}}{11} \qquad \cdots\cdots 40\%$

$\therefore \dfrac{\sin x}{\tan x}=\dfrac{4\sqrt{3}}{13}\div\dfrac{4\sqrt{3}}{11}=\dfrac{4\sqrt{3}}{13}\times\dfrac{11}{4\sqrt{3}}=\dfrac{11}{13} \quad \cdots\cdots 20\%$

目 $\dfrac{11}{13}$

채점기준	배점
$\angle BAC$와 크기가 같은 각 찾기	40 %
$\sin x,\ \tan x$의 값 구하기	40 %
$\dfrac{\sin x}{\tan x}$의 값 구하기	20 %

14

$\triangle ABC \backsim \triangle AED$ (AA 닮음)이므로

$\angle ABC=\angle AED$

이때 $\overline{AD}=\sqrt{12^2-4^2}=8\sqrt{2}$이므로

$\sin B=\sin(\angle AED)=\dfrac{8\sqrt{2}}{12}=\dfrac{2\sqrt{2}}{3}$

$\sin C=\sin(\angle ADE)=\dfrac{4}{12}=\dfrac{1}{3}$

$\therefore \sin B\times\sin C=\dfrac{2\sqrt{2}}{3}\times\dfrac{1}{3}=\dfrac{2\sqrt{2}}{9} \qquad 目\ \dfrac{2\sqrt{2}}{9}$

15

$\cos(x+20°)=\dfrac{\sqrt{3}}{2}$이므로

$x+20°=30° \qquad \therefore x=10° \qquad 目\ ②$

16

$\tan 30°=\dfrac{\sqrt{3}}{3}$이므로

$x-30°=30° \qquad \therefore x=60°$

$\therefore \sin\dfrac{x}{2}+\cos x=\sin 30°+\cos 60°$

$$=\dfrac{1}{2}+\dfrac{1}{2}=1 \qquad 目\ ②$$

17

$$\dfrac{\sin 30°+\cos 60°}{\sin 45°\times\cos 45°}-\dfrac{\tan 30°}{\tan 60°-\sin 60°}$$

$$= \dfrac{\dfrac{1}{2}+\dfrac{1}{2}}{\dfrac{\sqrt{2}}{2}\times\dfrac{\sqrt{2}}{2}}-\dfrac{\dfrac{\sqrt{3}}{3}}{\sqrt{3}-\dfrac{\sqrt{3}}{2}}$$

$$=2-\dfrac{2}{3}=\dfrac{4}{3}$$
目 $\dfrac{4}{3}$

18

① $\tan 45^\circ \times \tan 60^\circ \div \cos 45^\circ = 1 \times \sqrt{3} \div \dfrac{\sqrt{2}}{2}$

$$= 1 \times \sqrt{3} \times \dfrac{2}{\sqrt{2}}$$

$$= \dfrac{2\sqrt{3}}{\sqrt{2}} = \sqrt{6}$$

② $2\sin 30^\circ + \sqrt{3}\tan 30^\circ = 2 \times \dfrac{1}{2} + \sqrt{3} \times \dfrac{\sqrt{3}}{3}$

$$= 1+1 = 2$$

③ $\sqrt{3}\cos 30^\circ - 2\sin 30^\circ + 1$

$$= \sqrt{3} \times \dfrac{\sqrt{3}}{2} - 2 \times \dfrac{1}{2} + 1$$

$$= \dfrac{3}{2} - 1 + 1 = \dfrac{3}{2}$$

④ $\tan 30^\circ = \dfrac{\sqrt{3}}{3}$, $\dfrac{1}{\tan 60^\circ} = \dfrac{1}{\sqrt{3}} = \dfrac{\sqrt{3}}{3}$ 이므로

$$\tan 30^\circ = \dfrac{1}{\tan 60^\circ}$$

⑤ $\tan 45^\circ \times \sin 45^\circ = 1 \times \dfrac{\sqrt{2}}{2} = \dfrac{\sqrt{2}}{2}$,

$\sin 45^\circ = \dfrac{\sqrt{2}}{2}$ 이므로 $\tan 45^\circ \times \sin 45^\circ = \sin 45^\circ$

따라서 옳지 않은 것은 ②, ③이다.
目 ②, ③

19

$\cos 60^\circ = \dfrac{1}{2}$ 이므로

$2x^2 - ax + 5 = 0$에 $x = \dfrac{1}{2}$ 을 대입하면

$2 \times \left(\dfrac{1}{2}\right)^2 - a \times \left(\dfrac{1}{2}\right) + 5 = 0$ $\therefore a = 11$
目 11

20

삼각형의 세 내각의 크기를 $3a$, $4a$, $5a$ $(a>0)$라 하면

$3a + 4a + 5a = 180^\circ$ $\therefore a = 15^\circ$

따라서 $A = 45^\circ$이므로

$\sin A : \cos A : \tan A = \sin 45^\circ : \cos 45^\circ : \tan 45^\circ$

$$= \dfrac{\sqrt{2}}{2} : \dfrac{\sqrt{2}}{2} : 1 = \sqrt{2} : \sqrt{2} : 2$$
目 ③

21

$\triangle BCD$에서

$\tan 60^\circ = \dfrac{\overline{BC}}{2\sqrt{3}} = \sqrt{3}$이므로 $\overline{BC} = 6$

$\triangle ABC$에서

$\sin 45^\circ = \dfrac{6}{\overline{AC}} = \dfrac{\sqrt{2}}{2}$에서 $\overline{AC} = 6\sqrt{2}$
目 $6\sqrt{2}$

22

$\triangle ABD$에서 $\angle DAB = 30^\circ - 15^\circ = 15^\circ$이므로

$\overline{AD} = \overline{BD} = 8\ \text{cm}$

$\triangle ADC$에서 $\sin 30^\circ = \dfrac{\overline{AC}}{8} = \dfrac{1}{2}$이므로 $\overline{AC} = 4(\text{cm})$

$\cos 30^\circ = \dfrac{\overline{CD}}{8} = \dfrac{\sqrt{3}}{2}$이므로 $\overline{CD} = 4\sqrt{3}(\text{cm})$

$\therefore \tan 15^\circ = \dfrac{\overline{AC}}{\overline{BC}} = \dfrac{4}{8+4\sqrt{3}} = \dfrac{1}{2+\sqrt{3}} = 2-\sqrt{3}$
目 $2-\sqrt{3}$

23

직선의 기울기 $m = \tan 45^\circ = 1$

y절편이 n이므로 $\tan 45^\circ = \dfrac{n}{3} = 1$에서 $n = 3$

$\therefore mn = 1 \times 3 = 3$
目 3

24

① $\sin x = \dfrac{\overline{AB}}{\overline{OA}} = \dfrac{\overline{AB}}{1} = \overline{AB}$

② $\sin y = \dfrac{\overline{OB}}{\overline{OA}} = \dfrac{\overline{OB}}{1} = \overline{OB}$

③, ④ $\cos y = \cos z = \dfrac{\overline{AB}}{\overline{OA}} = \dfrac{\overline{AB}}{1} = \overline{AB}$

⑤ $\tan z = \dfrac{\overline{OD}}{\overline{CD}} = \dfrac{1}{\overline{CD}}$

따라서 옳지 않은 것은 ④이다.
目 ④

25

$(\sin 90^\circ + \cos 90^\circ) \times (5\sin 0^\circ - 2\cos 0^\circ + \tan 0^\circ)$

$= (1+0) \times (5 \times 0 - 2 \times 1 + 0)$

$= -2$
目 -2

26

① $\sin 0^\circ = 0$ ② $\sin 45^\circ = \dfrac{\sqrt{2}}{2}$

③ $2 \cos 60° = 2 \times \dfrac{1}{2} = 1$　④ $\tan 80° > 1$

⑤ $\cos 90° = 0$

$\sin 0° = \cos 90° < \sin 45° < 2 \cos 60° < \tan 80°$이므로
가장 큰 것은 ④이다.　　　　　🅰 ④

27

(1) $\cos 17° - \tan 16° = 0.9563 - 0.2867 = 0.6696$

(2) $\sin 18° = 0.3090$이므로 $\angle x = 18°$

🅰 (1) 0.6696　(2) 18°

28

전략

$\angle$B의 크기를 구한 후 삼각비의 표를 이용한다.
$\angle$B $= 90° - 67° = 23°$이므로
$$\cos 23° = \dfrac{\overline{BC}}{\overline{AB}} = \dfrac{\overline{BC}}{4} = 0.9205$$
$\therefore \overline{BC} = 0.9205 \times 4 = 3.682$　　🅰 3.682

01 $\dfrac{7}{5}$	**02** $\dfrac{\sqrt{5}}{3}$	**03** $\dfrac{5\sqrt{5}}{6}$	**04** 1	**05** ④
06 ④	**07** 0.7265		**08** ②	**09** $\dfrac{7\sqrt{7}}{12}$
10 $\overline{AD} = 5\sqrt{3}$ cm, $\overline{DE} = \dfrac{15}{2}$ cm				**11** 16
12 $48\sqrt{3} - 48$	**13** $\dfrac{3\sqrt{2}}{4}$	**14** $\dfrac{9}{10}$		**15** $\dfrac{3\sqrt{10}}{10}$
16 84	**17** $\dfrac{\sqrt{15}}{5}$	**18** A$\left(0, \dfrac{13}{3}\right)$		**19** $\dfrac{11}{13}$
20 $2 + \sqrt{3}$	**21** $2 + \sqrt{3}$			**22** $\dfrac{\sqrt{6} - \sqrt{2}}{4}$
23 $3\sqrt{3}$ cm²	**24** ㄹ, ㄷ, ㄱ, ㄴ, ㅁ, ㅂ			
25 2	**26** $\dfrac{\sqrt{10}}{10}$	**27** $\dfrac{4}{3}$		**28** $\dfrac{\sqrt{2} + \sqrt{6}}{4}$
29 $\dfrac{1}{2}$	**30** $\dfrac{4\sqrt{2}}{3}$			

01

$3x - 4y - 12 = 0$의 그래프의 x절편은 4, y절편은 -3이므로

$\overline{OA} = 4$, $\overline{OB} = 3$, $\overline{AB} = \sqrt{4^2 + 3^2} = 5$

$\therefore \cos A + \cos B = \dfrac{4}{5} + \dfrac{3}{5} = \dfrac{7}{5}$　　🅰 $\dfrac{7}{5}$

02

점 M은 직각삼각형 ABC의 외심이므로
$$\overline{AM} = \overline{BM} = \overline{CM} = \dfrac{1}{2} \times 12 = 6$$

오른쪽 그림과 같이 점 M을 지나고
$\overline{BC}$에 평행한 선을 그어 $\overline{AB}$와 만나는
점을 H라 하면
삼각형의 두 변의 중점을 연결한 선분의 성질에 의해
$$\overline{HM} = \dfrac{1}{2}\overline{BC} = \dfrac{1}{2} \times 8 = 4$$
$\triangle$HBM에서 $\angle$MHB $= \angle$HBC $= 90°$이므로
$$\overline{BH} = \sqrt{6^2 - 4^2} = 2\sqrt{5}$$
$\therefore \cos x = \dfrac{\overline{BH}}{\overline{BM}} = \dfrac{2\sqrt{5}}{6} = \dfrac{\sqrt{5}}{3}$　　🅰 $\dfrac{\sqrt{5}}{3}$

03

$\triangle$BED에서 $\overline{BD} = \sqrt{12^2 - 8^2} = 4\sqrt{5}$　　…… 25 %

$\triangle$ABC ∽ $\triangle$EBD (AA 닮음)이므로

$\angle$CAB $= \angle$DEB에서
$$\tan A = \tan(\angle \text{DEB}) = \dfrac{\overline{BD}}{\overline{BE}} = \dfrac{4\sqrt{5}}{8} = \dfrac{\sqrt{5}}{2}$$

$\angle$ACB $= \angle$EDB에서
$$\cos C = \cos(\angle \text{EDB}) = \dfrac{\overline{BD}}{\overline{DE}} = \dfrac{4\sqrt{5}}{12} = \dfrac{\sqrt{5}}{3}$$　…… 50 %

$\therefore \tan A + \cos C = \dfrac{\sqrt{5}}{2} + \dfrac{\sqrt{5}}{3} = \dfrac{5\sqrt{5}}{6}$　…… 25 %

🅰 $\dfrac{5\sqrt{5}}{6}$

채점기준	배점
$\overline{BD}$의 길이 구하기	25 %
$\tan A$, $\cos C$의 값 구하기	50 %
$\tan A + \cos C$의 값 구하기	25 %

04

$0° < x < 45°$일 때, $0 < \sin x < \cos x < 1$이므로

$\cos x - \sin x > 0$, $\cos x - 1 < 0$

$\therefore \sqrt{(\cos x - \sin x)^2} + \sqrt{\sin^2 x} + \sqrt{(\cos x - 1)^2}$
$\quad = (\cos x - \sin x) + \sin x - (\cos x - 1)$
$\quad = \cos x - \sin x + \sin x - \cos x + 1$
$\quad = 1$　　🅰 1

05

$\angle A = 180° \times \dfrac{1}{1+2+3} = 30°$이므로

$\angle B = 60°$, $\angle C = 90°$

$\therefore \cos A : \tan B : \sin C = \cos 30° : \tan 60° : \sin 90°$

$\qquad\qquad = \dfrac{\sqrt{3}}{2} : \sqrt{3} : 1 = \sqrt{3} : 2\sqrt{3} : 2$

답 ④

06

점 A의 좌표는 $A(\overline{OB},\ \overline{AB})$이고

$\overline{OB} = \cos x = \sin y$, $\overline{AB} = \sin x = \cos y$이므로

점 A의 좌표는 ④이다.

답 ④

07

$\triangle AOB$에서 $\cos x = \dfrac{\overline{OB}}{\overline{OA}} = \dfrac{0.8090}{1} = 0.8090$

$\therefore \angle x = 36°$

$\triangle COD$에서 $\tan 36° = \dfrac{\overline{CD}}{\overline{OD}} = \dfrac{\overline{CD}}{1} = \overline{CD}$

$\therefore \overline{CD} = 0.7265$

답 0.7265

08

$\triangle COD$는 직각삼각형이므로

$\angle OCD = 90° - 48° = 42°$

㉠ $\cos 48° = \dfrac{\overline{OD}}{\overline{OC}} = \overline{OD}$

㉡ $\tan 48° = \dfrac{\overline{AE}}{\overline{OA}} = \overline{AE}$

㉢ $\sin 42° = \dfrac{\overline{OD}}{\overline{OC}} = \overline{OD} < \overline{CD} < \overline{AC}$

따라서 옳은 것은 ㉠, ㉡이다.

답 ②

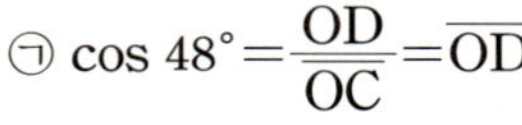
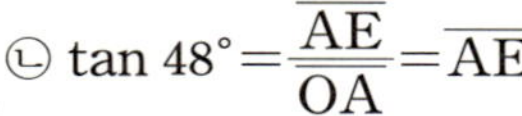

09

$16x^2 - 24x + 9 = 0$, $(4x-3)^2 = 0$ $\quad \therefore x = \dfrac{3}{4}$

즉, $\cos A = \dfrac{3}{4}$인 직각삼각형 ABC를

그리면 오른쪽 그림과 같으므로

$\overline{BC} = \sqrt{(4k)^2 - (3k)^2} = \sqrt{7}k$

$\sin A = \dfrac{\overline{BC}}{\overline{AC}} = \dfrac{\sqrt{7}k}{4k} = \dfrac{\sqrt{7}}{4}$

$\tan A = \dfrac{\overline{BC}}{\overline{AB}} = \dfrac{\sqrt{7}k}{3k} = \dfrac{\sqrt{7}}{3}$

$\therefore \sin A + \tan A = \dfrac{\sqrt{7}}{4} + \dfrac{\sqrt{7}}{3} = \dfrac{7\sqrt{7}}{12}$

답 $\dfrac{7\sqrt{7}}{12}$

10

$\triangle ABC$에서 $\cos 60° = \dfrac{\overline{AC}}{20} = \dfrac{1}{2}$이므로

$\overline{AC} = 10\,(\text{cm})$

$\triangle ADC$에서 $\sin 60° = \dfrac{\overline{AD}}{10} = \dfrac{\sqrt{3}}{2}$이므로

$\overline{AD} = 5\sqrt{3}\,(\text{cm})$ $\qquad\qquad$ ······ 50 %

$\triangle ABC \backsim \triangle DBA \backsim \triangle EDA$ (AA 닮음)이므로

$\angle BCA = \angle BAD = 60°$

$\triangle AED$에서 $\sin 60° = \dfrac{\overline{DE}}{5\sqrt{3}} = \dfrac{\sqrt{3}}{2}$이므로

$\overline{DE} = \dfrac{15}{2}\,(\text{cm})$ $\qquad\qquad$ ······ 50 %

답 $\overline{AD} = 5\sqrt{3}$ cm, $\overline{DE} = \dfrac{15}{2}$ cm

채점기준	배점
$\overline{AD}$의 길이 구하기	50 %
$\overline{DE}$의 길이 구하기	50 %

11

$\triangle AOB$에서 $\sin 30° = \dfrac{9}{\overline{BO}} = \dfrac{1}{2}$ $\quad \therefore \overline{BO} = 18$

$\triangle BOC$에서 $\cos 30° = \dfrac{\overline{BO}}{\overline{CO}} = \dfrac{18}{\overline{CO}} = \dfrac{\sqrt{3}}{2}$

$\therefore \overline{CO} = 12\sqrt{3}$

$\triangle COD$에서 $\cos 30° = \dfrac{\overline{CO}}{\overline{DO}} = \dfrac{12\sqrt{3}}{\overline{DO}} = \dfrac{\sqrt{3}}{2}$

$\therefore \overline{DO} = 24$

$\triangle DOE$에서 $\cos 30° = \dfrac{\overline{DO}}{\overline{EO}} = \dfrac{24}{\overline{EO}} = \dfrac{\sqrt{3}}{2}$

$\therefore \overline{EO} = 16\sqrt{3}$

$\triangle EOF$에서 $\tan 30° = \dfrac{\overline{EF}}{\overline{EO}} = \dfrac{\overline{EF}}{16\sqrt{3}} = \dfrac{\sqrt{3}}{3}$

$\therefore \overline{EF} = 16$

답 16

12

오른쪽 그림과 같이 점 E에서 $\overline{BC}$에 내린 수선의 발을 H라 하고, $\overline{EH} = x$라 하면

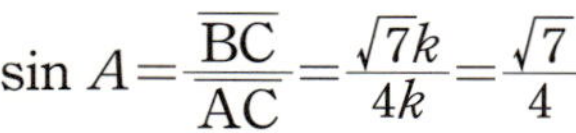

$\triangle DBC$에서 $\tan 60° = \dfrac{\overline{BC}}{8} = \sqrt{3}$

$\therefore \overline{BC} = 8\sqrt{3}$

$\triangle EHC$에서 $\tan 45° = \dfrac{x}{\overline{CH}} = 1$ $\quad \therefore \overline{CH} = x$

$\therefore \overline{BH} = 8\sqrt{3} - x$

$\triangle$EBH에서 $\tan 60°=\dfrac{\overline{\text{BH}}}{\overline{\text{EH}}}=\dfrac{8\sqrt{3}-x}{x}=\sqrt{3}$

$\therefore x=12-4\sqrt{3}$

$\therefore \triangle\text{EBC}=\dfrac{1}{2}\times 8\sqrt{3}\times(12-4\sqrt{3})=48\sqrt{3}-48$

답 $48\sqrt{3}-48$

같은문제 다른풀이

$\triangle$DBC에서 $\tan 60°=\dfrac{\overline{\text{BC}}}{8}=\sqrt{3}$ $\therefore \overline{\text{BC}}=8\sqrt{3}$

$\angle\text{ECD}=90°-45°=45°=\angle\text{ACB}$이므로

$\overline{\text{BE}}:\overline{\text{ED}}=\overline{\text{BC}}:\overline{\text{CD}}=8\sqrt{3}:8=\sqrt{3}:1$

$\triangle\text{DBC}=\dfrac{1}{2}\times 8\sqrt{3}\times 8=32\sqrt{3}$이므로

$\triangle\text{EBC}=32\sqrt{3}\times\dfrac{\sqrt{3}}{\sqrt{3}+1}=48\sqrt{3}-48$

13

$4\sqrt{2}x-6y+11=0$에서 $y=\dfrac{2\sqrt{2}}{3}x+\dfrac{11}{6}$

따라서 $\tan a=\dfrac{2\sqrt{2}}{3}$이므로 $\dfrac{1}{\tan a}=\dfrac{3}{2\sqrt{2}}=\dfrac{3\sqrt{2}}{4}$

답 $\dfrac{3\sqrt{2}}{4}$

14

$\overline{\text{AG}}=\sqrt{6^2+8^2+5^2}=5\sqrt{5}\,(\text{cm})$

$\overline{\text{EG}}=\sqrt{6^2+8^2}=10\,(\text{cm})$

$\triangle$AEG에서 $\angle\text{AEG}=90°$이므로

$\sin x\times\cos x+\tan x=\dfrac{\overline{\text{AE}}}{\overline{\text{AG}}}\times\dfrac{\overline{\text{EG}}}{\overline{\text{AG}}}+\dfrac{\overline{\text{AE}}}{\overline{\text{EG}}}$

$\qquad =\dfrac{5}{5\sqrt{5}}\times\dfrac{10}{5\sqrt{5}}+\dfrac{5}{10}$

$\qquad =\dfrac{2}{5}+\dfrac{1}{2}=\dfrac{9}{10}$

답 $\dfrac{9}{10}$

15

오른쪽 그림과 같이 $\overline{\text{OC}}$를 그으면

$\overline{\text{OC}}=\overline{\text{OB}}=3\text{ cm}$

$\angle\text{OCB}=\angle\text{OBC}=45°$이므로

$\angle\text{AOC}=45°+45°=90°$

$\overline{\text{AC}}=\sqrt{9^2+3^2}=3\sqrt{10}\,(\text{cm})$

$\therefore \cos A=\dfrac{\overline{\text{AO}}}{\overline{\text{AC}}}=\dfrac{9}{3\sqrt{10}}=\dfrac{3}{\sqrt{10}}$

$\qquad =\dfrac{3\sqrt{10}}{10}$

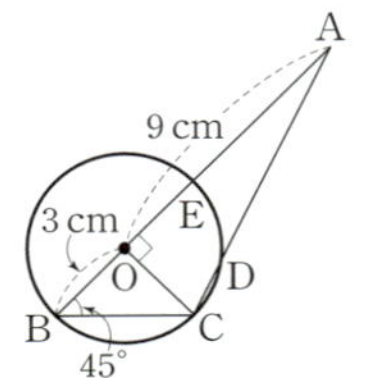

답 $\dfrac{3\sqrt{10}}{10}$

16

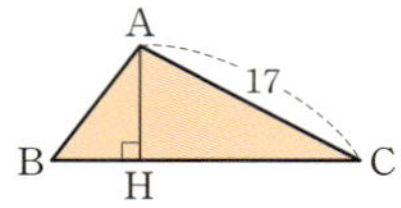

오른쪽 그림과 같이 점 A에서 $\overline{\text{BC}}$에 내린 수선의 발을 H라고 하자.

$\triangle$AHC에서 $\tan C=\dfrac{8}{15}$이므로

$\overline{\text{AH}}=8k,\ \overline{\text{CH}}=15k\ (k>0)$라고 하면

$17^2=(8k)^2+(15k)^2,\ k^2=1$ $\therefore k=1\ (\because k>0)$

$\therefore \overline{\text{AH}}=8,\ \overline{\text{CH}}=15$

$\triangle$ABH에서 $\cos B=\dfrac{3}{5}$이므로

$\overline{\text{AB}}=5l,\ \overline{\text{BH}}=3l\ (l>0)$라고 하면

$(5l)^2=(3l)^2+8^2,\ l^2=4$ $\therefore l=2\ (\because l>0)$

$\therefore \overline{\text{BH}}=6$

$\therefore \triangle\text{ABC}=\dfrac{1}{2}\times(6+15)\times 8=84$ 답 84

17

$\triangle\text{ABC}\backsim\triangle\text{DAC}\backsim\triangle\text{EAD}\backsim\triangle\text{EDC}$ (AA 닮음)

$\triangle$ADC에서 $\overline{\text{DE}}^2=4\times 6=24$

$\overline{\text{DE}}>0$이므로 $\overline{\text{DE}}=2\sqrt{6}$

$\overline{\text{DC}}^2=6\times 10=60$

$\overline{\text{DC}}>0$이므로 $\overline{\text{DC}}=2\sqrt{15}$

$\triangle$CDE에서

$\sin a=\dfrac{\overline{\text{DE}}}{\overline{\text{DC}}}=\dfrac{2\sqrt{6}}{2\sqrt{15}}=\dfrac{\sqrt{10}}{5}$,

$\tan b=\dfrac{\overline{\text{EC}}}{\overline{\text{DE}}}=\dfrac{6}{2\sqrt{6}}=\dfrac{\sqrt{6}}{2}$

$\therefore \sin a\times\tan b=\dfrac{\sqrt{10}}{5}\times\dfrac{\sqrt{6}}{2}=\dfrac{\sqrt{60}}{10}=\dfrac{2\sqrt{15}}{10}=\dfrac{\sqrt{15}}{5}$

답 $\dfrac{\sqrt{15}}{5}$

18

$\triangle$AOB에서 $\tan B=\dfrac{5}{12}$이므로

$\overline{\text{AO}}=5k,\ \overline{\text{BO}}=12k\ (k>0)$라고 하면

$\overline{\text{AB}}=\sqrt{(5k)^2+(12k)^2}=13k$

$\overline{\text{AO}}\times\overline{\text{BO}}=\overline{\text{AB}}\times\overline{\text{OH}}$이므로

$5k\times 12k=13k\times 4$ $\therefore k=\dfrac{13}{15}$

따라서 $\overline{\text{AO}}=5\times\dfrac{13}{15}=\dfrac{13}{3}$이므로 점 A의 좌표는

$\left(0,\ \dfrac{13}{3}\right)$이다. 답 $A\left(0,\ \dfrac{13}{3}\right)$

19

전략

$\sin A : \cos A = 8 : 5$를 만족하는 직각삼각형을 그린다.

$\angle$B$=90°$인 직각삼각형 ABC에서

$\sin A = \dfrac{\overline{BC}}{\overline{AC}}$, $\cos A = \dfrac{\overline{AB}}{\overline{AC}}$이고,

$\sin A : \cos A = 8 : 5$이므로

$\overline{BC} : \overline{AB} = 8 : 5$

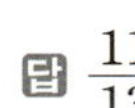

따라서 $\overline{AB} = 5k$, $\overline{BC} = 8k$ $(k>0)$라 하면

$\tan A = \dfrac{\overline{BC}}{\overline{AB}} = \dfrac{8k}{5k} = \dfrac{8}{5}$

$\therefore \dfrac{2\tan A - 1}{\tan A + 1} = \dfrac{2\times\dfrac{8}{5}-1}{\dfrac{8}{5}+1} = \dfrac{11}{13}$

답 $\dfrac{11}{13}$

20

$\overline{EC} = x$라고 하면 $\triangle$AEC에서

$\sin 30° = \dfrac{x}{\overline{AE}} = \dfrac{1}{2}$ $\quad \therefore \overline{AE} = 2x$

$\tan 30° = \dfrac{x}{\overline{AC}} = \dfrac{\sqrt{3}}{3}$ $\quad \therefore \overline{AC} = \sqrt{3}x$

이때 $\overline{DE} = \overline{AE} = 2x$이므로

$\triangle$ADC에서

$\overline{AD} = \sqrt{(3x)^2 + (\sqrt{3}x)^2} = 2\sqrt{3}x$

따라서 $\overline{BD} = \overline{AD} = 2\sqrt{3}x$이므로

$\tan\theta = \dfrac{\overline{BC}}{\overline{AC}} = \dfrac{(2\sqrt{3}+3)x}{\sqrt{3}x} = \dfrac{6+3\sqrt{3}}{3} = 2+\sqrt{3}$

답 $2+\sqrt{3}$

21

$\angle$BAC$=90°-45°=45°$, $\angle$DAC$=90°-60°=30°$이므로

$\angle$BAD$=45°-30°=15°$

$\therefore \angle$ADE$=90°-15°=75°$

$\triangle$ADC에서

$\cos 60° = \dfrac{6}{\overline{AD}} = \dfrac{1}{2}$ $\quad \therefore \overline{AD} = 12$

$\tan 60° = \dfrac{\overline{AC}}{6} = \sqrt{3}$ $\quad \therefore \overline{AC} = 6\sqrt{3}$

$\triangle$ABC는 직각이등변삼각형이므로 $\overline{BC} = \overline{AC} = 6\sqrt{3}$에서

$\overline{BD} = 6\sqrt{3} - 6$

또, $\overline{AB} = \sqrt{(6\sqrt{3})^2 + (6\sqrt{3})^2} = 6\sqrt{6}$

$\triangle$EBD에서

$\cos 45° = \dfrac{\overline{BE}}{\overline{BD}} = \dfrac{\overline{BE}}{6\sqrt{3}-6} = \dfrac{\sqrt{2}}{2}$

$\therefore \overline{BE} = \overline{DE} = 3\sqrt{6} - 3\sqrt{2}$

$\triangle$AED에서

$\overline{AE} = 6\sqrt{6} - (3\sqrt{6}-3\sqrt{2}) = 3\sqrt{6}+3\sqrt{2}$이므로

$\tan 75° = \dfrac{\overline{AE}}{\overline{DE}} = \dfrac{3\sqrt{6}+3\sqrt{2}}{3\sqrt{6}-3\sqrt{2}} = 2+\sqrt{3}$

답 $2+\sqrt{3}$

22

$\triangle$DEF에서

$\cos 30° = \dfrac{4\sqrt{3}}{\overline{DE}} = \dfrac{\sqrt{3}}{2}$ $\quad \therefore \overline{DE} = 8$

$\tan 30° = \dfrac{\overline{EF}}{4\sqrt{3}} = \dfrac{\sqrt{3}}{3}$ $\quad \therefore \overline{EF} = 4$

$\triangle$EBF에서

$\cos 45° = \dfrac{\overline{BE}}{4} = \dfrac{\sqrt{2}}{2}$ $\quad \therefore \overline{BE} = 2\sqrt{2}$

$\triangle$DFC에서

$\angle$DFC$=180°-(45°+90°)=45°$이므로

$\sin 45° = \dfrac{\overline{CD}}{4\sqrt{3}} = \dfrac{\sqrt{2}}{2}$ $\quad \therefore \overline{CD} = 2\sqrt{6}$

이때 $\triangle$AED에서

$\angle$ADE$=90°-(30°+45°)=15°$이고,

$\overline{AE} = \overline{CD} - \overline{BE} = 2\sqrt{6} - 2\sqrt{2}$이므로

$\sin 15° = \dfrac{2\sqrt{6}-2\sqrt{2}}{8} = \dfrac{\sqrt{6}-\sqrt{2}}{4}$

답 $\dfrac{\sqrt{6}-\sqrt{2}}{4}$

23

오른쪽 그림과 같이 $\overline{CD}$와 $\overline{B'C'}$의 교점을 F라 하고 $\overline{AF}$를 그으면

$\triangle$ADF와 $\triangle$AB'F에서

$\angle$D$=\angle$B'$=90°$, $\overline{AF}$는 공통,

$\overline{AD} = \overline{AB'} = 3$ cm이므로

$\triangle$ADF$\equiv\triangle$AB'F (RHS 합동)

즉, $\angle$DAB'$=60°$이므로 $\angle$DAF$=\angle$B'AF$=30°$

이때 $\triangle$ADF에서 $\tan 30° = \dfrac{\overline{DF}}{3} = \dfrac{\sqrt{3}}{3}$

$\therefore \overline{DF} = \sqrt{3}$ (cm)

$\therefore \triangle$ADF$= \dfrac{1}{2} \times \overline{AD} \times \overline{DF}$

$\qquad = \dfrac{1}{2} \times 3 \times \sqrt{3}$

$\qquad = \dfrac{3\sqrt{3}}{2}$ (cm^2)

따라서 두 정사각형이 겹친 부분의 넓이는
$\square AB'FD=2\triangle ADF=3\sqrt{3}\,(cm^2)$
답 $3\sqrt{3}\ cm^2$

24

㉠ $\cos 60°=\dfrac{1}{2}$

㉡ $\sin 30°=\dfrac{1}{2}$, $\sin 90°=1$이고

$\sin 30°<\sin 55°<\sin 90°$이므로 $\dfrac{1}{2}<\sin 55°<1$

㉢ $\sin 0°=0$, $\sin 30°=\dfrac{1}{2}$이고

$\sin 0°<\sin 24°<\sin 30°$이므로 $0<\sin 24°<\dfrac{1}{2}$

㉣ $\cos 90°=0$

㉤ $\tan 45°=1$

㉥ $\tan 45°=1$이고 $\tan 45°<\tan 70°$이므로 $\tan 70°>1$

따라서 $\cos 90°<\sin 24°<\cos 60°<\sin 55°<\tan 45°$
$<\tan 70°$이므로 삼각비의 값을 작은 것부터 차례로 나열
하면 ㉣, ㉢, ㉠, ㉡, ㉤, ㉥이다.

답 ㉣, ㉢, ㉠, ㉡, ㉤, ㉥

25

$\overline{AM}=\dfrac{1}{2}\overline{AB}=3$이므로

$\triangle VAM$에서 $\overline{VM}=\sqrt{6^2-3^2}=3\sqrt{3}$

오른쪽 그림에서 $\triangle VMN$은
$\overline{VM}=\overline{VN}$인 이등변삼각형이므로 점
V에서 $\overline{MN}$에 내린 수선의 발을 H라
고 하면

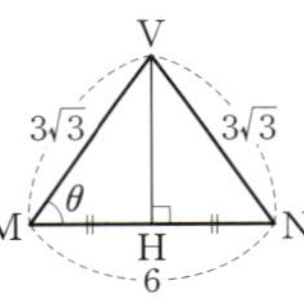

$\overline{MH}=\overline{NH}=\dfrac{1}{2}\overline{MN}=3$

$\triangle VMH$에서 $\overline{VH}=\sqrt{(3\sqrt{3})^2-3^2}=3\sqrt{2}$

$\therefore \dfrac{\sin\theta\times\tan\theta}{\cos\theta}=\sin\theta\times\tan\theta\div\cos\theta$

$=\dfrac{3\sqrt{2}}{3\sqrt{3}}\times\dfrac{3\sqrt{2}}{3}\div\dfrac{3}{3\sqrt{3}}$

$=\dfrac{3\sqrt{2}}{3\sqrt{3}}\times\dfrac{3\sqrt{2}}{3}\times\dfrac{3\sqrt{3}}{3}=2$

답 2

26

$\angle DEH=\angle HEF$ (접은 각), $\angle DEH=\angle EHF$ (엇각)
이므로 $\angle FEH=\angle FHE$
즉, $\triangle EFH$는 이등변삼각형이므로
$\overline{DE}=\overline{EF}=\overline{FH}=10\ cm$

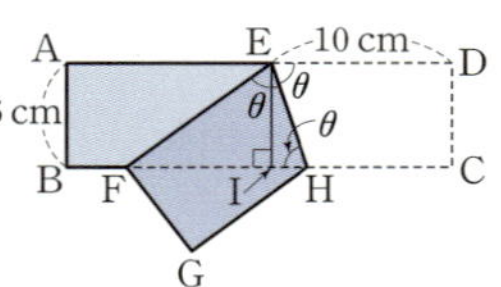

오른쪽 그림과 같이 점 E에
서 $\overline{FH}$에 내린 수선의 발을 I라
고 하면

$\triangle EFI$에서
$\overline{FI}=\sqrt{10^2-6^2}=8\,(cm)$

$\therefore \overline{IH}=10-8=2\,(cm)$

$\triangle EIH$에서
$\overline{EH}=\sqrt{6^2+2^2}=2\sqrt{10}\,(cm)$

$\therefore \dfrac{\sin\theta}{\tan\theta}=\sin\theta\div\tan\theta=\dfrac{6}{2\sqrt{10}}\div\dfrac{6}{2}$

$=\dfrac{6}{2\sqrt{10}}\times\dfrac{2}{6}=\dfrac{\sqrt{10}}{10}$

답 $\dfrac{\sqrt{10}}{10}$

27

$\triangle EBC\backsim\triangle DAC$ (AA 닮음)이므로
$\angle EBC=\angle DAC=\theta$

$\triangle ABC$에서 $\overline{BD}=\overline{CD}=\dfrac{1}{2}\overline{BC}=8\,(cm)$이므로

$\triangle ADC$에서 $\overline{AD}=\sqrt{10^2-8^2}=6\,(cm)$

$\therefore \tan\theta=\dfrac{\overline{DC}}{\overline{AD}}=\dfrac{8}{6}=\dfrac{4}{3}$

답 $\dfrac{4}{3}$

28

$\triangle ABD$에서

$\sin 30°=\dfrac{10}{\overline{AB}}=\dfrac{1}{2}$ $\quad\therefore \overline{AB}=20$

$\tan 30°=\dfrac{10}{\overline{BD}}=\dfrac{\sqrt{3}}{3}$ $\quad\therefore \overline{BD}=10\sqrt{3}$

$\triangle BCD$에서
$\overline{BC}=\overline{CD}=x$라 하면 $x^2+x^2=(10\sqrt{3})^2$, $x^2=150$

이때 $x>0$이므로 $x=5\sqrt{6}$

점 D에서 $\overline{AE}$에 내린 수선의 발을 H라
하자.

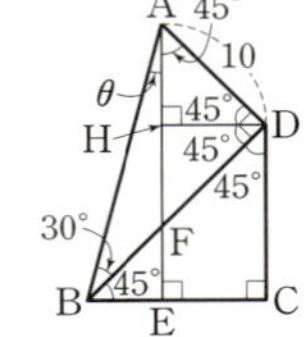

$\triangle AHD$는 직각이등변삼각형이므로
$\overline{AH}=\overline{HD}=y$라 하면 $y^2+y^2=10^2$

이때 $y>0$이므로 $y=5\sqrt{2}$

$\overline{AE}=5\sqrt{2}+5\sqrt{6}$이므로 $\triangle ABE$에서

$\cos\theta=\dfrac{\overline{AE}}{\overline{AB}}=\dfrac{5\sqrt{2}+5\sqrt{6}}{20}=\dfrac{\sqrt{2}+\sqrt{6}}{4}$

답 $\dfrac{\sqrt{2}+\sqrt{6}}{4}$

29

$2x^2+3x-2=0$에서 $(2x-1)(x+2)=0$

$\therefore x=\dfrac{1}{2}$ 또는 $x=-2$

이때 $0°<A<90°$에서 $0<\sin A<1$

$\sin A=\dfrac{1}{2}$이므로 $A=30°$

$\therefore \dfrac{\sqrt{3}\tan A}{\sin 3A}-\cos(A+30°)$

$=\dfrac{\sqrt{3}\tan 30°}{\sin 90°}-\cos 60°=1-\dfrac{1}{2}=\dfrac{1}{2}$　　　답 $\dfrac{1}{2}$

30

$0°<x<45°$일 때, $0<\sin x<\cos x$이므로

$\therefore \sqrt{(\sin x-\cos x)^2}-\sqrt{(\sin x+\cos x)^2}$

$\quad =-(\sin x-\cos x)-(\sin x+\cos x)$

$\quad =-2\sin x=-\dfrac{2}{3}$

즉, $\sin x=\dfrac{1}{3}$이므로 오른쪽 그림과

같이 $\overline{AC}=3k$, $\overline{BC}=k$ $(k>0)$인 직각
삼각형 ABC를 그리면

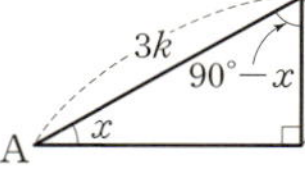

$\overline{AB}=\sqrt{(3k)^2-(k)^2}=2\sqrt{2}k$

$\therefore \tan(90°-x)-\cos x=\dfrac{2\sqrt{2}k}{k}-\dfrac{2\sqrt{2}k}{3k}$

$\qquad =2\sqrt{2}-\dfrac{2\sqrt{2}}{3}=\dfrac{4\sqrt{2}}{3}$　　답 $\dfrac{4\sqrt{2}}{3}$

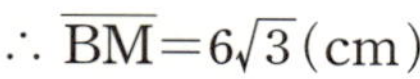

본문 20~21쪽

01 $2\sqrt{2}$　**02** $\sqrt{2}$　**03** $(4\sqrt{3}+12)$ cm^2　**04** $\dfrac{3\sqrt{10}}{10}$

05 $-\dfrac{1}{2}$　**06** 90

01

△ABM에서

$\sin 60°=\dfrac{\overline{BM}}{12}=\dfrac{\sqrt{3}}{2}$

$\therefore \overline{BM}=6\sqrt{3}$ (cm)

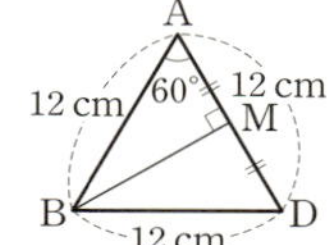

마찬가지 방법으로 $\overline{CM}=6\sqrt{3}$ (cm)이므로 △MBC는
이등변삼각형이다.

점 M에서 $\overline{BC}$에 내린 수선의 발을 H,
점 C에서 $\overline{BM}$에 내린 수선의 발을 I
라 하자.

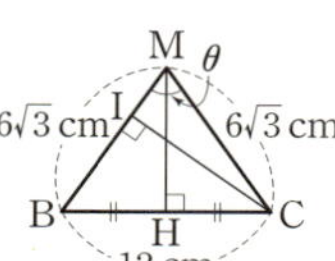

△MHC에서

$\overline{BH}=\overline{CH}=6$ cm이므로

$\overline{MH}=\sqrt{(6\sqrt{3})^2-6^2}=6\sqrt{2}$ (cm)

$\dfrac{1}{2}\times 6\sqrt{3}\times\overline{CI}=\dfrac{1}{2}\times 12\times 6\sqrt{2}$

$\therefore \overline{CI}=4\sqrt{6}$ (cm)

△MIC에서

$\overline{MI}=\sqrt{(6\sqrt{3})^2-(4\sqrt{6})^2}=2\sqrt{3}$ (cm)

$\therefore \tan\theta=\dfrac{\overline{CI}}{\overline{MI}}=\dfrac{4\sqrt{6}}{2\sqrt{3}}=2\sqrt{2}$　　답 $2\sqrt{2}$

02

$\overline{AC}=\overline{BE}=x$, $\overline{DE}=y$라고 하면

$\overline{BC}-\overline{DE}=2$이므로 $\overline{BC}=2+y$

이때 △ABC∽△DBE (AA 닮음)이므로

$\overline{AC}:\overline{DE}=\overline{BC}:\overline{BE}$에서

$x:y=(2+y):x$

$\therefore x^2=y^2+2y$　　　　　　……㉠

또 △DBE에서

$x^2+y^2=(2\sqrt{3})^2$

$\therefore x^2=12-y^2$　　　　　　……㉡

㉠, ㉡에서 $y^2+2y=12-y^2$, $2y^2+2y-12=0$

$y^2+y-6=0$, $(y+3)(y-2)=0$　　$\therefore y=2$ $(\because y>0)$

$y=2$를 ㉡에 대입하면

$x^2=12-4=8$　　$\therefore x=2\sqrt{2}$ $(\because x>0)$

따라서 $\angle BDE=\angle BAC$이므로 △DBE에서

$\tan A=\tan(\angle BDE)=\dfrac{\overline{BE}}{\overline{DE}}=\dfrac{2\sqrt{2}}{2}=\sqrt{2}$　　답 $\sqrt{2}$

03

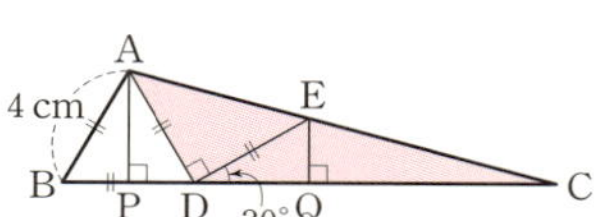

위의 그림과 같이 점 A에서 $\overline{BC}$에 내린 수선의 발을 P라
고 하면

$\overline{BP}=\overline{DP}=\dfrac{1}{2}\overline{BD}=2$ (cm)이므로

△ABP에서 $\overline{AP}=\sqrt{4^2-2^2}=2\sqrt{3}$ (cm)

또 점 E에서 $\overline{BC}$에 내린 수선의 발을 Q라고 하면

$\angle EDQ=180°-(60°+90°)=30°$이므로

△EDQ에서

$\sin 30°=\dfrac{\overline{EQ}}{4}=\dfrac{1}{2}$　　$\therefore \overline{EQ}=2$ (cm)

$\cos 30°=\dfrac{\overline{DQ}}{4}=\dfrac{\sqrt{3}}{2}$　　$\therefore \overline{DQ}=2\sqrt{3}$ (cm)

이때 $\overline{CQ}=x$ cm라고 하면

△APC∽△EQC (AA 닮음)이므로

$\overline{AP}:\overline{EQ}=\overline{CP}:\overline{CQ}$에서

$2\sqrt{3}:2=(x+2\sqrt{3}+2):x,\ \sqrt{3}x=x+2\sqrt{3}+2$

$(\sqrt{3}-1)x=2\sqrt{3}+2$

$\therefore\ x=\dfrac{2\sqrt{3}+2}{\sqrt{3}-1}=4+2\sqrt{3}$

$\overline{CD}=\overline{CQ}+\overline{DQ}=(4+2\sqrt{3})+2\sqrt{3}=4+4\sqrt{3}\,(cm)$이므로

$\triangle ADC=\dfrac{1}{2}\times(4+4\sqrt{3})\times2\sqrt{3}=4\sqrt{3}+12\,(cm^2)$

🖹 $(4\sqrt{3}+12)\,cm^2$

04

오른쪽 그림과 같이 점 A에서 $\overline{BD}$의 연장선에 내린 수선의 발을 H라고 하자.

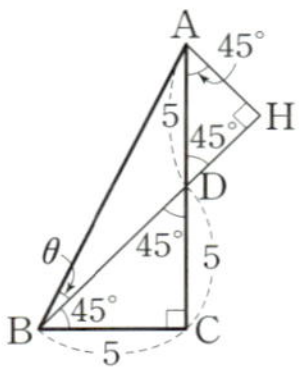

$\triangle BCD$에서 $\overline{BC}=\overline{CD}$이므로

$\angle BDC=\dfrac{1}{2}\times(180°-90°)=45°$

$\triangle ADH$에서

$\angle ADH=\angle BDC=45°$ (맞꼭지각)이므로

$\triangle ADH$는 $\overline{AH}=\overline{DH}$인 직각이등변삼각형이다.

이때 $\overline{AH}=\overline{DH}=x$라고 하면

$x^2+x^2=5^2$ $\therefore\ x=\dfrac{5\sqrt{2}}{2}$ $(\because\ x>0)$

$\triangle BCD$에서 $\overline{BD}=\sqrt{5^2+5^2}=5\sqrt{2}$이므로

$\overline{BH}=\overline{BD}+\overline{DH}=5\sqrt{2}+\dfrac{5\sqrt{2}}{2}=\dfrac{15\sqrt{2}}{2}$

$\triangle ABC$에서

$\overline{AB}=\sqrt{5^2+10^2}=5\sqrt{5}$

따라서 $\triangle ABH$에서

$\cos\theta=\dfrac{\overline{BH}}{\overline{AB}}=\dfrac{\dfrac{15\sqrt{2}}{2}}{5\sqrt{5}}=\dfrac{3\sqrt{10}}{10}$

🖹 $\dfrac{3\sqrt{10}}{10}$

05

$\angle ABC=\angle ACB=\dfrac{1}{2}\times(180°-36°)=72°$,

$\angle ABD=\angle DBC=\dfrac{1}{2}\times72°=36°$에서

$\triangle ABD,\ \triangle BCD$는 이등변삼각형이므로

$\overline{AD}=\overline{BD}=\overline{BC}=4$

$\triangle ABC\backsim\triangle BCD$ (AA 닮음)이므로

$\overline{CD}=x$라 하면 $\overline{AC}:\overline{BD}=\overline{BC}:\overline{CD}$에서

$(4+x):4=4:x$

$\therefore\ x=-2\pm2\sqrt{5}$

이때 $x>0$이므로 $x=-2+2\sqrt{5}$

오른쪽 그림과 같이 점 A에서 $\overline{BC}$에 내린 수선의 발을 E, 점 D에서 $\overline{AB}$에 내린 수선의 발을 F라 하면

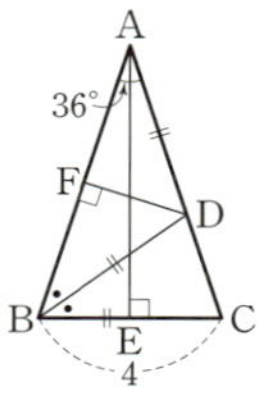

$\triangle AEC$에서 $\overline{AC}=2+2\sqrt{5}$,

$\overline{EC}=\dfrac{1}{2}\overline{BC}=2$이므로

$\cos72°=\dfrac{\overline{EC}}{\overline{AC}}=\dfrac{2}{2+2\sqrt{5}}=\dfrac{\sqrt{5}-1}{4}$

$\triangle AFD$에서 $\overline{AF}=\dfrac{1}{2}\overline{AB}=1+\sqrt{5}$이므로

$\cos36°=\dfrac{\overline{AF}}{\overline{AD}}=\dfrac{\sqrt{5}+1}{4}$

$\therefore\ \cos72°-\cos36°=\dfrac{\sqrt{5}-1}{4}-\dfrac{\sqrt{5}+1}{4}=-\dfrac{1}{2}$

🖹 $-\dfrac{1}{2}$

06

$\triangle AOB$에서 $\sin x=\dfrac{\overline{AB}}{20}=\dfrac{3}{5}$ $\therefore\ \overline{AB}=12$

$\therefore\ \overline{OB}=\sqrt{20^2-12^2}=16$

$\triangle AOB=\dfrac{1}{2}\times16\times12=96$

$\overline{BD}=20-16=4$

$\therefore\ \overline{AE}=\overline{BD}=4$

또한, $\triangle CAE\backsim\triangle COD$ (AA 닮음)이므로

$\angle CAE=\angle COD=x$

$\triangle AOB$에서 $\tan x=\dfrac{\overline{AB}}{\overline{OB}}=\dfrac{12}{16}=\dfrac{3}{4}$,

$\triangle CAE$에서 $\tan x=\dfrac{\overline{CE}}{\overline{AE}}=\dfrac{\overline{CE}}{4}=\dfrac{3}{4}$ $\therefore\ \overline{CE}=3$

$\therefore\ \triangle CAE=\dfrac{1}{2}\times4\times3=6$

따라서 $\triangle AOB$와 $\triangle CAE$의 넓이의 차는 $96-6=90$이다.

🖹 90

02. 삼각비의 활용

01 27.525	**02** 2.403	**03** $245\sqrt{3}$ cm³
04 44.1 m	**05** $(10\sqrt{3}+30)$ m	**06** 25초
07 $4\sqrt{7}$ cm	**08** $(4\sqrt{5}+8)$ m	
09 $(27+9\sqrt{2}+9\sqrt{3})$ cm		**10** $7(\sqrt{3}-1)$
11 $10\sqrt{3}$ cm	**12** $40(\sqrt{3}+1)$ m	
13 8 cm²	**14** 18 cm²	**15** ②
16 18 cm²	**17** 150°	**18** $\dfrac{25}{2}$
19 $45\sqrt{3}$ cm²	**20** $30\sqrt{3}$ cm²	
21 $54\sqrt{3}$ cm²	**22** $4\sqrt{3}$ cm	**23** 135
24 6		

01

$x=\overline{AC}\tan 50°=10\times 1.19=11.9$

$y=\dfrac{\overline{AC}}{\cos 50°}=\dfrac{10}{0.64}=15.625$

$\therefore x+y=11.9+15.625=27.525$ 답 27.525

02

△ABC에서

∠A=90°−63°=27°이므로

$\overline{BC}=6\sin 27°=6\times 0.45=2.7$

따라서 △BCH에서

$x=2.7\sin 63°=2.7\times 0.89=2.403$ 답 2.403

03

△CFG에서

$\overline{CG}=7\sqrt{3}\tan 30°=7\sqrt{3}\times\dfrac{\sqrt{3}}{3}=7$ (cm)

$\therefore$ (부피)$=7\sqrt{3}\times 5\times 7=245\sqrt{3}$ (cm³)

답 $245\sqrt{3}$ cm³

04

$\overline{AC}=30\tan 55°=30\times 1.43=42.9$ (m)

$\therefore$ (건물의 높이)

$=\overline{AH}=\overline{AC}+\overline{CH}=42.9+1.2=44.1$(m)

답 44.1 m

05

△ACD에서 $\overline{CD}=30$ m이므로

$\overline{AC}=\dfrac{30}{\tan 45°}=\dfrac{30}{1}=30$ (m)   …… 40 %

△ACB에서

$\overline{BC}=30\tan 30°=30\times\dfrac{\sqrt{3}}{3}=10\sqrt{3}$ (m)   …… 40 %

$\therefore \overline{BD}=\overline{BC}+\overline{CD}=10\sqrt{3}+30$(m)

따라서 (나) 건물의 높이는 $(10\sqrt{3}+30)$ m이다.

…… 20 %

답 $(10\sqrt{3}+30)$ m

채점기준	배점
$\overline{AC}$의 길이 구하기	40 %
$\overline{BC}$의 길이 구하기	40 %
(나) 건물의 높이 구하기	20 %

06

오른쪽 그림에서

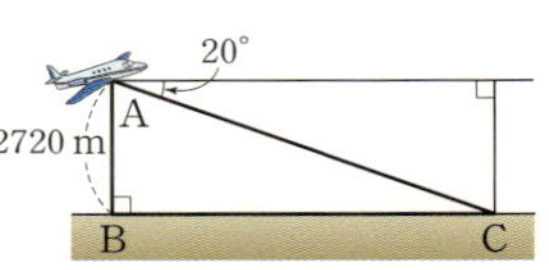

$\overline{AC}=\dfrac{2720}{\sin 20°}=8000$ (m)

따라서 착륙하는 데 걸리는

시간은 $\dfrac{8000}{320}=25$(초)

답 25초

07

점 A에서 $\overline{BC}$에 내린 수선의 발을

H라 하면

△AHC에서

$\overline{AH}=8\sqrt{3}\sin 30°=8\sqrt{3}\times\dfrac{1}{2}=4\sqrt{3}$ (cm)

$\overline{CH}=8\sqrt{3}\cos 30°=8\sqrt{3}\times\dfrac{\sqrt{3}}{2}=12$ (cm)

$\overline{BH}=20-12=8$ (cm)이므로

△ABH에서

$\overline{AB}=\sqrt{8^2+(4\sqrt{3})^2}=4\sqrt{7}$ (cm)

답 $4\sqrt{7}$ cm

08

꼭짓점 A에서 $\overline{BC}$에 내린 수선의 발

을 H라 하면

△AHC에서

$\overline{AH}=8\sqrt{2}\sin 45°=8\sqrt{2}\times\dfrac{\sqrt{2}}{2}=8$ (m)

$\overline{CH}=8\sqrt{2}\cos 45°=8\sqrt{2}\times\dfrac{\sqrt{2}}{2}=8$ (m)

△ABH에서
$$\overline{BH}=\sqrt{12^2-8^2}=4\sqrt{5}\,(\text{m})$$
$$\therefore\ \overline{BC}=\overline{BH}+\overline{CH}=4\sqrt{5}+8\,(\text{m})$$
따라서 두 지점 B, C 사이의 거리는 $(4\sqrt{5}+8)$ m이다.

🔑 $(4\sqrt{5}+8)$ m

09

점 C에서 $\overline{AB}$에 내린 수선의 발을
H라 하면
△BCH에서

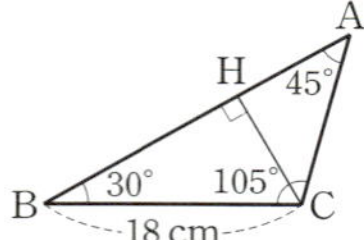

$$\overline{BH}=18\cos 30^\circ=18\times\frac{\sqrt{3}}{2}$$
$$=9\sqrt{3}\,(\text{cm}),$$
$$\overline{CH}=18\sin 30^\circ=18\times\frac{1}{2}=9\,(\text{cm})$$
$$\angle BAC=180^\circ-30^\circ-105^\circ=45^\circ$$이므로
△AHC에서
$$\overline{AH}=\frac{9}{\tan 45^\circ}=\frac{9}{1}=9\,(\text{cm})$$
$$\overline{AC}=\frac{9}{\cos 45^\circ}=9\div\frac{\sqrt{2}}{2}=9\sqrt{2}\,(\text{cm})$$
$$\therefore\ (\triangle ABC\text{의 둘레의 길이})$$
$$=\overline{AB}+\overline{BC}+\overline{CA}=9\sqrt{3}+9+18+9\sqrt{2}$$
$$=27+9\sqrt{2}+9\sqrt{3}\,(\text{cm})$$

🔑 $(27+9\sqrt{2}+9\sqrt{3})$ cm

10

$\overline{AH}=h$라 하면
△ABH에서

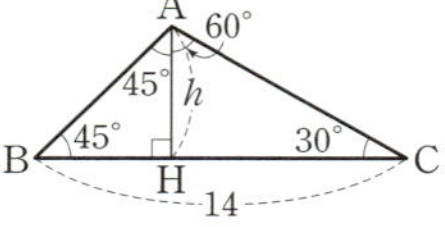

$$\angle BAH=90^\circ-45^\circ=45^\circ$$이므로
$$\overline{BH}=h\tan 45^\circ=h$$
△AHC에서 $\angle HAC=90^\circ-30^\circ=60^\circ$이므로
$$\overline{CH}=h\tan 60^\circ=\sqrt{3}h$$
$$\overline{BC}=\overline{BH}+\overline{CH}$$이므로
$$14=h+\sqrt{3}h,\ (1+\sqrt{3})h=14$$
$$\therefore\ h=\frac{14}{1+\sqrt{3}}=7(\sqrt{3}-1)$$
$$\therefore\ \overline{AH}=7(\sqrt{3}-1)$$

🔑 $7(\sqrt{3}-1)$

11

$\overline{AH}=h$ cm라 하면
△ABH에서 $\angle BAH=90^\circ-30^\circ=60^\circ$이므로
$$\overline{BH}=h\tan 60^\circ=\sqrt{3}h\,(\text{cm})$$

△ACH에서 $\angle CAH=90^\circ-60^\circ=30^\circ$이므로
$$\overline{CH}=h\tan 30^\circ=\frac{\sqrt{3}}{3}h\,(\text{cm})$$
$$\overline{BC}=\overline{BH}-\overline{CH}$$이므로
$$20=\sqrt{3}h-\frac{\sqrt{3}}{3}h,\ \frac{2\sqrt{3}}{3}h=20\qquad\therefore\ h=10\sqrt{3}$$
$$\therefore\ \overline{AH}=10\sqrt{3}\,\text{cm}$$

🔑 $10\sqrt{3}$ cm

12

$\overline{CD}=h$ m라 하면
△ACD에서

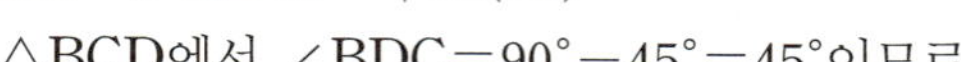

$$\angle ADC=90^\circ-30^\circ=60^\circ$$이므로
$$\overline{AC}=h\tan 60^\circ=\sqrt{3}h\,(\text{m})$$
△BCD에서 $\angle BDC=90^\circ-45^\circ=45^\circ$이므로
$$\overline{BC}=h\tan 45^\circ=h\,(\text{m})$$
$$\overline{AB}=\overline{AC}-\overline{BC}$$이므로
$$80=\sqrt{3}h-h,\ (\sqrt{3}-1)h=80$$
$$\therefore\ h=40(\sqrt{3}+1)$$
따라서 건물의 높이는 $40(\sqrt{3}+1)$ m이다.

🔑 $40(\sqrt{3}+1)$ m

13

$$\angle A=180^\circ-75^\circ-75^\circ=30^\circ$$이므로
$$\triangle ABC=\frac{1}{2}\times 4\sqrt{2}\times 4\sqrt{2}\times\sin 30^\circ$$
$$=\frac{1}{2}\times 4\sqrt{2}\times 4\sqrt{2}\times\frac{1}{2}=8\,(\text{cm}^2)$$

🔑 8 cm²

14

$$\triangle ABC=\frac{1}{2}\times 12\times 6\sqrt{3}\times\sin 60^\circ$$
$$=\frac{1}{2}\times 12\times 6\sqrt{3}\times\frac{\sqrt{3}}{2}=54\,(\text{cm}^2)$$
$$\therefore\ \triangle GBC=\frac{1}{3}\triangle ABC=\frac{1}{3}\times 54=18\,(\text{cm}^2)$$

🔑 18 cm²

15

$$\overline{AE}\,/\!/\,\overline{DC}$$이므로 $\triangle AEC=\triangle AED$
$$\therefore\ \square ABED=\triangle ABE+\triangle AED$$
$$=\triangle ABE+\triangle AEC$$
$$=\triangle ABC$$
$$=\frac{1}{2}\times 4\times 6\times\sin 60^\circ$$
$$=\frac{1}{2}\times 4\times 6\times\frac{\sqrt{3}}{2}$$

$$=6\sqrt{3}\,(\text{cm}^2) \qquad\qquad \text{답 ②}$$

16

$\dfrac{1}{2}\times10\times\overline{\text{AC}}\times\sin(\angle\text{BAC})=30$ 이므로

$\overline{\text{AC}}\times\sin(\angle\text{BAC})=6$

$$\begin{aligned}\therefore\ \triangle\text{ACD}&=\frac{1}{2}\times6\times\overline{\text{AC}}\times\sin(\angle\text{CAD})\\&=\frac{1}{2}\times6\times\overline{\text{AC}}\times\sin(\angle\text{BAC})\\&=\frac{1}{2}\times6\times6=18\,(\text{cm}^2)\end{aligned}$$

답 $18\,\text{cm}^2$

17

$\triangle\text{ABC}$의 넓이는

$\dfrac{1}{2}\times10\times14\times\sin(180^\circ-C)=35$ 에서

$\sin(180^\circ-C)=\dfrac{1}{2}$

따라서 $180^\circ-\angle\text{C}=30^\circ$ 이므로 $\angle\text{C}=150^\circ$ 이다.

답 150°

18

$\triangle\text{ABC}$에서

$\overline{\text{AB}}=5\sqrt{3}\tan30^\circ=5\sqrt{3}\times\dfrac{\sqrt{3}}{3}=5$

$\overline{\text{BC}}=\dfrac{5\sqrt{3}}{\cos30^\circ}=5\sqrt{3}\div\dfrac{\sqrt{3}}{2}=10$

$\angle\text{ABD}=60^\circ+90^\circ=150^\circ$ 이므로

$$\begin{aligned}\triangle\text{ABD}&=\frac{1}{2}\times5\times10\times\sin(180^\circ-150^\circ)\\&=\frac{1}{2}\times5\times10\times\frac{1}{2}=\frac{25}{2}\end{aligned}$$

답 $\dfrac{25}{2}$

19

$$\begin{aligned}\square\text{ABCD}&=\triangle\text{ABC}+\triangle\text{ACD}\\&=\frac{1}{2}\times10\times14\times\sin60^\circ\\&\qquad\quad+\frac{1}{2}\times10\times4\times\sin(180^\circ-120^\circ)\\&=\frac{1}{2}\times10\times14\times\frac{\sqrt{3}}{2}+\frac{1}{2}\times10\times4\times\frac{\sqrt{3}}{2}\\&=35\sqrt{3}+10\sqrt{3}\\&=45\sqrt{3}\,(\text{cm}^2)\end{aligned}$$

답 $45\sqrt{3}\,\text{cm}^2$

20

$\triangle\text{ABD}$에서

$\overline{\text{BD}}=\sqrt{12^2-6^2}=6\sqrt{3}\,(\text{cm})$

$$\begin{aligned}\therefore\ \square\text{ABCD}&=\triangle\text{ABD}+\triangle\text{BCD}\\&=\frac{1}{2}\times6\sqrt{3}\times6+\frac{1}{2}\times6\sqrt{3}\times8\times\sin30^\circ\\&=\frac{1}{2}\times6\sqrt{3}\times6+\frac{1}{2}\times6\sqrt{3}\times8\times\frac{1}{2}\\&=18\sqrt{3}+12\sqrt{3}\\&=30\sqrt{3}\,(\text{cm}^2)\end{aligned}$$

답 $30\sqrt{3}\,\text{cm}^2$

21

오른쪽 그림과 같이 정육각형의 대각선을 그으면 한 변의 길이가 6 cm이고 합동인 정삼각형 6개로 나누어진다.

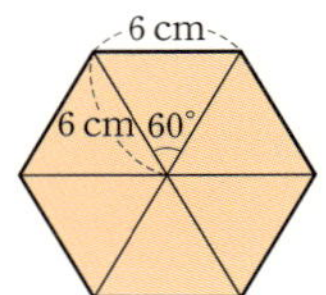

$\therefore$ (정육각형의 넓이)

$$\begin{aligned}&=6\times\left(\frac{1}{2}\times6\times6\times\sin60^\circ\right)\\&=6\times\left(\frac{1}{2}\times6\times6\times\frac{\sqrt{3}}{2}\right)\\&=54\sqrt{3}\,(\text{cm}^2)\end{aligned}$$

답 $54\sqrt{3}\,\text{cm}^2$

22

$12\times\overline{\text{AD}}\times\sin(180^\circ-120^\circ)=72$ 이므로

$12\times\overline{\text{AD}}\times\dfrac{\sqrt{3}}{2}=72,\ 6\sqrt{3}\,\overline{\text{AD}}=72$

$\therefore\ \overline{\text{AD}}=4\sqrt{3}\,(\text{cm})$

답 $4\sqrt{3}\,\text{cm}$

23

$$\begin{aligned}\square\text{ABCD}&=\frac{1}{2}\times18\times10\sqrt{3}\times\sin60^\circ\\&=\frac{1}{2}\times18\times10\sqrt{3}\times\frac{\sqrt{3}}{2}=135\end{aligned}$$

답 135

24

마름모의 한 변의 길이를 x라고 하면

$$\begin{aligned}\square\text{ABCD}&=x\times x\times\sin(180^\circ-135^\circ)\\&=x\times x\times\frac{\sqrt{2}}{2}\\&=\frac{\sqrt{2}}{2}x^2\end{aligned}$$

즉 $\dfrac{\sqrt{2}}{2}x^2=18\sqrt{2}$ 에서 $x^2=36$ $\quad\therefore\ x=6\ (\because\ x>0)$

따라서 마름모의 한 변의 길이는 6이다.

답 6

I
삼각비

01 $72\sqrt{3}\pi$ cm³	02 335 m
03 $81(\sqrt{3}-1)$ cm²	04 $2\sqrt{3}$ km
05 $72\pi+24\sqrt{3}\pi$	06 $48\sqrt{3}$ cm²
07 $98\sqrt{2}$ cm²	08 $(24\pi-12\sqrt{3})$ cm²
09 ②	10 $10\sqrt{13}$ km　11 $(12-6\sqrt{3})$ cm
12 100 cm²	13 $\dfrac{36\sqrt{3}}{5}$ cm²　14 $5\sqrt{3}$
15 $36(3+\sqrt{3})$ cm²　16 $2\sqrt{39}$	17 18 cm²
18 22 cm	19 $\dfrac{3}{5}$　20 $80\sqrt{2}$ cm²
21 72　22 14 cm 23 $5\sqrt{6}$	24 $12\pi+18+6\sqrt{3}$
25 16π cm	26 $\dfrac{35\sqrt{3}}{4}$
27 $(144\pi-144\sqrt{3})$ cm²	28 $48(2+\sqrt{3})$
29 $92\sqrt{3}$ cm²	30 $100\sqrt{6}$ m

01

△ABH에서

$\overline{BH}=12\cos 60°=12\times\dfrac{1}{2}=6\,(\text{cm})$

$\overline{AH}=12\sin 60°=12\times\dfrac{\sqrt{3}}{2}=6\sqrt{3}\,(\text{cm})$

$\therefore (\text{부피})=\dfrac{1}{3}\times\pi\times 6^2\times 6\sqrt{3}=72\sqrt{3}\pi\,(\text{cm}^3)$

 $72\sqrt{3}\pi$ cm³

02

△ABH에서 $\overline{AH}=670\sin 30°=670\times\dfrac{1}{2}=335\,(\text{m})$

△AHC에서 $\overline{CH}=335\tan 45°=335\,(\text{m})$　　답 335 m

03

점 A에서 $\overline{BC}$에 내린 수선의 발을
H라 하자. $\overline{AH}=h$ cm라 하면
△ABH에서

$\angle BAH=90°-45°=45°$이므로

$\overline{BH}=h\tan 45°=h\,(\text{cm})$

△AHC에서

$\angle HAC=90°-30°=60°$이므로

$\overline{CH}=h\tan 60°=\sqrt{3}h\,(\text{cm})$

$h+\sqrt{3}h=18$　　$\therefore h=9(\sqrt{3}-1)$

$\therefore \triangle ABC=\dfrac{1}{2}\times 18\times 9(\sqrt{3}-1)$

　　　　　$=81(\sqrt{3}-1)\,(\text{cm}^2)$

답 $81(\sqrt{3}-1)$ cm²

04

오른쪽 그림과 같이 점 A에서
$\overline{BC}$의 연장선에 내린 수선의 발
을 H라 하고, $\overline{AH}=h$ km라 하자.
헬리콥터가 시속 240 km로 B
지점에서 C 지점까지 가는 데 1분이 걸렸으므로

$\overline{BC}=240\times\dfrac{1}{60}=4\,(\text{km})$

△BAH에서 $\angle BAH=60°$이므로

$\overline{BH}=h\tan 60°=\sqrt{3}h\,(\text{km})$

△CAH에서 $\angle CAH=30°$이므로

$\overline{CH}=h\tan 30°=\dfrac{\sqrt{3}}{3}h\,(\text{km})$

$\overline{BC}=\overline{BH}-\overline{CH}$이므로

$4=\sqrt{3}h-\dfrac{\sqrt{3}}{3}h,\ \dfrac{2\sqrt{3}}{3}h=4$

$\therefore h=2\sqrt{3}$

따라서 헬리콥터의 수면으로부터의 높이는 $2\sqrt{3}$ km이다.

답 $2\sqrt{3}$ km

05

직선 AB를 회전축으로 하여 1회전
시킬 때 생기는 입체도형은 오른쪽
그림과 같으므로

△AOC에서

$\overline{AO}=6\sqrt{2}\cos 45°=6$

$\overline{OC}=6\sqrt{2}\sin 45°=6$

△OBC에서

$\overline{OB}=\dfrac{6}{\tan 60°}=2\sqrt{3}$

따라서 입체도형의 부피는

$\dfrac{1}{3}\times\pi\times 6^2\times 6+\dfrac{1}{3}\times\pi\times 6^2\times 2\sqrt{3}=72\pi+24\sqrt{3}\pi$

답 $72\pi+24\sqrt{3}\pi$

06

$\angle BAH=90°-30°=60°$이므로

△ABH에서

$\overline{BH}=12\tan 60°=12\sqrt{3}\,(\text{cm})$

$\angle ACH=180°-120°=60°$이므로

$\angle CAH=90°-60°=30°$

△ACH에서

$\overline{\text{CH}}=12\tan 30°=12\times\dfrac{\sqrt3}{3}=4\sqrt3\,(\text{cm})$

$\therefore \overline{\text{BC}}=\overline{\text{BH}}-\overline{\text{CH}}=12\sqrt3-4\sqrt3=8\sqrt3\,(\text{cm})$

$\therefore \triangle\text{ABC}=\dfrac12\times 8\sqrt3\times 12=48\sqrt3\,(\text{cm}^2)$ 탑 $48\sqrt3\ \text{cm}^2$

07

점 B에서 직선 AD에 내린 수
선의 발을 H라 하면
$\triangle\text{AHB}$에서

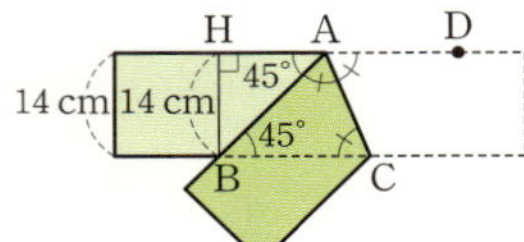

$\angle\text{HAB}=\angle\text{ABC}=45°$이므로

$\overline{\text{AB}}=\dfrac{14}{\sin 45°}=14\div\dfrac{\sqrt2}{2}=14\sqrt2\,(\text{cm})$

$\angle\text{BAC}=\angle\text{CAD}=\angle\text{ACB}$이므로 $\triangle\text{ABC}$는 이등변삼
각형이다.

$\overline{\text{BC}}=\overline{\text{AB}}=14\sqrt2\ \text{cm}$이므로

$\triangle\text{ABC}=\dfrac12\times 14\sqrt2\times 14=98\sqrt2\,(\text{cm}^2)$ 탑 $98\sqrt2\ \text{cm}^2$

08

$\angle\text{AOB}=180°-30°-30°=120°$이므로

(색칠한 부분의 넓이)

$=\dfrac12\times\pi\times(4\sqrt3)^2-\dfrac12\times 4\sqrt3\times 4\sqrt3\times\sin(180°-120°)$

$=24\pi-\dfrac12\times 4\sqrt3\times 4\sqrt3\times\dfrac{\sqrt3}{2}$

$=24\pi-12\sqrt3\,(\text{cm}^2)$ 탑 $(24\pi-12\sqrt3)\ \text{cm}^2$

09

$\triangle\text{ABC}=\dfrac12\times\overline{\text{AB}}\times\overline{\text{BC}}\times\sin B$이고

$\overline{\text{A}'\text{B}}=0.9\,\overline{\text{AB}},\ \overline{\text{BC}'}=1.2\,\overline{\text{BC}}$

$\therefore \triangle\text{A}'\text{BC}'=\dfrac12\times\overline{\text{A}'\text{B}}\times\overline{\text{BC}'}\times\sin B$

$\qquad=\dfrac12\times 0.9\,\overline{\text{AB}}\times 1.2\,\overline{\text{BC}}\times\sin B$

$\qquad=1.08\times\left(\dfrac12\times\overline{\text{AB}}\times\overline{\text{BC}}\times\sin B\right)$

$\qquad=1.08\,\triangle\text{ABC}$

따라서 $\triangle\text{A}'\text{BC}'=\left(1+\dfrac{8}{100}\right)\triangle\text{ABC}$이므로 삼각형의 넓
이는 8 % 증가한다.   탑 ②

10

두 자동차가 20분 동안 각각 시속 120 km, 시속 90 km
로 달려 P, Q 지점에 도착하였으므로

$\overline{\text{OP}}=120\times\dfrac{20}{60}=40(\text{km}),\ \overline{\text{OQ}}=90\times\dfrac{20}{60}=30(\text{km})$

오른쪽 그림과 같이 점 P에서 $\overline{\text{OQ}}$에
내린 수선의 발을 H라 하면
$\triangle\text{POH}$에서

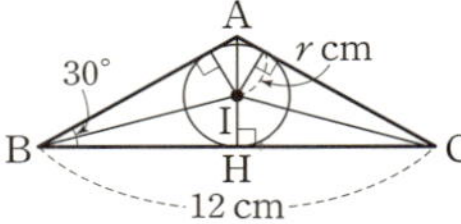

$\overline{\text{PH}}=40\sin 60°$

$\qquad=40\times\dfrac{\sqrt3}{2}=20\sqrt3(\text{km})$

$\overline{\text{OH}}=40\cos 60°=40\times\dfrac12=20(\text{km})$

$\therefore \overline{\text{HQ}}=\overline{\text{OQ}}-\overline{\text{OH}}=30-20=10(\text{km})$

$\triangle\text{PHQ}$에서

$\overline{\text{PQ}}=\sqrt{(20\sqrt3)^2+10^2}=10\sqrt{13}(\text{km})$

따라서 두 지점 P, Q 사이의 거리는 $10\sqrt{13}\ \text{km}$이다.

   탑 $10\sqrt{13}\ \text{km}$

11

$\triangle\text{ABC}=\triangle\text{ABI}+\triangle\text{BCI}+\triangle\text{CAI}$임을 이용한다.

오른쪽 그림과 같이 점 A에서
$\overline{\text{BC}}$에 내린 수선의 발을 H라 하
면

$\overline{\text{BH}}=\dfrac12\,\overline{\text{BC}}=\dfrac12\times 12$

$\qquad=6(\text{cm})$

$\triangle\text{ABH}$에서 $\overline{\text{AB}}=\dfrac{6}{\cos 30°}=6\div\dfrac{\sqrt3}{2}=4\sqrt3\,(\text{cm})$

$\triangle\text{ABC}=\dfrac12\times\overline{\text{AB}}\times\overline{\text{BC}}\times\sin 30°$

$\qquad\qquad=\dfrac12\times 4\sqrt3\times 12\times\dfrac12=12\sqrt3\,(\text{cm}^2)$

내접원 I의 반지름의 길이를 r cm라 하면

$12\sqrt3=\dfrac{r}{2}(4\sqrt3+12+4\sqrt3)$

$\therefore r=12-6\sqrt3$

따라서 내접원 I의 반지름의 길이는 $(12-6\sqrt3)\ \text{cm}$이다.

   탑 $(12-6\sqrt3)\ \text{cm}$

12

$\angle\text{ACB}=\angle\text{DAC}=45°$이므로 $\triangle\text{ABC}$에서

$\overline{\text{BC}}=\dfrac{20}{\sin 45°}=20\div\dfrac{\sqrt2}{2}=20\sqrt2\,(\text{cm})$

$\therefore$ (색칠한 부분의 넓이)

$=\dfrac14\,\square\text{ABCD}=\dfrac14\times 20\times 20\sqrt2\times\sin 45°$

$=\dfrac14\times 20\times 20\sqrt2\times\dfrac{\sqrt2}{2}$

$$=100\,(\text{cm}^2)$$

답 $100\ \text{cm}^2$

13

$\overline{BD}=x\ \text{cm}$라 하면

$\triangle ABC=\triangle ABD+\triangle DBC$이므로

$$\frac{1}{2}\times 12\times 6\sqrt{3}\times\sin(180°-150°)$$
$$=\frac{1}{2}\times 12\times x\times\sin 30°$$
$$+\frac{1}{2}\times x\times 6\sqrt{3}\times\sin(180°-120°)$$
$$18\sqrt{3}=3x+\frac{9}{2}x\qquad\therefore\ x=\frac{12\sqrt{3}}{5}$$

$$\therefore\ \triangle ABD=\frac{1}{2}\times 12\times\frac{12\sqrt{3}}{5}\times\sin 30°$$
$$=\frac{1}{2}\times 12\times\frac{12\sqrt{3}}{5}\times\frac{1}{2}$$
$$=\frac{36\sqrt{3}}{5}\,(\text{cm}^2)$$

답 $\dfrac{36\sqrt{3}}{5}\ \text{cm}^2$

14

$\angle A=180°\times\dfrac{2}{3}=120°,\ \angle D=180°\times\dfrac{1}{3}=60°$

따라서 평행사변형 ABCD의 넓이는

$$8\times 5\times\sin 60°=8\times 5\times\frac{\sqrt{3}}{2}=20\sqrt{3}$$

$$\therefore\ \triangle ABO=\frac{1}{4}\square ABCD=\frac{1}{4}\times 20\sqrt{3}=5\sqrt{3}$$

답 $5\sqrt{3}$

15

점 A에서 $\overline{BC}$의 연장선에 내린 수선
의 발을 H라 하고
$\overline{AH}=h\ \text{cm}$라 하면
$\angle BAH=90°-45°=45°$,
$\angle CAH=45°-15°=30°$이므로

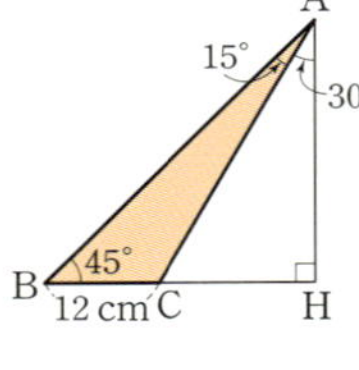

······ 20 %

$\triangle ABH$에서 $\overline{BH}=h\tan 45°=h\,(\text{cm})$

$\triangle ACH$에서 $\overline{CH}=h\tan 30°=\dfrac{\sqrt{3}}{3}h\,(\text{cm})$ ······ 30 %

$\overline{BC}=\overline{BH}-\overline{CH}$이므로

$$12=h-\frac{\sqrt{3}}{3}h,\ \frac{3-\sqrt{3}}{3}h=12$$

$$\therefore\ h=6(3+\sqrt{3})$$

······ 30 %

$$\therefore\ \triangle ABC=\frac{1}{2}\times 12\times 6(3+\sqrt{3})=36(3+\sqrt{3})\,(\text{cm}^2)$$

······ 20 %

답 $36(3+\sqrt{3})\ \text{cm}^2$

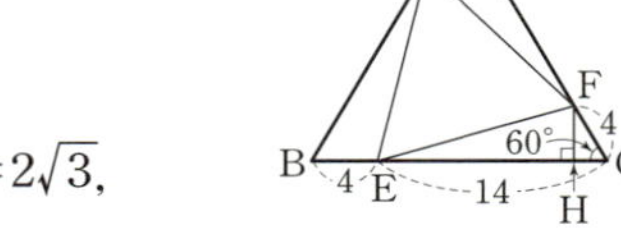

채점기준	배점
$\angle BAH,\ \angle CAH$의 크기 구하기	20 %
$\overline{BH},\ \overline{CH}$를 h에 관하여 나타내기	30 %
h의 값 구하기	30 %
$\triangle ABC$의 넓이 구하기	20 %

16

$\overline{BE}:\overline{EC}=\overline{CF}:\overline{FA}=2:7,\ \overline{BE}=4$이므로 $\overline{EC}=14$,
$\overline{CF}=\overline{BE}=4$

이때 점 F에서 $\overline{EC}$에 내린 수선의 발
을 H라 하면
$\triangle FHC$에서

$$\overline{FH}=4\sin 60°=4\times\frac{\sqrt{3}}{2}=2\sqrt{3},$$
$$\overline{CH}=4\cos 60°=4\times\frac{1}{2}=2$$
$$\therefore\ \overline{EH}=14-2=12$$

$\triangle EHF$에서

$$\overline{EF}=\sqrt{12^2+(2\sqrt{3})^2}=2\sqrt{39}$$

답 $2\sqrt{39}$

17

$\triangle BCD$에서

$$\overline{BD}=\frac{2\sqrt{3}}{\cos 45°}=2\sqrt{3}\div\frac{\sqrt{2}}{2}=2\sqrt{6}\,(\text{cm})$$

$$\triangle ABD=\frac{1}{2}\times\overline{AB}\times\overline{BD}\times\sin(180°-120°)$$
$$=\frac{1}{2}\times 4\sqrt{2}\times 2\sqrt{6}\times\frac{\sqrt{3}}{2}=12\,(\text{cm}^2)$$

$\overline{CD}=2\sqrt{3}\tan 45°=2\sqrt{3}\,(\text{cm})$이므로

$$\triangle BCD=\frac{1}{2}\times 2\sqrt{3}\times 2\sqrt{3}=6\,(\text{cm}^2)$$

$$\therefore\ \square ABCD=\triangle ABD+\triangle BCD$$
$$=12+6=18\,(\text{cm}^2)$$

답 $18\ \text{cm}^2$

18

전략

먼저 점 C에서 $\overline{OB}$에 내린 수선의 발을 H로 놓고 $\overline{OH}$의 길이를
구한다.

오른쪽 그림과 같이 점 C에서 $\overline{OB}$에
내린 수선의 발을 H라고 하면 구하
는 높이는 $\overline{BH}$의 길이와 같다.
$\triangle OHC$에서

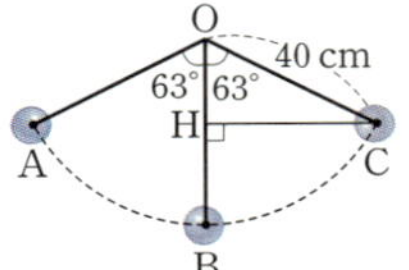

$$\overline{OH}=40\cos 63°=40\times 0.45$$
$$=18\,(\text{cm})$$

$$\therefore \overline{BH}=\overline{OB}-\overline{OH}=40-18=22\,(\text{cm})$$

따라서 B 지점을 기준으로 추는 22 cm 위의 높이에 있다.

답 22 cm

19

$\overline{AE}=x$라 하면 $\overline{AB}=2x$이므로

$\triangle EBC$에서 $\overline{EC}=\sqrt{(2x)^2+x^2}=\sqrt{5}x$

$\triangle ECF=\square ABCD-(\triangle EBC+\triangle CFD+\triangle AEF)$이므로

$$\frac{1}{2}\times\sqrt{5}x\times\sqrt{5}x\times\sin\theta$$
$$=(2x)^2-\left(\frac{1}{2}\times x\times 2x+\frac{1}{2}\times x\times 2x+\frac{1}{2}\times x\times x\right)$$
$$\frac{5}{2}x^2\sin\theta=\frac{3}{2}x^2 \qquad \therefore \sin\theta=\frac{3}{5}$$

답 $\dfrac{3}{5}$

20

오른쪽 그림과 같이 점 A에서 직선 BC에 내린 수선의 발을 P, 점 C에서 직선 AB에 내린 수선의 발을 Q라 하면

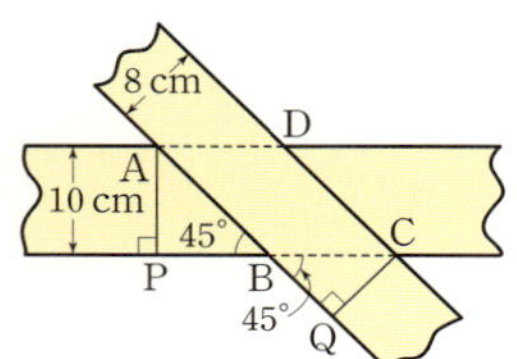

$\triangle APB$에서 $\overline{AP}=10$ cm이므로

$$\overline{AB}=\frac{10}{\sin 45^\circ}=10\div\frac{\sqrt{2}}{2}=10\sqrt{2}\,(\text{cm})$$

$\triangle BQC$에서

$\angle CBQ=\angle ABP=45^\circ$ (맞꼭지각),

$\overline{CQ}=8$ cm이므로

$$\overline{BC}=\frac{8}{\sin 45^\circ}=8\div\frac{\sqrt{2}}{2}=8\sqrt{2}\,(\text{cm})$$

이때 $\square ABCD$는 두 쌍의 대변이 각각 평행하므로 평행사변형이다.

즉, $\angle ABC=180^\circ-45^\circ=135^\circ$이므로

$$\square ABCD=\overline{AB}\times\overline{BC}\times\sin(180^\circ-135^\circ)$$
$$=10\sqrt{2}\times 8\sqrt{2}\times\frac{\sqrt{2}}{2}$$
$$=80\sqrt{2}\,(\text{cm}^2)$$

답 $80\sqrt{2}$ cm²

21

전략

반원의 중심에서 $\overline{CG}$, $\overline{DF}$에 각각 수선을 내려 생각한다.

오른쪽 그림과 같이 반원의 중심 O에서 $\overline{CG}$, $\overline{DF}$에 내린 수선의 발을 각각 H, I라 하면

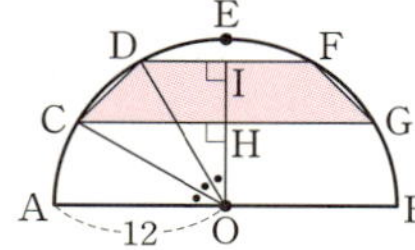

$\triangle COH$에서

$$\angle COH=180^\circ\times\frac{2}{6}=60^\circ$$이므로

$$\overline{OH}=12\cos 60^\circ=12\times\frac{1}{2}=6,$$

$$\overline{CH}=12\sin 60^\circ=12\times\frac{\sqrt{3}}{2}=6\sqrt{3}$$

$\triangle DOI$에서 $\angle DOI=180^\circ\times\dfrac{1}{6}=30^\circ$이므로

$$\overline{OI}=12\cos 30^\circ=12\times\frac{\sqrt{3}}{2}=6\sqrt{3},$$

$$\overline{DI}=12\sin 30^\circ=12\times\frac{1}{2}=6$$

$\square DCHI$는 $\overline{DI}\,/\!/\,\overline{CH}$인 사다리꼴이므로

$$\square DCGF=2\square DCHI$$
$$=2\times\frac{1}{2}\times(6+6\sqrt{3})\times(6\sqrt{3}-6)$$
$$=72$$

답 72

22

오른쪽 그림과 같이 점 D에서 $\overline{BC}$의 연장선에 내린 수선의 발을 H라 하면

$\angle BCD=\angle A=120^\circ$이므로

$\angle DCH=60^\circ$

$\triangle DCH$에서

$$\overline{DH}=10\sin 60^\circ=10\times\frac{\sqrt{3}}{2}=5\sqrt{3}\,(\text{cm})$$

$$\overline{CH}=10\cos 60^\circ=10\times\frac{1}{2}=5\,(\text{cm})$$

$$\therefore \overline{BH}=\overline{BC}+\overline{CH}=6+5=11\,(\text{cm})$$

따라서 $\triangle DBH$에서

$$\overline{BD}=\sqrt{\overline{BH}^2+\overline{DH}^2}=\sqrt{11^2+(5\sqrt{3})^2}=14\,(\text{cm})$$

답 14 cm

23

$\triangle ABD$는 이등변삼각형이므로

$\angle ABD=\angle ADB=30^\circ$,

$\angle DBC=75^\circ-30^\circ=45^\circ$

점 A에서 $\overline{BD}$에 내린 수선의 발을 M이라 하면

$\triangle ABM$에서

$$\overline{BM}=6\cos 30^\circ=6\times\frac{\sqrt{3}}{2}=3\sqrt{3}$$

$$\therefore \overline{BD}=2\overline{BM}=2\times 3\sqrt{3}=6\sqrt{3}$$

점 D에서 $\overline{BC}$에 내린 수선의 발을 N이라 하면

$\triangle DBN$에서

$$\overline{BN}=6\sqrt{3}\cos 45^\circ=6\sqrt{3}\times\frac{\sqrt{2}}{2}=3\sqrt{6}$$

$$\overline{DN}=6\sqrt{3}\sin 45^\circ=6\sqrt{3}\times\frac{\sqrt{2}}{2}=3\sqrt{6}$$

$\triangle DNC$에서 $\overline{NC}=7\sqrt{6}-3\sqrt{6}=4\sqrt{6}$이므로

$$\overline{CD}=\sqrt{(3\sqrt{6})^2+(4\sqrt{6})^2}=5\sqrt{6}$$

답 $5\sqrt{6}$

24

점 P가 지나는 곡선을 주어진 그림 위에 나타내면 각각의 곡선은 부채꼴의 호가 된다.

$\triangle ABC$에서

$$\overline{AC}=6\tan 60^\circ=6\sqrt{3}$$

$$\overline{BC}=\frac{6}{\cos 60^\circ}=6\div\frac{1}{2}=12$$

빗변의 중점 P는 직각삼각형 ABC의 외심이므로

$$\overline{AP}=\overline{BP}=\overline{CP}=\frac{1}{2}\times 12=6$$

점 P가 지나는 곡선을 다음 그림과 같이 각각 l_1, l_2, l_3라 하면

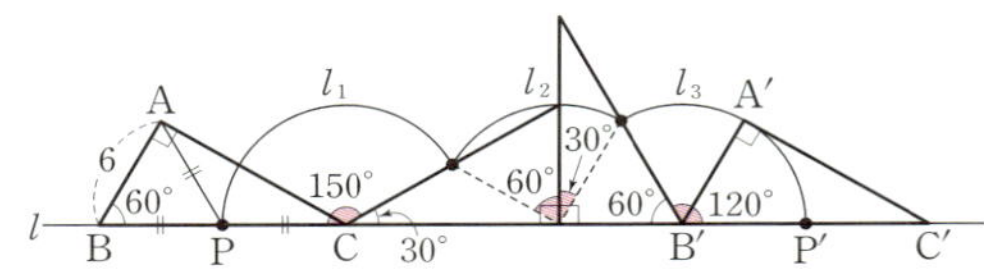

$$l_1=2\pi\times 6\times\frac{150}{360}=5\pi$$

$$l_2=2\pi\times 6\times\frac{90}{360}=3\pi$$

$$l_3=2\pi\times 6\times\frac{120}{360}=4\pi$$

$$\overline{PP'}=6+6\sqrt{3}+6+6=18+6\sqrt{3}$$

따라서 구하는 둘레의 길이는

$$l_1+l_2+l_3+\overline{PP'}=5\pi+3\pi+4\pi+18+6\sqrt{3}$$
$$=12\pi+18+6\sqrt{3}$$

답 $12\pi+18+6\sqrt{3}$

25

오른쪽 그림과 같이 $\overline{OA}$, $\overline{OB}$, $\overline{OC}$를 그으면

$\overparen{AB}:\overparen{BC}:\overparen{CA}=3:2:3$이므로

$$\angle AOB=\angle COA=360^\circ\times\frac{3}{3+2+3}$$
$$=135^\circ$$

$$\angle BOC=360^\circ\times\frac{2}{3+2+3}=90^\circ$$

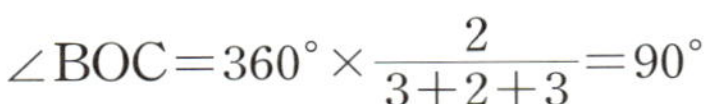

원 O의 반지름의 길이를 r cm라 하면

$$\triangle ABC=\triangle OAB+\triangle OBC+\triangle OCA$$
$$=2\times\left\{\frac{1}{2}\times r\times r\times\sin(180^\circ-135^\circ)\right\}$$

$$+\frac{1}{2}\times r\times r\times\sin 90^\circ$$

$$=2\times\left(\frac{1}{2}\times r\times r\times\frac{\sqrt{2}}{2}\right)+\frac{1}{2}\times r\times r\times 1$$

$$=\frac{\sqrt{2}}{2}r^2+\frac{r^2}{2}=\frac{(1+\sqrt{2})}{2}r^2$$

$$=32(1+\sqrt{2})$$

$r^2=64$이므로 $r=8\ (\because r>0)$

따라서 원 O의 둘레의 길이는 $2\pi\times 8=16\pi\,(\text{cm})$이다.

답 16π cm

26

$\angle DOC=180^\circ-120^\circ=60^\circ$이므로

$$\triangle OCD=\frac{1}{2}\times\overline{OD}\times 3\times\sin 60^\circ$$
$$=\frac{1}{2}\times\overline{OD}\times 3\times\frac{\sqrt{3}}{2}=\frac{3\sqrt{3}}{4}\overline{OD}$$

즉 $\dfrac{3\sqrt{3}}{4}\overline{OD}=3\sqrt{3}$ $\quad\therefore\ \overline{OD}=4$

이때 $\overline{AC}+\overline{BD}=12$이므로 $\overline{OA}=12-(3+3+4)=2$

$\therefore\ \square ABCD$

$$=\frac{1}{2}\times(2+3)\times(3+4)\times\sin(180^\circ-120^\circ)$$
$$=\frac{1}{2}\times 5\times 7\times\frac{\sqrt{3}}{2}$$
$$=\frac{35\sqrt{3}}{4}$$

답 $\dfrac{35\sqrt{3}}{4}$

27

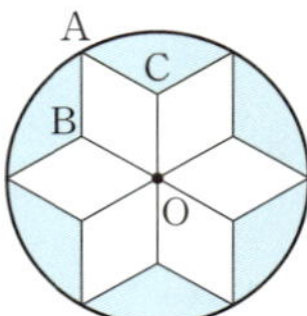

위 그림의 마름모 ABOC에서

$$\angle BOC=360^\circ\times\frac{1}{6}=60^\circ$$

오른쪽 그림과 같이 마름모 ABOC의 두 대각선의 교점을 H라고 하면 마름모의 두 대각선은 서로 다른 것을 수직이등분하므로 $\overline{AO}\perp\overline{BC}$

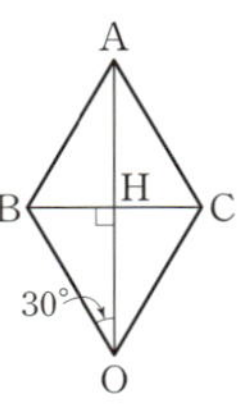

이때 $\overline{AO}$는 원 O의 반지름이므로

$$\overline{AO}=\frac{1}{2}\times 24=12\,(\text{cm})$$이고

$$\overline{AH}=\overline{OH}=\frac{1}{2}\overline{AO}=6\,(\text{cm})$$

$\triangle BOH$에서 $\angle BOH=\dfrac{1}{2}\angle BOC=30^\circ$이므로

$\overline{OB}=\dfrac{6}{\cos 30°}=6\div\dfrac{\sqrt 3}{2}=4\sqrt 3\,(\text{cm})$

$\therefore \square ABOC=4\sqrt 3\times 4\sqrt 3\times \sin 60°$
$=4\sqrt 3\times 4\sqrt 3\times \dfrac{\sqrt 3}{2}=24\sqrt 3\,(\text{cm}^2)$

따라서 색칠한 부분의 넓이는
(원 O의 넓이)$-6\square ABOC=\pi\times 12^2-6\times 24\sqrt 3$
$=144\pi-144\sqrt 3\,(\text{cm}^2)$

답 $(144\pi-144\sqrt 3)\,\text{cm}^2$

28

오른쪽 그림과 같이 정십이각형의 외접
원의 중심을 O, 이웃하는 두 꼭짓점을
A, B라 하고 $\overline{OA}=\overline{OB}=r$, 점 A에
서 $\overline{OB}$에 내린 수선의 발을 H라고 하면

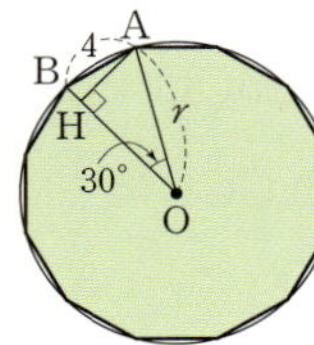

$\angle AOB=360°\times\dfrac{1}{12}=30°$이므로

$\triangle AHO$에서

$\overline{AH}=r\sin 30°=\dfrac{1}{2}r$

$\overline{OH}=r\cos 30°=\dfrac{\sqrt 3}{2}r$

$\therefore \overline{BH}=\overline{OB}-\overline{OH}=r-\dfrac{\sqrt 3}{2}r=\dfrac{2-\sqrt 3}{2}r$

$\triangle ABH$에서
$4^2=\left(\dfrac{1}{2}r\right)^2+\left(\dfrac{2-\sqrt 3}{2}r\right)^2$
$(2-\sqrt 3)r^2=16 \qquad \therefore r^2=16(2+\sqrt 3)$

$\therefore$ (정십이각형의 넓이)
$=12\triangle OAB$
$=12\times\left(\dfrac{1}{2}\times r\times r\times \sin 30°\right)$
$=12\times\left\{\dfrac{1}{2}\times 16(2+\sqrt 3)\times\dfrac{1}{2}\right\}$
$=48(2+\sqrt 3)$

답 $48(2+\sqrt 3)$

29

전략

$\angle DAB$, $\angle ABC$의 크기를 각각 구한 후, $\square PQRS$가 어떤 사각
형인지 알아본다.

$\angle DAB=180°\times\dfrac{2}{3}=120°$에서 $\angle BAP=\angle PAD=60°$,

$\angle ABC=180°\times\dfrac{1}{3}=60°$에서

$\angle ABP=\angle PBC=30°$이므로

$\angle APB=180°-(60°+30°)=90°$

$\therefore \angle SPQ=\angle APB=90°$ (맞꼭지각)

마찬가지 방법으로
$\angle PQR=\angle QRS=\angle RSP=90°$
이므로 $\square PQRS$는 직사각형이다.

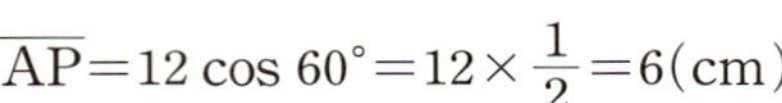

$\triangle ABP$에서

$\overline{AP}=12\cos 60°=12\times\dfrac{1}{2}=6\,(\text{cm})$

$\overline{BP}=12\sin 60°=12\times\dfrac{\sqrt 3}{2}=6\sqrt 3\,(\text{cm})$

$\triangle AQD$에서

$\overline{AQ}=16\cos 60°=16\times\dfrac{1}{2}=8\,(\text{cm})$

$\triangle BCS$에서

$\overline{BS}=16\cos 30°=16\times\dfrac{\sqrt 3}{2}=8\sqrt 3\,(\text{cm})$

따라서 $\overline{PQ}=\overline{AQ}-\overline{AP}=8-6=2\,(\text{cm})$,
$\overline{PS}=\overline{BS}-\overline{BP}=8\sqrt 3-6\sqrt 3=2\sqrt 3\,(\text{cm})$이므로
$\square PQRS=2\times 2\sqrt 3=4\sqrt 3\,(\text{cm}^2)$

$\therefore \square ABCD=12\times 16\times \sin 60°=12\times 16\times\dfrac{\sqrt 3}{2}$
$=96\sqrt 3\,(\text{cm}^2)$

따라서 색칠한 부분의 넓이는 $96\sqrt 3-4\sqrt 3=92\sqrt 3\,(\text{cm}^2)$

답 $92\sqrt 3\,\text{cm}^2$

30

전략

$\overline{AN}$, $\overline{BN}$, $\overline{CN}$의 길이를 $\overline{MN}$의 길이를 이용하여 나타낸 후,
$\triangle NAC$에서 피타고라스 정리를 이용한다.

$\overline{MN}=x\,\text{m}$라 하면

$\triangle MAN$에서 $\overline{AN}=\dfrac{x}{\tan 60°}=x\div\sqrt 3=\dfrac{\sqrt 3}{3}x\,(\text{m})$

$\triangle MBN$에서 $\overline{BN}=\dfrac{x}{\tan 45°}=x\,(\text{m})$

$\triangle MCN$에서 $\overline{CN}=\dfrac{x}{\tan 30°}=x\div\dfrac{\sqrt 3}{3}=\sqrt 3x\,(\text{m})$

점 N에서 $\overline{AC}$에 내린 수선의 발
을 H라 하고
$\overline{NH}=y\,\text{m}$, $\overline{HB}=z\,\text{m}$라 하면
$\triangle NAH$에서

$\left(\dfrac{\sqrt 3}{3}x\right)^2=(200-z)^2+y^2 \qquad\qquad \cdots\cdots\ \text{㉠}$

$\triangle NHC$에서 $(\sqrt 3x)^2=(200+z)^2+y^2 \qquad \cdots\cdots\ \text{㉡}$

㉠$+$㉡을 하면 $\dfrac{1}{3}x^2+3x^2=80000+2(z^2+y^2)$

$\dfrac{10}{3}x^2=80000+2x^2\ (\because x^2=y^2+z^2)$

$x^2=60000 \qquad \therefore x=100\sqrt 6\ (\because x>0)$

$$\therefore \overline{MN}=100\sqrt{6}\ \text{m}$$

답 $100\sqrt{6}\ \text{m}$

STEP A 최고난이도문제

본문 33~34쪽

01 $\dfrac{3\sqrt{6}}{5}$ **02** $\left(108-\dfrac{63\sqrt{3}}{2}\right)\text{cm}^2$

03 $22\sqrt{3}\ \text{cm}^2$ **04** $9\ \text{cm}^2$ **05** $\dfrac{\sqrt{21}}{7}$

06 $216\sqrt{3}-72\pi$

01

점 A에서 $\overline{BC}$에 내린 수선의 발을 H
라고 하면

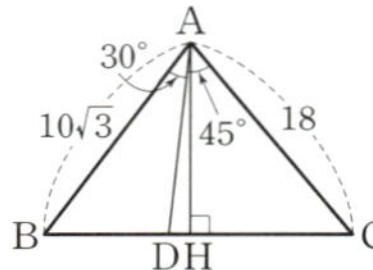

$$\triangle ABD=\frac{1}{2}\times\overline{BD}\times\overline{AH},$$

$$\triangle ACD=\frac{1}{2}\times\overline{CD}\times\overline{AH}$$

$$\therefore\ \frac{\overline{CD}}{\overline{BD}}=\frac{\triangle ACD}{\triangle ABD}$$

$$\triangle ABD=\frac{1}{2}\times10\sqrt{3}\times\overline{AD}\times\sin30°=\frac{5\sqrt{3}}{2}\overline{AD}$$

$$\triangle ACD=\frac{1}{2}\times\overline{AD}\times18\times\sin45°=\frac{9\sqrt{2}}{2}\overline{AD}$$

$$\therefore\ \frac{\overline{CD}}{\overline{BD}}=\frac{\triangle ACD}{\triangle ABD}=\frac{\dfrac{9\sqrt{2}}{2}\overline{AD}}{\dfrac{5\sqrt{3}}{2}\overline{AD}}=\frac{3\sqrt{6}}{5}$$

답 $\dfrac{3\sqrt{6}}{5}$

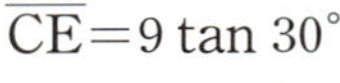

삼각형의 넓이를 이용하여 선분의 길이의 비를 구한다. 이때
높이가 같은 두 삼각형에서 밑변의 길이의 비는 넓이의 비와
같다.

02

$$\angle ABE=90°-30°=60°,$$
$$\angle EBC=90°-60°=30°$$이므로
$$\triangle BCE에서$$

$$\overline{CE}=9\tan30°$$
$$=9\times\frac{\sqrt{3}}{3}=3\sqrt{3}\ (\text{cm})$$

$$\therefore\ \overline{DE}=\overline{CD}-\overline{CE}=9-3\sqrt{3}\ (\text{cm})$$

$\overline{AD}$와 $\overline{EF}$가 만나는 점을 H라 하면
$$\triangle HED에서$$
$$\angle DEH=180°-(60°+90°)=30°$$이므로
$$\overline{DH}=(9-3\sqrt{3})\tan30°=(9-3\sqrt{3})\times\frac{\sqrt{3}}{3}$$

$$=3\sqrt{3}-3\ (\text{cm})$$

$$\therefore\ \square ABEH$$
$$=\square ABCD-(\triangle BCE+\triangle EDH)$$
$$=9\times9-\left\{\frac{1}{2}\times9\times3\sqrt{3}\right.$$
$$\left.+\frac{1}{2}\times(9-3\sqrt{3})\times(3\sqrt{3}-3)\right\}$$
$$=108-\frac{63\sqrt{3}}{2}\ (\text{cm}^2)$$

답 $\left(108-\dfrac{63\sqrt{3}}{2}\right)\text{cm}^2$

03

$\overline{AB}=k\ \text{cm}$, $\overline{BC}=\sqrt{3}k\ \text{cm}\,(k>0)$라 하면
$$\triangle ABC에서$$
$$\overline{AC}=\sqrt{k^2+(\sqrt{3}k)^2}=2k\ (\text{cm}) \quad\cdots\cdots\ \bigcirc$$

점 C에서 $\overline{AD}$의 연장선 위에 내린
수선의 발을 H라 하면
$$\triangle DCH에서$$

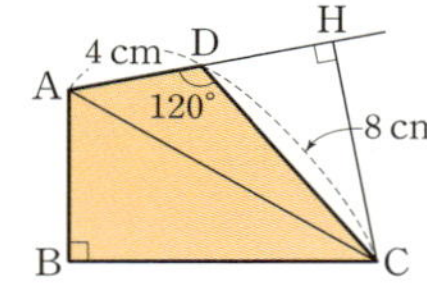

$$\overline{CH}=8\sin60°=8\times\frac{\sqrt{3}}{2}$$
$$=4\sqrt{3}\ (\text{cm})$$

$$\overline{DH}=8\cos60°=8\times\frac{1}{2}=4\ (\text{cm})$$

$$\triangle ACH에서\ \overline{AH}=4+4=8\ (\text{cm})이므로$$
$$\overline{AC}=\sqrt{(4\sqrt{3})^2+8^2}=4\sqrt{7}\ (\text{cm}) \quad\cdots\cdots\ \bigcirc$$

$\bigcirc$, $\bigcirc$에서 $2k=4\sqrt{7}$ $\quad\therefore\ k=2\sqrt{7}$

$$\overline{AB}=2\sqrt{7}\ \text{cm},\ \overline{BC}=2\sqrt{21}\ \text{cm}$$

$$\therefore\ \square ABCD$$
$$=\frac{1}{2}\times2\sqrt{21}\times2\sqrt{7}+\frac{1}{2}\times4\times4\sqrt{3}$$
$$=14\sqrt{3}+8\sqrt{3}=22\sqrt{3}\ (\text{cm}^2)$$

답 $22\sqrt{3}\ \text{cm}^2$

04

$\overline{BD}$의 중점을 G라 하면 $\triangle BCD$에서
$$\overline{BG}=\overline{GD},\ \overline{BF}=\overline{FC}이므로$$
$$\overline{GF}=\frac{1}{2}\overline{CD},\ \overline{GF}/\!/\overline{DC}$$

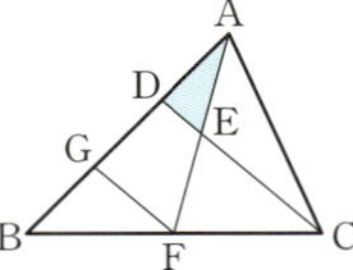

또, $\triangle AGF$에서
$$\overline{AD}=\overline{DG},\ \overline{DE}/\!/\overline{GF}이므로\ \overline{AE}=\overline{EF},$$
$$\overline{ED}=\frac{1}{2}\overline{FG}=\frac{1}{2}\times\frac{1}{2}\overline{CD}=\frac{1}{4}\overline{CD}\quad\therefore\ \overline{CE}=3\overline{DE}$$

따라서 $\triangle ADE=\dfrac{1}{2}\times\overline{DE}\times\overline{AE}\times\sin(\angle AED)$,

$$\triangle EFC=\frac{1}{2}\times\overline{CE}\times\overline{EF}\times\sin(\angle CEF)$$

$$=\frac{1}{2}\times3\overline{DE}\times\overline{AE}\times\sin(\angle AED)$$

$$\therefore \frac{\triangle \mathrm{ADE}}{\triangle \mathrm{EFC}}=\frac{1}{3}$$

따라서 $\triangle \mathrm{ADE}=\dfrac{1}{3}\triangle \mathrm{EFC}=\dfrac{1}{3}\times 27=9(\mathrm{cm}^2)$

답 $9\ \mathrm{cm}^2$

05

$\overline{\mathrm{AD}}=\overline{\mathrm{CD}}$이므로

$\angle \mathrm{ABD}=\angle \mathrm{CBD}=\dfrac{1}{2}\times 60°=30°$이고 $\overline{\mathrm{AC}}\perp\overline{\mathrm{BD}}$

정삼각형 ABC의 한 변의 길이를 a라 하면 $\triangle \mathrm{BCD}$에서

$$\overline{\mathrm{BD}}=\overline{\mathrm{BC}}\sin 60°=a\times\frac{\sqrt{3}}{2}=\frac{\sqrt{3}a}{2}$$

$$\therefore \overline{\mathrm{BE}}=\overline{\mathrm{ED}}=\frac{1}{2}\overline{\mathrm{BD}}=\frac{1}{2}\times\frac{\sqrt{3}a}{2}=\frac{\sqrt{3}a}{4}$$

$\triangle \mathrm{ECD}$에서

$$\overline{\mathrm{EC}}=\sqrt{\overline{\mathrm{ED}}^2+\overline{\mathrm{DC}}^2}=\sqrt{\left(\frac{\sqrt{3}a}{4}\right)^2+\left(\frac{a}{2}\right)^2}$$

$$=\sqrt{\frac{7a^2}{16}}=\frac{\sqrt{7}a}{4}$$

$$\sin\theta=\frac{\overline{\mathrm{ED}}}{\overline{\mathrm{EC}}}=\frac{\frac{\sqrt{3}a}{4}}{\frac{\sqrt{7}a}{4}}=\frac{\sqrt{21}}{7}$$

답 $\dfrac{\sqrt{21}}{7}$

06

오른쪽 그림과 같이 작은 원의 반지름의 길이를 r라 하고 이웃하는 두 작은 원의 중심을 각각 A, B라고 하면

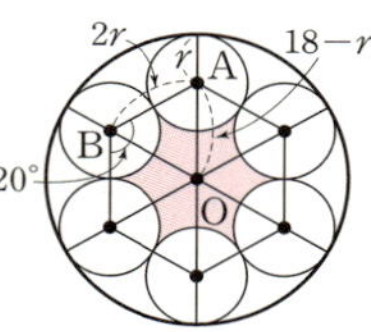

$$\overline{\mathrm{OA}}=\overline{\mathrm{OB}}=18-r$$

이때 작은 원의 중심을 차례로 연결하면 한 변의 길이가 $2r$인 정육각형이 되고, 이 정육각형은 합동인 6개의 정삼각형으로 나누어진다.

즉 $\triangle \mathrm{OAB}$는 정삼각형이므로 $\overline{\mathrm{AB}}=\overline{\mathrm{OA}}$

$2r=18-r$, $3r=18$ $\qquad \therefore r=6$

따라서 $\overline{\mathrm{OA}}=\overline{\mathrm{OB}}=18-6=12$이므로

(색칠한 부분의 넓이)

= (정육각형의 넓이) $-6\times$ (반지름의 길이가 6이고 중심각의 크기가 120°인 부채꼴의 넓이)

$$=6\times\left(\frac{1}{2}\times 12\times 12\times\sin 60°\right)-6\times\left(\pi\times 6^2\times\frac{120}{360}\right)$$

$$=6\times\left(\frac{1}{2}\times 12\times 12\times\frac{\sqrt{3}}{2}\right)-6\times\left(\pi\times 36\times\frac{1}{3}\right)$$

$$=216\sqrt{3}-72\pi$$

답 $216\sqrt{3}-72\pi$

Ⅱ 원의 성질

01. 원과 직선

STEP C 주제별필수문제   본문 38~41쪽

01 9 cm	**02** 12 cm **03** $10\sqrt{3}$ cm
04 225π cm²	**05** 10 cm **06** 8 cm **07** 4 cm
08 12 cm²	**09** 62° **10** 27 cm
11 144π cm²	**12** $10(3+\sqrt{3})$ cm **13** 3 cm
14 $6\sqrt{15}$ cm	**15** 6 **16** $8\sqrt{6}$ cm
17 $4\sqrt{11}$ cm	**18** 28 cm **19** 3 cm
20 9π cm²	**21** $x=14,\ y=9$ **22** 2 cm
23 6 cm	

01

전략

원의 중심에서 현에 내린 수선은 그 현을 이등분한다.

$$\overline{\mathrm{AM}}=\overline{\mathrm{BM}}=\frac{1}{2}\overline{\mathrm{AB}}=\frac{1}{2}\times 24=12(\mathrm{cm})$$

$\triangle \mathrm{OAM}$에서

$$\overline{\mathrm{OM}}=\sqrt{15^2-12^2}=9(\mathrm{cm})$$

답 9 cm

02

$\overline{\mathrm{OM}}=10-2=8(\mathrm{cm})$이므로

$\triangle \mathrm{OAM}$에서 $\overline{\mathrm{AM}}=\sqrt{10^2-8^2}=6(\mathrm{cm})$

$\therefore \overline{\mathrm{AB}}=2\overline{\mathrm{AM}}=2\times 6=12(\mathrm{cm})$

답 12 cm

03

$\overline{\mathrm{CD}}=5+15=20(\mathrm{cm})$이므로

원 O의 반지름의 길이는

$$\frac{1}{2}\overline{\mathrm{CD}}=\frac{1}{2}\times 20=10(\mathrm{cm})$$

이때 $\overline{\mathrm{OP}}=15-10=5(\mathrm{cm})$이므로

$\triangle \mathrm{OAP}$에서

$$\overline{\mathrm{AP}}=\sqrt{10^2-5^2}=5\sqrt{3}\,(\mathrm{cm})$$

$$\therefore \overline{\mathrm{AB}}=2\overline{\mathrm{AP}}=10\sqrt{3}\,(\mathrm{cm})$$

답 $10\sqrt{3}$ cm

04

오른쪽 그림과 같이 원 O의 반지름의 길이를 r cm라고 하면

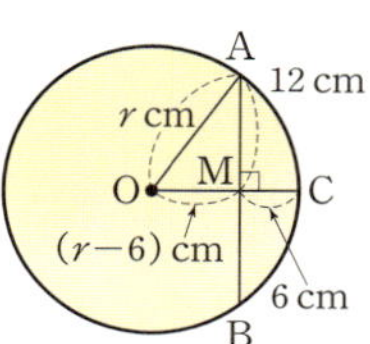

$\overline{\mathrm{OA}}=r$ cm, $\overline{\mathrm{OM}}=(r-6)$ cm

$\overline{\mathrm{AM}}=\overline{\mathrm{BM}}=\dfrac{1}{2}\times24=12\,(\mathrm{cm})$이므로

△AOM에서

$r^2=(r-6)^2+12^2,\ 12r=180$

$\therefore\ r=15$

$\therefore\ (\text{원 O의 넓이})=\pi\times15^2=225\pi\,(\mathrm{cm}^2)$ 🔲 $225\pi\ \mathrm{cm}^2$

05

오른쪽 그림과 같이 $\overline{\mathrm{CD}}$의 연장선
은 원의 중심을 지나므로 원의 중심
을 O, 반지름의 길이를 r cm라고
하면

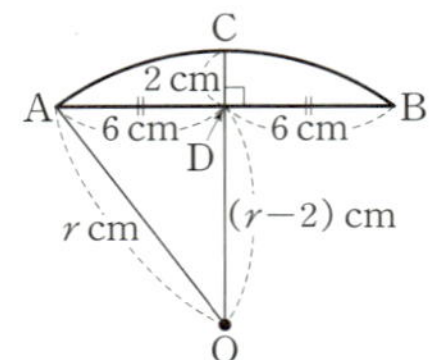

$\overline{\mathrm{OA}}=r\,(\mathrm{cm}),\ \overline{\mathrm{OD}}=r-2\,(\mathrm{cm})$

△ODA에서

$r^2=6^2+(r-2)^2,\ 4r=40$

$\therefore\ r=10$

따라서 원의 반지름의 길이는 10 cm이다. 🔲 10 cm

06

오른쪽 그림과 같이 점 O에서 $\overline{\mathrm{AB}}$에
내린 수선의 발을 M이라 하고 $\overline{\mathrm{OM}}$의
연장선이 원과 만나는 점을 C라고 하
면

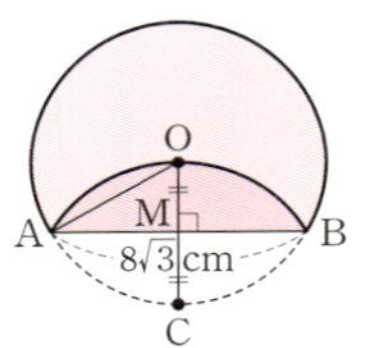

$\overline{\mathrm{AM}}=\dfrac{1}{2}\overline{\mathrm{AB}}=\dfrac{1}{2}\times8\sqrt{3}=4\sqrt{3}\,(\mathrm{cm})$

원의 반지름의 길이를 r cm라고 하면

$\overline{\mathrm{OA}}=\overline{\mathrm{OC}}=r\,(\mathrm{cm})$

$\overline{\mathrm{OM}}=\dfrac{1}{2}\overline{\mathrm{OC}}=\dfrac{r}{2}\,(\mathrm{cm})$

△OAM에서

$r^2=\left(\dfrac{r}{2}\right)^2+(4\sqrt{3})^2,\ r^2=64$

$\therefore\ r=8\ (\because\ r>0)$

따라서 원의 반지름의 길이는 8 cm이다. 🔲 8 cm

07

△OBM에서

$\overline{\mathrm{BM}}=\sqrt{4^2-(2\sqrt{3})^2}=2\,(\mathrm{cm})$

$\therefore\ \overline{\mathrm{AB}}=2\overline{\mathrm{BM}}=2\times2=4\,(\mathrm{cm})$

이때 $\overline{\mathrm{OM}}=\overline{\mathrm{ON}}$이므로 $\overline{\mathrm{CD}}=\overline{\mathrm{AB}}=4\,(\mathrm{cm})$ 🔲 4 cm

08

△AMO에서 $\overline{\mathrm{AM}}=\sqrt{5^2-3^2}=4\,(\mathrm{cm})$

$\therefore\ \overline{\mathrm{AB}}=2\overline{\mathrm{AM}}=2\times4=8\,(\mathrm{cm})$

이때 $\overline{\mathrm{OM}}=\overline{\mathrm{ON}}$이므로 $\overline{\mathrm{CD}}=\overline{\mathrm{AB}}=8$ cm

$\therefore\ \triangle\mathrm{OCD}=\dfrac{1}{2}\times8\times3=12\,(\mathrm{cm}^2)$ 🔲 12 cm²

09

$\overline{\mathrm{OM}}=\overline{\mathrm{ON}}$이므로 $\overline{\mathrm{AB}}=\overline{\mathrm{AC}}$

즉 △ABC는 이등변삼각형이다.

이때 □AMON에서

$\angle\mathrm{MAN}=360°-(90°+124°+90°)=56°$이므로

$\angle\mathrm{ACB}=\dfrac{1}{2}\times(180°-56°)=62°$ 🔲 62°

10

$\overline{\mathrm{PA}}=\overline{\mathrm{PB}}$이므로

$\angle\mathrm{PAB}=\angle\mathrm{PBA}=\dfrac{1}{2}\times(180°-60°)=60°$

△APB는 정삼각형이므로 세 변의 길이가 같다.

따라서 △APB의 둘레의 길이는 $9\times3=27\,(\mathrm{cm})$

🔲 27 cm

11

점 B는 접점이므로 $\angle\mathrm{PBO}=90°$

원 O의 반지름의 길이를 r cm라 하면

$\overline{\mathrm{OB}}=r$ cm, $\overline{\mathrm{OP}}=(r+8)$cm이므로

△POB에서

$r^2+16^2=(r+8)^2,\ 16r=192\qquad\therefore\ r=12$

$\therefore\ (\text{원 O의 넓이})=\pi\times12^2=144\pi\,(\mathrm{cm}^2)$ 🔲 144π cm²

12

$\overline{\mathrm{OP}}$를 그으면

△PAO와 △PBO에서

$\angle\mathrm{PAO}=\angle\mathrm{PBO}=90°$,

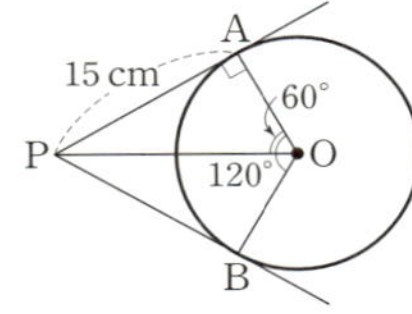

$\overline{\mathrm{OA}}=\overline{\mathrm{OB}},\ \overline{\mathrm{PO}}$는 공통이므로

△PAO≡△PBO (RHS 합동)

······ 30 %

$\therefore\ \angle\mathrm{AOP}=\angle\mathrm{BOP}=\dfrac{1}{2}\times120°=60°$ ······ 20 %

△PAO에서

$\overline{\mathrm{AO}}=\dfrac{15}{\tan60°}=15\times\dfrac{1}{\sqrt{3}}=5\sqrt{3}\,(\mathrm{cm})$ ······ 20 %

$\therefore\ (\square\mathrm{PBOA}\text{의 둘레의 길이})$

$\quad=2(15+5\sqrt{3})=10(3+\sqrt{3})\,(\mathrm{cm})$ ······ 30 %

🔲 $10(3+\sqrt{3})$ cm

채점기준	배점
$\triangle PAO \equiv \triangle PBO$ 알기	30 %
$\angle AOP$의 크기 구하기	20 %
$\overline{AO}$의 길이 구하기	20 %
$\square PBOA$의 둘레의 길이 구하기	30 %

13

$\overline{BD}=\overline{BE}$, $\overline{CF}=\overline{CE}$이므로

$\overline{AD}+\overline{AF}=\overline{AB}+\overline{BC}+\overline{CA}=34\,(\text{cm})$

이때 $\overline{AD}=\overline{AF}$이므로 $\overline{AD}=17\,(\text{cm})$

$\therefore \overline{BD}=\overline{AD}-\overline{AB}=17-14=3\,(\text{cm})$ $\qquad$ 冒 $3\,\text{cm}$

14

$\angle ADO=90°$이므로 $\triangle AOD$에서

$\overline{AD}=\sqrt{16^2-11^2}=3\sqrt{15}\,(\text{cm})$

$\overline{AD}=\overline{AF}$, $\overline{BD}=\overline{BE}$, $\overline{CF}=\overline{CE}$이므로

$(\triangle ABC$의 둘레의 길이$)=\overline{AB}+\overline{BC}+\overline{CA}$

$\qquad\qquad\qquad\qquad\quad=\overline{AD}+\overline{AF}=2\overline{AD}$

$\qquad\qquad\qquad\qquad\quad=2\times3\sqrt{15}=6\sqrt{15}\,(\text{cm})$

冒 $6\sqrt{15}\,\text{cm}$

15

점 C에서 $\overline{BD}$에 내린 수선의 발을 H라 하자.

$\overline{AC}=x$라 하면 $\overline{CP}=\overline{AC}=x$,

$\overline{CD}=x+4$, $\overline{HD}=4-x$

$\overline{CH}=\overline{AB}=2\overline{AO}=2\times2\sqrt{2}=4\sqrt{2}$

이므로

$\triangle CHD$에서 $(4-x)^2+(4\sqrt{2})^2=(x+4)^2$

$16x=32$ $\qquad \therefore x=2$

따라서 $\overline{CD}=2+4=6$ $\qquad$ 冒 6

16

오른쪽 그림과 같이 점 C에서 $\overline{BD}$에 내린 수선의 발을 H라고 하면

$\overline{BH}=\overline{AC}=8\,(\text{cm})$

$\overline{DH}=\overline{DB}-\overline{HB}=12-8=4\,(\text{cm})$

$\overline{CP}=\overline{CA}=8\,(\text{cm})$, $\overline{DP}=\overline{DB}=12\,(\text{cm})$이므로

$\overline{CD}=\overline{CP}+\overline{PD}=8+12=20\,(\text{cm})$

$\triangle CHD$에서

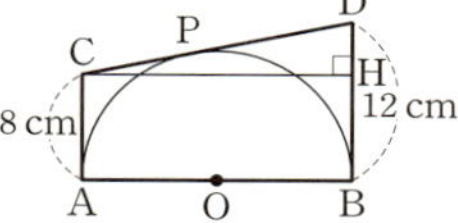

$\overline{CH}=\sqrt{20^2-4^2}=8\sqrt{6}\,(\text{cm})$

따라서 $\overline{AB}=\overline{CH}=8\sqrt{6}\,(\text{cm})$ $\qquad$ 冒 $8\sqrt{6}\,\text{cm}$

17

오른쪽 그림과 같이 점 C에서 $\overline{AD}$에 내린 수선의 발을 H라고 하면

$\overline{AH}=\overline{BC}=4\,\text{cm}$이므로

$\overline{DH}=10-4=6\,(\text{cm})$

$\overline{DE}=\overline{DA}=10\,\text{cm}$, $\overline{CE}=\overline{CB}=4\,\text{cm}$이므로

$\overline{CD}=10+4=14\,(\text{cm})$

$\triangle DHC$에서 $\overline{HC}=\sqrt{14^2-6^2}=4\sqrt{10}\,(\text{cm})$

따라서 $\triangle ACH$에서

$\overline{AC}=\sqrt{(4\sqrt{10})^2+4^2}=4\sqrt{11}\,(\text{cm})$ $\qquad$ 冒 $4\sqrt{11}\,\text{cm}$

18

$(\triangle ABC$의 둘레의 길이$)=\overline{AB}+\overline{BC}+\overline{CA}$

$\qquad\qquad\qquad\qquad\quad=2(\overline{AD}+\overline{BE}+\overline{CF})$

$\qquad\qquad\qquad\qquad\quad=2\times(2+5+7)$

$\qquad\qquad\qquad\qquad\quad=28\,(\text{cm})$ $\qquad$ 冒 $28\,\text{cm}$

19

$\overline{AD}=\overline{AF}=x\,\text{cm}$라 하면

$\overline{BE}=\overline{BD}=13-x\,(\text{cm})$, $\overline{CE}=\overline{CF}=9-x\,(\text{cm})$

$\overline{BC}=\overline{BE}+\overline{CE}$이므로

$16=(13-x)+(9-x)$, $2x=6$ $\qquad \therefore x=3$

$\therefore \overline{AD}=3\,\text{cm}$ $\qquad$ 冒 $3\,\text{cm}$

20

$\triangle ABC$에서

$\overline{AC}=\sqrt{9^2+12^2}=15\,(\text{cm})$이다. 오른쪽 그림과 같이 $\overline{OD}$, $\overline{OE}$를 긋고 원 O의 반지름의 길이를 $r\,\text{cm}$라 하면

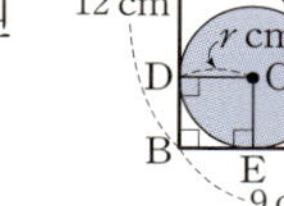

$\square DBEO$는 정사각형이므로

$\overline{BD}=\overline{BE}=\overline{OD}=r\,\text{cm}$

$\overline{AD}=\overline{AF}=12-r\,(\text{cm})$,

$\overline{CE}=\overline{CF}=9-r\,(\text{cm})$이므로

$\overline{AC}=\overline{AF}+\overline{CF}=(12-r)+(9-r)=15$

$2r=6$ $\qquad \therefore r=3$

$\therefore (\text{원 O의 넓이})=\pi\times3^2=9\pi\,(\text{cm}^2)$ $\qquad$ 冒 $9\pi\,\text{cm}^2$

21

☐ABCD의 둘레의 길이가 40 cm이므로

$\overline{AB}+\overline{CD}=\overline{AD}+\overline{BC}=\dfrac{1}{2}\times40=20\,(cm)$

$6+x=20$에서 $x=14$

$11+y=20$에서 $y=9$ 🖺 $x=14,\ y=9$

22

☐PBQO는 정사각형이고 원 O의 반지름의 길이는 4 cm이므로

$\overline{BQ}=\overline{OQ}=4\,cm$

따라서 $\overline{CR}=\overline{CQ}=15-4=11\,(cm)$이므로

$\overline{DS}=\overline{DR}=13-11=2\,(cm)$ 🖺 2 cm

23

$\triangle DEC$에서 $\overline{CE}=\sqrt{10^2-8^2}=6\,(cm)$

$\overline{BE}=x\,cm$라 하면 $\overline{AB}=\overline{CD}=8\,cm$이므로

$\overline{AB}+\overline{DE}=\overline{BE}+\overline{AD}$에서

$8+10=x+(x+6),\ 2x=12$

$\therefore x=6$

따라서 $\overline{BE}=6\,cm$이다.   🖺 6 cm

STEP B 실력완성문제   본문 42~46쪽

01 64π cm^2	**02** $4\sqrt{10}$ cm
03 $4\sqrt{14}$ cm	**04** $12\sqrt{7}$ cm^2 **05** 12 cm
06 128 cm^2	**07** $\sqrt{65}$ cm
08 $(48\pi-72\sqrt{3})$ cm^2	**09** $\dfrac{16}{3}\pi+16\sqrt{3}$
10 16 cm	**11** $9\sqrt{3}$ **12** $\dfrac{72}{5}$ cm
13 $\left(\dfrac{4}{3}\pi+\dfrac{8}{3}\right)$ cm	**14** 4π cm^2
15 $(12\sqrt{3}-4\pi)$ cm^2	**16** 4 **17** 8
18 $18\sqrt{3}$ **19** 80 cm^2	**20** $\dfrac{27}{4}\pi$ cm^2
21 ① **22** 7	**23** 14 cm **24** $\sqrt{97}$
25 $8\sqrt{3}+12$	**26** $(24-4\pi)$ cm^2
27 3 **28** 4 cm **29** $\dfrac{100}{9}\pi$ cm^2	**30** $\dfrac{26}{3}$

01

점 O에서 $\overline{AB}$에 내린 수선의 발을 M이라 하면 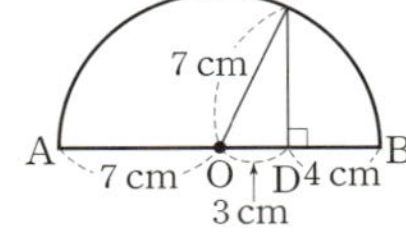

$\overline{AM}=\overline{BM}=\dfrac{1}{2}\times8\sqrt{3}=4\sqrt{3}\,(cm)$,

$\angle AOM=\angle BOM=\dfrac{1}{2}\times120°=60°$이므로

$\triangle OAM$에서

$\overline{OA}=\dfrac{4\sqrt{3}}{\sin60°}=4\sqrt{3}\times\dfrac{2}{\sqrt{3}}=8\,(cm)$

따라서 원 O의 넓이는 $\pi\times8^2=64\pi\,(cm^2)$ 🖺 64π cm^2

02

오른쪽 그림과 같이 $\overline{OC}$를 그으면

$\overline{OC}=\overline{OA}=\overline{OB}=\dfrac{1}{2}\overline{AB}$

$\qquad=\dfrac{1}{2}\times(10+4)=7\,(cm)$

$\overline{OD}=10-7=3\,(cm)$

$\triangle COD$에서

$\overline{CD}=\sqrt{7^2-3^2}=2\sqrt{10}\,(cm)$

따라서 구하는 현의 길이는

$2\overline{CD}=2\times2\sqrt{10}=4\sqrt{10}\,(cm)$ 🖺 $4\sqrt{10}$ cm

03

오른쪽 그림과 같이 $\overline{AO}$, $\overline{DO}$를 그으면

$\overline{AM}=\overline{BM}=\dfrac{1}{2}\overline{AB}=\dfrac{1}{2}\times12$

$\qquad=6\,(cm)$

$\triangle AMO$에서

$\overline{AO}=\sqrt{6^2+6^2}=6\sqrt{2}\,(cm)$

$\therefore \overline{AO}=\overline{DO}=6\sqrt{2}\,cm$

$\triangle DON$에서

$\overline{DN}=\sqrt{(6\sqrt{2})^2-4^2}=2\sqrt{14}\,(cm)$

$\therefore \overline{CD}=2\overline{DN}=2\times2\sqrt{14}=4\sqrt{14}\,(cm)$ 🖺 $4\sqrt{14}$ cm

04

점 O에서 $\overline{CD}$에 내린 수선의 발을 N이라 하면 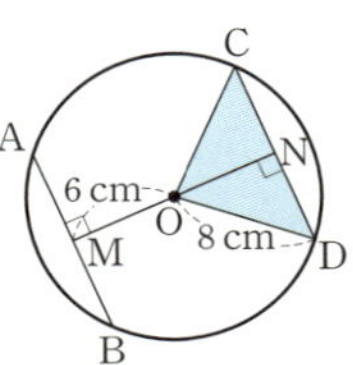

$\overline{AB}=\overline{CD}$이므로

$\overline{ON}=\overline{OM}=6\,cm$

$\triangle ODN$에서

$\overline{DN}=\sqrt{8^2-6^2}=2\sqrt{7}\,(cm)$

$\therefore \overline{\text{CD}}=2\overline{\text{DN}}=2\times2\sqrt{7}=4\sqrt{7}\,(\text{cm})$

$\therefore \triangle\text{COD}=\dfrac{1}{2}\times4\sqrt{7}\times6=12\sqrt{7}\,(\text{cm}^2)$ 　🗒 $12\sqrt{7}$ cm²

05

오른쪽 그림과 같이 작은 원과 $\overline{\text{AB}}$의 접
점을 H라고 하고 $\overline{\text{OA}}$와 $\overline{\text{OH}}$를 그으면
$\overline{\text{AB}}\perp\overline{\text{OH}}$이므로 $\overline{\text{AH}}=\overline{\text{BH}}$
큰 원의 반지름의 길이를 R cm, 작은
원의 반지름의 길이를 r cm라고 하면

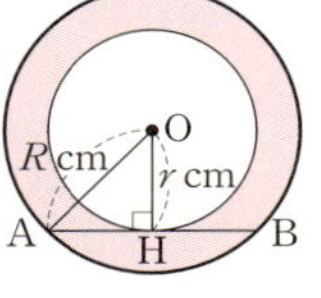

(색칠한 부분의 넓이)$=\pi R^2-\pi r^2=36\pi\,(\text{cm}^2)$
$\therefore R^2-r^2=36$
$\triangle\text{OAH}$에서
$\overline{\text{AH}}=\sqrt{R^2-r^2}=\sqrt{36}=6\,(\text{cm})$
$\therefore \overline{\text{AB}}=2\overline{\text{AH}}=2\times6=12\,(\text{cm})$ 　🗒 12 cm

06

점 P에서 $\overline{\text{AB}}$에 내린 수선의 발을
H라고 하면 $\triangle\text{ABP}$의 넓이가 최
대가 되는 것은 $\overline{\text{PH}}$가 원의 중심을
지날 때이다.

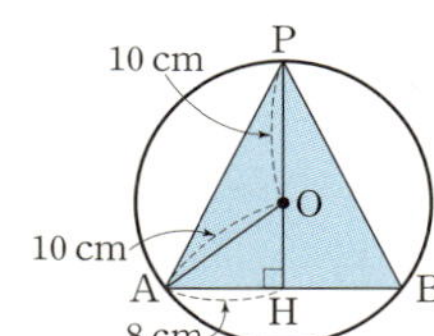

$\triangle\text{OAH}$에서
$\overline{\text{OH}}=\sqrt{10^2-8^2}=6\,(\text{cm})$
$\overline{\text{PH}}=\overline{\text{PO}}+\overline{\text{OH}}=10+6=16\,(\text{cm})$
따라서 $\triangle\text{ABP}$의 넓이의 최댓값은
$\dfrac{1}{2}\times16\times16=128\,(\text{cm}^2)$ 　🗒 128 cm²

07

오른쪽 그림과 같이 점 O에서
$\overline{\text{AB}}$, $\overline{\text{CD}}$에 내린 수선의 발을 각각
M, N이라고 하면
$\overline{\text{AM}}=\overline{\text{BM}}$이므로

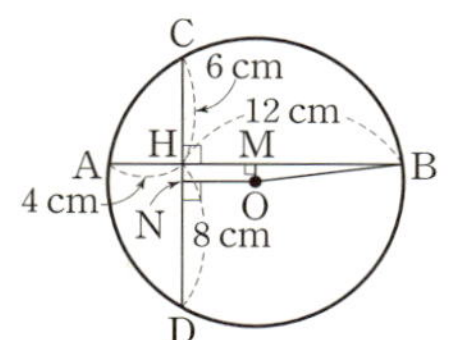

$\overline{\text{BM}}=\dfrac{1}{2}\overline{\text{AB}}=\dfrac{1}{2}\times(4+12)=8\,(\text{cm})$
$\overline{\text{CN}}=\overline{\text{DN}}$이므로
$\overline{\text{CN}}=\dfrac{1}{2}\overline{\text{CD}}=\dfrac{1}{2}\times(6+8)=7\,(\text{cm})$
$\therefore \overline{\text{OM}}=\overline{\text{NH}}=7-6=1\,(\text{cm})$
$\overline{\text{OB}}$를 그으면 $\triangle\text{OBM}$에서
$\overline{\text{OB}}=\sqrt{8^2+1^2}=\sqrt{65}\,(\text{cm})$
따라서 원 O의 반지름의 길이는 $\sqrt{65}$ cm이다.
　🗒 $\sqrt{65}$ cm

08

오른쪽 그림과 같이 점 O에서 $\overline{\text{AB}}$에 내
린 수선의 발을 M이라 하면
$\overline{\text{OA}}=12$ cm,

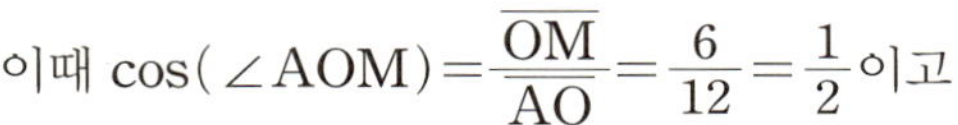

$\overline{\text{OM}}=\dfrac{1}{2}\overline{\text{OA}}=\dfrac{1}{2}\times12=6\,(\text{cm})$

이때 $\cos(\angle\text{AOM})=\dfrac{\overline{\text{OM}}}{\overline{\text{AO}}}=\dfrac{6}{12}=\dfrac{1}{2}$이고
$\angle\text{AOM}$은 예각이므로 $\angle\text{AOM}=60°$
$\overline{\text{AM}}=\sqrt{12^2-6^2}=6\sqrt{3}\,(\text{cm})$
$\therefore \overline{\text{AB}}=2\overline{\text{AM}}=2\times6\sqrt{3}=12\sqrt{3}\,(\text{cm})$
$\triangle\text{AOM}$과 $\triangle\text{BOM}$에서
$\overline{\text{AO}}=\overline{\text{BO}}$, $\angle\text{AMO}=\angle\text{BMO}=90°$,
$\overline{\text{OM}}$은 공통이므로
$\triangle\text{AOM}\equiv\triangle\text{BOM}$ (RHS 합동)
$\angle\text{AOB}=2\angle\text{AOM}=2\times60°=120°$
$\therefore$ (색칠한 부분의 넓이)
$\quad=$ (부채꼴 AOB의 넓이)$-2\triangle\text{AOB}$
$\quad=\pi\times12^2\times\dfrac{120}{360}-2\times\dfrac{1}{2}\times12\sqrt{3}\times6$
$\quad=48\pi-72\sqrt{3}\,(\text{cm}^2)$ 　🗒 $(48\pi-72\sqrt{3})$ cm²

09

오른쪽 그림과 같이 $\overline{\text{OA}}$, $\overline{\text{OC}}$를 그으면
$\overline{\text{OC}}=8$이므로
$\overline{\text{CN}}=\sqrt{8^2-4^2}=4\sqrt{3}$
$\triangle\text{OCN}$에서
$\cos(\angle\text{CON})=\dfrac{4}{8}=\dfrac{1}{2}$이므로
$\angle\text{CON}=60°$
$\triangle\text{OCN}$과 $\triangle\text{OAM}$에서
$\overline{\text{OC}}=\overline{\text{OA}}$, $\angle\text{CNO}=\angle\text{AMO}=90°$, $\overline{\text{ON}}=\overline{\text{OM}}$이므로
$\triangle\text{OCN}\equiv\triangle\text{OAM}$ (RHS 합동)
$\angle\text{AOM}=\angle\text{CON}=60°$
$\therefore \angle\text{AOC}=150°-(60°+60°)=30°$
$\therefore$ (색칠한 부분의 넓이)
$\quad=$ (부채꼴 AOC의 넓이)$+2\triangle\text{OCN}$
$\quad=\pi\times8^2\times\dfrac{30}{360}+2\times\left(\dfrac{1}{2}\times4\sqrt{3}\times4\right)$
$\quad=\dfrac{16}{3}\pi+16\sqrt{3}$ 　🗒 $\dfrac{16}{3}\pi+16\sqrt{3}$

10

점 O에서 $\overline{\text{CD}}$에 내린 수선의 발을 M이라 하면

$\overline{CM}=\dfrac{1}{2}\overline{CD}=\dfrac{1}{2}\times12=6(cm),$

$\overline{OC}=\dfrac{1}{2}\overline{BC}=\dfrac{1}{2}\times20=10(cm)$

이므로

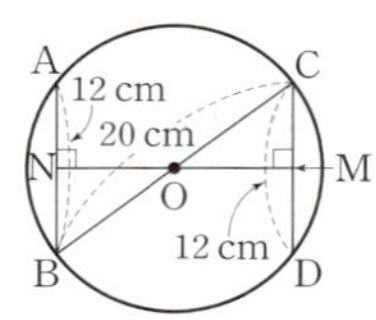

$\triangle COM$에서 $\overline{OM}=\sqrt{10^2-6^2}=8(cm)$

이때 점 O에서 $\overline{AB}$에 내린 수선의 발을 N이라 하면

$\overline{AB}=\overline{CD}$이므로 $\overline{ON}=\overline{OM}=8(cm)$

따라서 $\overline{AB}\,/\!/\,\overline{CD}$이므로 두 현 AB, CD 사이의 거리는

$8+8=16(cm)$　　　　　　　　　　　　　　目 16 cm

11

$\overline{OD}=\overline{OE}=\overline{OF}$이므로 $\overline{AB}=\overline{BC}=\overline{CA}$

즉 $\triangle ABC$는 정삼각형이다.　　　　　…… 40 %

오른쪽 그림과 같이 $\overline{OB}$를 그으면

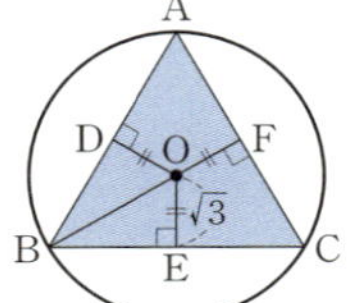

$\triangle OBD$와 $\triangle OBE$에서

$\overline{OD}=\overline{OE}$, $\angle BDO=\angle BEO=90°$,

$\overline{OB}$는 공통이므로

$\triangle OBD\equiv\triangle OBE$ (RHS 합동)

$\angle OBD=\angle OBE=\dfrac{1}{2}\angle ABC$

$\qquad\qquad=\dfrac{1}{2}\times60°=30°$

$\triangle OBE$에서

$\overline{BE}=\dfrac{\overline{OE}}{\tan30°}=\sqrt{3}\div\dfrac{\sqrt{3}}{3}=3$　　…… 30 %

따라서 $\overline{BC}=2\overline{BE}=2\times3=6$이므로

$\triangle ABC=\dfrac{1}{2}\times6\times6\times\sin60°$

$\qquad\quad=\dfrac{1}{2}\times6\times6\times\dfrac{\sqrt{3}}{2}$

$\qquad\quad=9\sqrt{3}$　　　　　　　　　　…… 30 %

目 $9\sqrt{3}$

채점기준	배점
$\triangle ABC$가 어떤 삼각형인지 알기	40 %
$\overline{BE}$의 길이 구하기	30 %
$\triangle ABC$의 넓이 구하기	30 %

12

오른쪽 그림과 같이 $\overline{OO'}$을 그으면

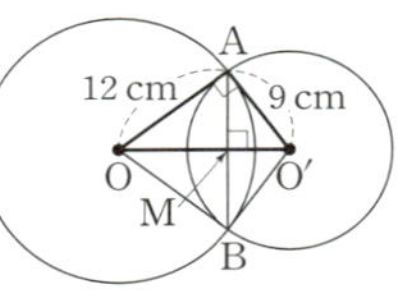

$\triangle AOO'$에서

$\overline{OO'}=\sqrt{12^2+9^2}=15(cm)$

$\overline{OB}$, $\overline{O'B}$를 그으면

$\triangle AOO'$과 $\triangle BOO'$에서

$\overline{OA}=\overline{OB}$, $\overline{O'A}=\overline{O'B}$, $\overline{OO'}$은 공통이므로

$\triangle AOO'\equiv\triangle BOO'$ (SSS 합동)

즉 $\overline{OO'}$은 이등변삼각형 AOB의 꼭지각의 이등분선이므

로 $\overline{AB}\perp\overline{OO'}$이다.

$\overline{OO'}$과 $\overline{AB}$가 만나는 점을 M이라 하면

$\triangle AOO'$에서 $\overline{OA}\times\overline{O'A}=\overline{OO'}\times\overline{AM}$이므로

$12\times9=15\times\overline{AM}$　　$\therefore \overline{AM}=\dfrac{36}{5}(cm)$

$\therefore \overline{AB}=2\overline{AM}=2\times\dfrac{36}{5}=\dfrac{72}{5}(cm)$　　目 $\dfrac{72}{5}$ cm

13

$\overline{BC}^2=\overline{AB}^2+\overline{AC}^2$이므로

$\triangle ABC$는 $\angle A=90°$인 직각삼

각형이다.

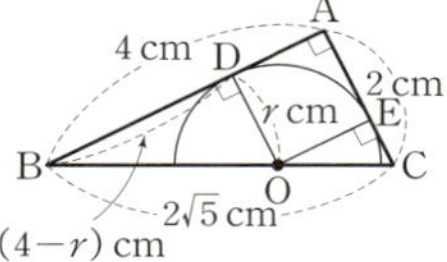

오른쪽 그림과 같이 반원 O와

$\overline{AB}$, $\overline{AC}$가 만나는 점을 각각 D, E라 하고 반원의 반지

름의 길이를 r cm라 하면

$\triangle DBO\backsim\triangle ABC$ (AA 닮음)이므로

$(4-r):4=r:2,\ 6r=8$　　$\therefore r=\dfrac{4}{3}$

$\therefore$ (반원 O의 둘레의 길이)$=\dfrac{1}{2}\times2\pi\times\dfrac{4}{3}+2\times\dfrac{4}{3}$

$\qquad\qquad\qquad\qquad\qquad=\dfrac{4}{3}\pi+\dfrac{8}{3}(cm)$

目 $\left(\dfrac{4}{3}\pi+\dfrac{8}{3}\right)$cm

14

오른쪽 그림과 같이 두 점 O, O'을 지

나는 직선을 그어 호 AB와 만나는 점

을 E라 하자.

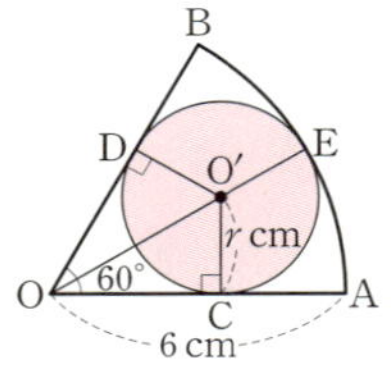

원 O'의 반지름의 길이를 r cm라고

하면

$\overline{O'E}=r$ cm, $\overline{OO'}=6-r$(cm)

$\triangle O'OD$와 $\triangle O'OC$에서

$\overline{O'D}=\overline{O'C}$, $\angle ODO'=\angle OCO'=90°$, $\overline{O'O}$는 공통이

므로

$\triangle O'OD\equiv\triangle O'OC$ (RHS 합동)

$\therefore \angle O'OD=\angle O'OC=30°$

$\triangle O'OC$에서 $\sin30°=\dfrac{\overline{O'C}}{\overline{O'O}}=\dfrac{r}{6-r}=\dfrac{1}{2}$

$3r=6$　　$\therefore r=2$

$\therefore$ (원 O'의 넓이)$=\pi\times2^2=4\pi(cm^2)$　　目 4π cm²

15

오른쪽 그림과 같이 $\overline{\text{OP}}$를 그으면
$\triangle\text{PAO}$와 $\triangle\text{PBO}$에서
$\angle\text{PAO}=\angle\text{PBO}=90°$, $\overline{\text{OP}}$는 공통, $\overline{\text{OA}}=\overline{\text{OB}}$이므로
$\triangle\text{PAO}\equiv\triangle\text{PBO}$ (RHS 합동)
$\therefore \angle\text{APO}=\angle\text{BPO}=\dfrac{1}{2}\times 60°=30°$
$\triangle\text{AOP}$에서
$\overline{\text{OA}}=\overline{\text{PA}}\tan 30°=6\times\dfrac{\sqrt{3}}{3}=2\sqrt{3}\,(\text{cm})$ ······ 40 %
이때 $\square\text{AOBP}$에서
$\angle\text{AOB}=360°-(60°+90°+90°)=120°$ ······ 20 %
$\therefore$ (색칠한 부분의 넓이)
$=2\triangle\text{PAO}-($부채꼴 AOB의 넓이$)$
$=2\times\left(\dfrac{1}{2}\times 6\times 2\sqrt{3}\right)-\pi\times(2\sqrt{3})^2\times\dfrac{120}{360}$
$=12\sqrt{3}-4\pi\,(\text{cm}^2)$ ······ 40 %

답 $(12\sqrt{3}-4\pi)\ \text{cm}^2$

채점기준	배점
$\overline{\text{OA}}$의 길이 구하기	40 %
$\angle\text{AOB}$의 크기 구하기	20 %
색칠한 부분의 넓이 구하기	40 %

16

오른쪽 그림과 같이 $\overline{\text{OE}}$의 연장선이 $\overline{\text{AD}}$와 만나는 점을 P, $\overline{\text{OF}}$의 연장선이 $\overline{\text{AB}}$와 만나는 점을 Q라고 하면
$\overline{\text{OP}}\perp\overline{\text{AH}}$이므로 $\overline{\text{AP}}=\overline{\text{PH}}$
$\overline{\text{OQ}}\perp\overline{\text{AG}}$이므로 $\overline{\text{AQ}}=\overline{\text{QG}}$
$\overline{\text{AG}}=16-2=14$이므로
$\overline{\text{AQ}}=\dfrac{1}{2}\overline{\text{AG}}=\dfrac{1}{2}\times 14=7$
$\overline{\text{DF}}=\overline{\text{AQ}}=7$이고 $\square\text{OECF}$는 정사각형이므로
$\overline{\text{CE}}=\overline{\text{CF}}=16-7=9$
$\overline{\text{AP}}=\overline{\text{BE}}=14-9=5$이므로
$\overline{\text{AH}}=2\overline{\text{AP}}=2\times 5=10$
$\therefore \overline{\text{DH}}=14-10=4$

답 4

17

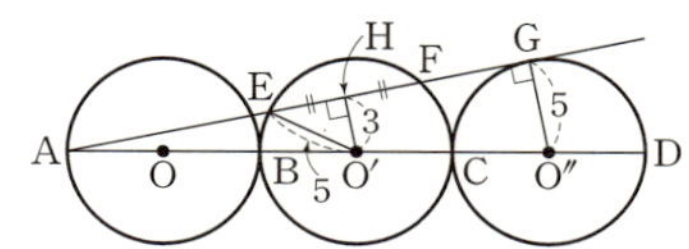

18

위 그림과 같이 $\overline{\text{O}''\text{G}}$를 그으면 $\angle\text{AGO}''=90°$
점 O'에서 $\overline{\text{EF}}$에 내린 수선의 발을 H라고 하면
$\triangle\text{AO}'\text{H}\backsim\triangle\text{AO}''\text{G}$ (AA 닮음)이므로
$\overline{\text{AO}'}:\overline{\text{AO}''}=\overline{\text{O}'\text{H}}:\overline{\text{O}''\text{G}}$에서
$15:25=\overline{\text{O}'\text{H}}:5$ $\therefore \overline{\text{O}'\text{H}}=3$
$\overline{\text{O}'\text{E}}$를 그으면 $\triangle\text{EO}'\text{H}$에서
$\overline{\text{EH}}=\sqrt{5^2-3^2}=4$
$\therefore \overline{\text{EF}}=2\overline{\text{EH}}=2\times 4=8$

답 8

18

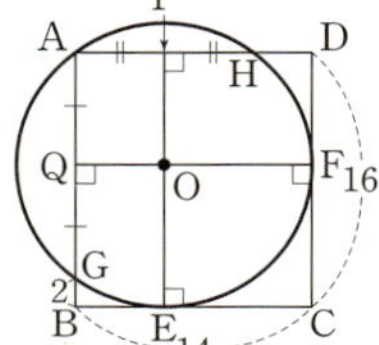

$\overline{\text{OM}}=\overline{\text{ON}}$이므로 $\overline{\text{AC}}=\overline{\text{AB}}=6\sqrt{3}$
오른쪽 그림과 같이 점 A에서 $\overline{\text{BC}}$에 내린 수선의 발을 H라고 하면
$\triangle\text{ABH}$는 $\angle\text{ABH}=30°$, $\angle\text{BAH}=60°$인 직각삼각형이므로
$\overline{\text{AH}}=\overline{\text{AB}}\sin 30°=6\sqrt{3}\times\dfrac{1}{2}=3\sqrt{3}$
$\overline{\text{BH}}=\overline{\text{AB}}\cos 30°=6\sqrt{3}\times\dfrac{\sqrt{3}}{2}=9$
$\therefore \overline{\text{BC}}=2\overline{\text{BH}}=2\times 9=18$
이때 $\triangle\text{ABH}\backsim\triangle\text{DBM}$ (AA 닮음)이므로
$\overline{\text{BH}}:\overline{\text{BM}}=\overline{\text{AH}}:\overline{\text{DM}}$
즉, $9:3\sqrt{3}=3\sqrt{3}:\overline{\text{DM}}$이므로
$9\overline{\text{DM}}=27$ $\therefore \overline{\text{DM}}=3$
$\therefore$ (오각형 AMDEN의 넓이)
$=\triangle\text{ABC}-2\triangle\text{DBM}$
$=\dfrac{1}{2}\times 18\times 3\sqrt{3}-2\times\left(\dfrac{1}{2}\times 3\sqrt{3}\times 3\right)$
$=18\sqrt{3}$

답 $18\sqrt{3}$

19

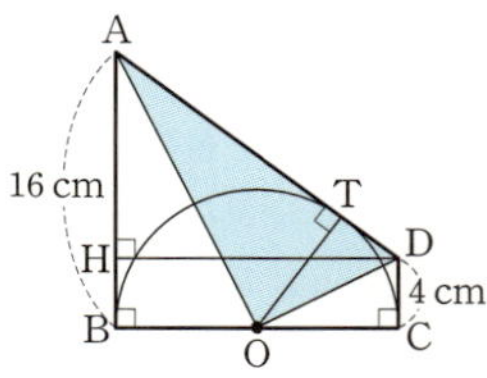

오른쪽 그림과 같이 점 D에서 $\overline{\text{AB}}$에 내린 수선의 발을 H, 점 O에서 $\overline{\text{AD}}$에 내린 수선의 발을 T라고 하면
$\overline{\text{AT}}=\overline{\text{AB}}=16\ \text{cm}$,
$\overline{\text{DT}}=\overline{\text{DC}}=4\ \text{cm}$이므로 $\overline{\text{AD}}=16+4=20\,(\text{cm})$
$\overline{\text{BH}}=\overline{\text{CD}}=4\ \text{cm}$이므로 $\overline{\text{AH}}=16-4=12\,(\text{cm})$
$\triangle\text{AHD}$에서 $\overline{\text{HD}}=\sqrt{20^2-12^2}=16\,(\text{cm})$
$\overline{\text{BC}}=\overline{\text{HD}}=16\ \text{cm}$이므로
$\overline{\text{OT}}=\overline{\text{OB}}=\overline{\text{OC}}=\dfrac{1}{2}\overline{\text{BC}}=\dfrac{1}{2}\times 16=8\,(\text{cm})$

$$\therefore \triangle \text{AOD} = \frac{1}{2} \times \overline{\text{AD}} \times \overline{\text{OT}} = \frac{1}{2} \times 20 \times 8$$
$$= 80(\text{cm}^2)$$

🖪 80 cm²

20

반원 O의 반지름의 길이가 6 cm이므로 원 P의 반지름의 길이는 3 cm이다.

오른쪽 그림과 같이 점 Q에서 $\overline{\text{PO}}$에 내린 수선의 발을 H, 원 Q의 반지름의 길이를 x cm라고 하면

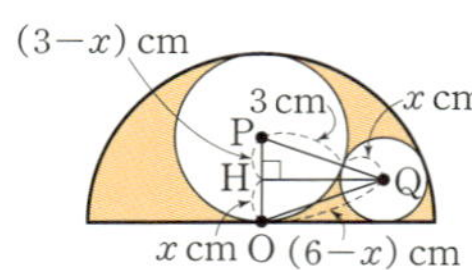

$\overline{\text{HO}} = x$ cm, $\overline{\text{PH}} = (3-x)$ cm, $\overline{\text{OQ}} = (6-x)$ cm, $\overline{\text{PQ}} = (3+x)$ cm

$\triangle \text{PHQ}$에서 $\overline{\text{HQ}}^2 = (3+x)^2 - (3-x)^2$

$\triangle \text{HOQ}$에서 $\overline{\text{HQ}}^2 = (6-x)^2 - x^2$

즉 $(3+x)^2 - (3-x)^2 = (6-x)^2 - x^2$

$24x = 36 \qquad \therefore x = \dfrac{3}{2}$

$\therefore$ (색칠한 부분의 넓이)

$$= \frac{1}{2} \times \pi \times 6^2 - \pi \times 3^2 - \pi \times \left(\frac{3}{2}\right)^2$$
$$= 18\pi - 9\pi - \frac{9}{4}\pi = \frac{27}{4}\pi(\text{cm}^2)$$

🖪 $\dfrac{27}{4}\pi$ cm²

21

오른쪽 그림과 같이 $\overline{\text{BE}}$를 그으면 $\overline{\text{BE}} = 8$ cm이므로 $\triangle \text{BCE}$에서

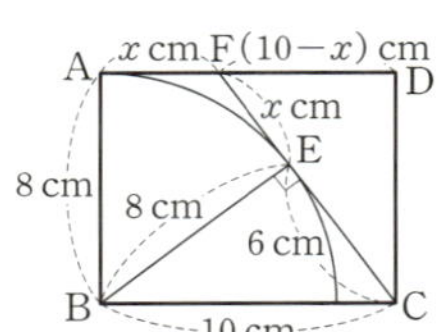

$\overline{\text{CE}} = \sqrt{10^2 - 8^2} = 6(\text{cm})$

$\overline{\text{AF}} = \overline{\text{EF}} = x$ cm라 하면 $\triangle \text{CDF}$에서

$(6+x)^2 = (10-x)^2 + 8^2$

$32x = 128 \qquad \therefore x = 4$

따라서 $\overline{\text{AF}} = 4$ cm이다.

🖪 ①

22

원에 외접하는 사각형의 두 쌍의 대변의 길이의 합은 서로 같다.

원 O가 사각형 ABCD에 내접하므로

$\overline{\text{AB}} + \overline{\text{CD}} = \overline{\text{AD}} + \overline{\text{BC}} = 10 + 14 = 24 \qquad \cdots\cdots\ \ominus$

원 O′이 사각형 CEFD에 내접하므로

$\overline{\text{CD}} + \overline{\text{EF}} = \overline{\text{DF}} + \overline{\text{CE}} = 9 + 8 = 17 \qquad \cdots\cdots\ \ominus$

$\ominus - \ominus$을 하면

$\overline{\text{AB}} - \overline{\text{EF}} = 24 - 17 = 7$

🖪 7

23

$\overline{\text{BH}} = x$ cm라고 하면 $\overline{\text{BF}} = \overline{\text{BH}} = x$ cm

$\overline{\text{AI}} = \overline{\text{AF}} = (9-x)$ cm, $\overline{\text{CI}} = \overline{\text{CH}} = (11-x)$ cm

이때 $\overline{\text{AC}} = \overline{\text{AI}} + \overline{\text{CI}}$이므로

$6 = (9-x) + (11-x) \qquad \therefore x = 7$

따라서 $\overline{\text{DG}} = \overline{\text{DF}}$, $\overline{\text{EG}} = \overline{\text{EH}}$이므로

$\triangle \text{DBE}$의 둘레의 길이는

$\overline{\text{DB}} + \overline{\text{BE}} + \overline{\text{DE}} = \overline{\text{BF}} + \overline{\text{BH}} = 2\overline{\text{BH}} = 2 \times 7 = 14(\text{cm})$

🖪 14 cm

24

오른쪽 그림과 같이 $\overline{\text{OE}}$를 긋고 원 O의 반지름의 길이를 r라고 하면 $\triangle \text{ABC}$의 넓이가 88이므로

$$\frac{1}{2} \times r \times (14 + 17 + 13) = 88$$

$22r = 88 \qquad \therefore r = 4$

$\overline{\text{BE}} = x$라고 하면 $\overline{\text{BD}} = \overline{\text{BE}} = x$

$\overline{\text{AF}} = \overline{\text{AD}} = 14 - x$, $\overline{\text{CF}} = \overline{\text{CE}} = 17 - x$

이때 $\overline{\text{AC}} = \overline{\text{AF}} + \overline{\text{CF}}$이므로

$13 = (14-x) + (17-x) \qquad \therefore x = 9$

따라서 $\triangle \text{OBE}$에서

$\overline{\text{OB}} = \sqrt{9^2 + 4^2} = \sqrt{97}$

🖪 $\sqrt{97}$

25

원 O의 반지름의 길이를 r라고 하면

$2\pi \times r = 4\pi$에서 $r = 2$

$\square \text{OQCR}$는 정사각형이므로 $\overline{\text{OQ}} = \overline{\text{OR}} = 2$

$\overline{\text{BP}} = \overline{\text{BQ}} = a$라 하면 $\overline{\text{BC}} = a + 2$이므로

$\triangle \text{ABC}$에서

$$\overline{\text{AB}} = \frac{a+2}{\cos 60°} = 2a + 4$$

$\overline{\text{AR}} = \overline{\text{AP}} = (2a+4) - a = a + 4$에서

$\overline{\text{AC}} = (a+4) + 2 = a + 6$이므로

$$\tan 60° = \frac{a+6}{a+2} = \sqrt{3} \qquad \therefore a = 2\sqrt{3}$$

$\therefore$ ($\triangle \text{ABC}$의 둘레의 길이)

$$= (2a+4) + (a+2) + (a+6)$$
$$= 4a + 12$$
$$= 8\sqrt{3} + 12$$

🖪 $8\sqrt{3} + 12$

26

원 O가 $\overline{AB}$, $\overline{BC}$, $\overline{CA}$와 만나는 점을 각각 D, E, F라 하고

$\overline{AD}=x$ cm라 하면

$\overline{AF}=\overline{AD}=x$ cm,

$\overline{CE}=\overline{CF}=10-x\,(\text{cm})$

$\overline{AB}=x+2\,(\text{cm})$, $\overline{BC}=2+(10-x)=12-x\,(\text{cm})$

△ABC에서

$(x+2)^2+(12-x)^2=10^2$, $x^2-10x+24=0$

$(x-4)(x-6)=0$ ∴ $x=4$ 또는 $x=6$

이때 $\overline{AB}<\overline{BC}$이므로 $\overline{AB}=4+2=6\,(\text{cm})$,

$\overline{BC}=12-4=8\,(\text{cm})$

∴ (색칠한 부분의 넓이)

$=\triangle ABC-(\text{원 O의 넓이})$

$=\dfrac{1}{2}\times 8\times 6-\pi\times 2^2$

$=24-4\pi\,(\text{cm}^2)$ **답** $(24-4\pi)\ \text{cm}^2$

27

$\overline{AD}=\overline{AE}$, $\overline{CF}=\overline{CE}$이므로

$\overline{BD}+\overline{BF}=\overline{AB}+\overline{BC}+\overline{AC}$

$\qquad\qquad\ =9+12+11=32$

즉 $\overline{BD}=\overline{BF}=\dfrac{1}{2}\times 32=16$이므로 ······ 30 %

$\overline{AE}=\overline{AD}=\overline{BD}-\overline{AB}=16-9=7$ ······ 30 %

$\overline{AR}=x$라고 하면 $\overline{AP}=\overline{AR}=x$

$\overline{BQ}=\overline{BP}=9-x$, $\overline{CQ}=\overline{CR}=11-x$

이때 $\overline{BC}=\overline{BQ}+\overline{CQ}$이므로

$12=(9-x)+(11-x)$ ∴ $x=4$

∴ $\overline{RE}=\overline{AE}-\overline{AR}=7-4=3$ ······ 40 %

답 3

채점기준	배점
$\overline{BD}$의 길이 구하기	30 %
$\overline{AE}$의 길이 구하기	30 %
$\overline{RE}$의 길이 구하기	40 %

28

$\overline{AR}=\overline{AP}=7$ cm이므로

$\overline{BQ}=\overline{BP}=13-7=6\,(\text{cm})$,

$\overline{CQ}=\overline{CR}=15-7=8\,(\text{cm})$

∴ $\overline{BC}=6+8=14\,(\text{cm})$

점 A에서 $\overline{BC}$에 내린 수선의 발을 H라 하자.

$\overline{BH}=x$ cm라 하면

$\overline{CH}=(14-x)$ cm

△ABH에서 $\overline{AH}^2=13^2-x^2$,

△ACH에서 $\overline{AH}^2=15^2-(14-x)^2$

$13^2-x^2=15^2-(14-x)^2$에서

$28x=140$ ∴ $x=5$

∴ $\overline{AH}=\sqrt{13^2-5^2}=12\,(\text{cm})$

∴ $\triangle ABC=\dfrac{1}{2}\times 14\times 12=84\,(\text{cm}^2)$

원 O의 반지름의 길이를 r cm라 하면

$\triangle ABC=\dfrac{1}{2}r(13+14+15)=84$

∴ $r=4$

따라서 원 O의 반지름의 길이는 4 cm이다. **답** 4 cm

29

오른쪽 그림과 같이 점 A에서 $\overline{BC}$에 내린 수선의 발을 H, 원 O의 반지름의 길이를 r cm라고 하면

$\overline{AH}=\overline{CD}=2r$ cm,

$\overline{BH}=10-5=5\,(\text{cm})$

이때 $\overline{AB}+\overline{CD}=\overline{AD}+\overline{BC}$이므로

$\overline{AB}+2r=5+10$ ∴ $\overline{AB}=15-2r\,(\text{cm})$

△ABH에서

$(15-2r)^2=5^2+(2r)^2$ ∴ $r=\dfrac{10}{3}$

따라서 원 O의 넓이는 $\pi\times\left(\dfrac{10}{3}\right)^2=\dfrac{100}{9}\pi\,(\text{cm}^2)$이다.

답 $\dfrac{100}{9}\pi\ \text{cm}^2$

30

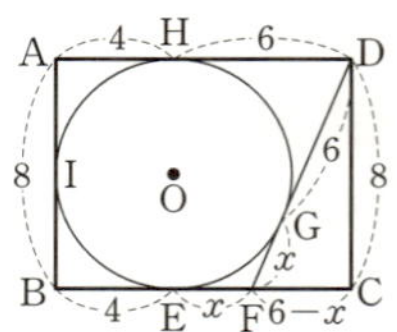

원 O의 지름의 길이는 $\overline{AB}$의 길이와 같으므로

$\overline{AH}=\overline{BE}=\dfrac{1}{2}\overline{AB}=\dfrac{1}{2}\times 8=4$

$\overline{DG}=\overline{DH}=10-4=6$

$\overline{EF}=x$라고 하면 $\overline{GF}=\overline{EF}=x$

$\overline{CF}=10-(4+x)=6-x$, $\overline{DF}=6+x$

△DFC에서

$(6+x)^2=(6-x)^2+8^2$ ∴ $x=\dfrac{8}{3}$

$$\therefore \overline{DF}=6+\frac{8}{3}=\frac{26}{3}$$

🖪 $\dfrac{26}{3}$

01

오른쪽 그림과 같이 석쇠의 중심을 점 O, 점 O에서 $\overline{AB}$, $\overline{CD}$, $\overline{EF}$에 내린 수선의 발을 각각 P, Q, R라고 하면

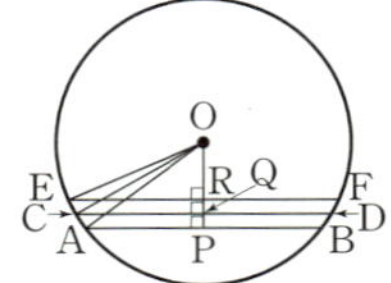

$$\overline{AP}=\frac{1}{2}\overline{AB}=\frac{1}{2}\times16=8(\text{cm})$$

$$\overline{CQ}=\frac{1}{2}\overline{CD}=\frac{1}{2}\times10\sqrt{3}=5\sqrt{3}\ (\text{cm})$$

$$\overline{ER}=\frac{1}{2}\overline{EF}=\frac{1}{2}\times4\sqrt{21}=2\sqrt{21}\ (\text{cm})$$

이때 원 O의 반지름의 길이를 r cm, $\overline{OR}=a$ cm, $\overline{PQ}=\overline{QR}=b$ cm라고 하면

△OER에서 $r^2=a^2+(2\sqrt{21})^2$ …… ㉠

△OCQ에서 $r^2=(a+b)^2+(5\sqrt{3})^2$ …… ㉡

△OAP에서 $r^2=(a+2b)^2+8^2$ …… ㉢

㉠, ㉡에서 $a^2+84=(a+b)^2+75$

$a^2+84=a^2+2ab+b^2+75$

$$\therefore 2ab+b^2=9 \quad\quad …… ㉣$$

㉠, ㉢에서 $a^2+84=(a+2b)^2+64$

$a^2+84=a^2+4ab+4b^2+64$

$$\therefore 4ab+4b^2=20 \quad\quad …… ㉤$$

㉤－㉣×2를 하면 $2b^2=2$ $\therefore b=1\ (\because b>0)$

$b=1$을 ㉣에 대입하면

$2a+1=9$ $\therefore a=4$

$a=4$를 ㉠에 대입하면

$r^2=16+84=100$ $\therefore r=10\ (\because r>0)$

따라서 석쇠의 둘레의 길이는 $2\pi\times10=20\pi(\text{cm})$

🖪 20π cm

02

오른쪽 그림과 같이 원 O와 $\overline{AB}$, $\overline{BC}$, $\overline{DE}$, $\overline{FG}$의 접점을 차례로 H, I, J, K라고 하면

△BED에서

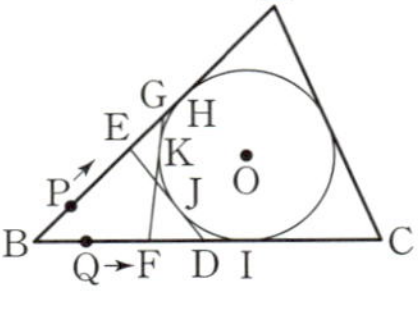

$\overline{BE}+\overline{ED}+\overline{DB}=\overline{BH}+\overline{BI}$이고

△BFG에서

$\overline{BF}+\overline{FG}+\overline{GB}=\overline{BH}+\overline{BI}$이므로

△BED와 △BFG의 둘레의 길이는 같다.

이때 △BED의 둘레의 길이는 $4\times5=20(\text{cm})$

따라서 점 Q가 점 B를 출발하여 △BFG를 한 바퀴 돌아 다시 점 B로 돌아오는 데 걸리는 시간은 $\dfrac{20}{2}=10(\text{초})$이다.

🖪 10초

03

직사각형 ABCD의 둘레의 길이가 56 cm이므로

가로와 세로의 길이의 합은 $56\div2=28(\text{cm})$

$\overline{AB}=x$ cm라 하면 $\overline{BC}=(28-x)$ cm

원의 반지름의 길이가 4 cm이므로

$\overline{AE}=(x-4)$ cm, $\overline{EC}=28-x-4=24-x(\text{cm})$

$\overline{AC}=(x-4)+(24-x)=20(\text{cm})$이므로

$x^2+(28-x)^2=20^2$

$x^2-28x+192=0$

$(x-12)(x-16)=0$

$\therefore x=12$ 또는 $x=16$

이때 $\overline{AB}<\overline{BC}$이므로 $x=12$

따라서 $\overline{AE}=12-4=8(\text{cm})$이고 마찬가지로

$\overline{CF}=8$ cm이므로 $\overline{EF}=20-(8+8)=4(\text{cm})$

$$\therefore \square EOFO'=2\times\frac{1}{2}\times4\times4=16(\text{cm}^2)$$

🖪 16 cm²

04

오른쪽 그림과 같이 점 O에서 $\overline{CD}$에 내린 수선의 발을 H라고 하면

$\overline{CH}=\overline{DH}$

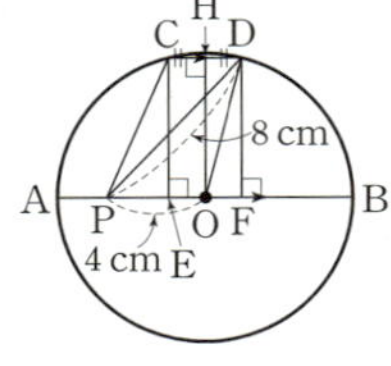

두 점 C, D에서 $\overline{AB}$에 내린 수선의 발을 각각 E, F라 하고

$\overline{CH}=x$ cm라고 하면

$\overline{EO}=\overline{FO}=\overline{DH}=\overline{CH}=x$ cm, $\overline{PF}=4+x(\text{cm})$

△DOF에서 $\overline{DF}^2=6^2-x^2$ …… ㉠

△DPF에서 $\overline{DF}^2=8^2-(4+x)^2$ …… ㉡

㉠, ㉡에서 $6^2-x^2=8^2-(4+x)^2$이므로

$8x=12$ $\therefore x=\dfrac{3}{2}$

따라서 $\overline{CE}=\overline{DF}=\sqrt{6^2-\left(\dfrac{3}{2}\right)^2}=\dfrac{3\sqrt{15}}{2}(\text{cm})$,

$\overline{PE}=\overline{PO}-\overline{EO}=4-\dfrac{3}{2}=\dfrac{5}{2}(\text{cm})$이므로

$\triangle$CPE에서

$$\overline{PC}=\sqrt{\left(\frac{5}{2}\right)^2+\left(\frac{3\sqrt{15}}{2}\right)^2}=2\sqrt{10}\,(\text{cm})$$

답 $2\sqrt{10}$ cm

05

원 O의 반지름의 길이를 r라고 하면

$\overline{AB}=2r$, $\overline{AE}=6-4=2$

$\square$ABCE에서 $\overline{AB}+\overline{EC}=\overline{AE}+\overline{BC}$이므로

$2r+\overline{EC}=2+6$ $\therefore \overline{EC}=8-2r$

이때 $\overline{CD}=2r$이므로 $\triangle$ECD에서

$(8-2r)^2=4^2+(2r)^2$ $\therefore r=\frac{3}{2}$

즉 $\overline{CD}=3$, $\overline{EC}=8-2\times\frac{3}{2}=5$

원 O'의 반지름의 길이를 r'이라고 하면

$\triangle$ECD에서

$\frac{1}{2}\times\overline{CD}\times\overline{DE}=\frac{1}{2}\times r'\times(\overline{EC}+\overline{CD}+\overline{DE})$이므로

$\frac{1}{2}\times3\times4=\frac{1}{2}\times r'\times(5+3+4)$

$\therefore r'=1$

따라서 두 원 O, O'의 넓이의 합은

$$\pi\times\left(\frac{3}{2}\right)^2+\pi\times1^2=\frac{13}{4}\pi$$

답 $\frac{13}{4}\pi$

06

오른쪽 그림과 같이 점 C에서 $\overline{DB}$
에 내린 수선의 발을 H라고 하면

$\overline{HB}=\overline{CA}=2\,(\text{cm})$

$\therefore \overline{DH}=\overline{DB}-\overline{HB}$
$\quad\quad=6-2=4\,(\text{cm})$

$\overline{CP}=\overline{CA}=2\,(\text{cm})$, $\overline{DP}=\overline{DB}=6\,(\text{cm})$이므로

$\overline{CD}=\overline{CP}+\overline{DP}=2+6=8\,(\text{cm})$

$\triangle$CHD에서

$\overline{CH}=\sqrt{8^2-4^2}=4\sqrt{3}\,(\text{cm})$

$\therefore \overline{AB}=\overline{CH}=4\sqrt{3}\,(\text{cm})$,

$\quad \overline{OA}=\frac{1}{2}\overline{AB}=\frac{1}{2}\times4\sqrt{3}=2\sqrt{3}\,(\text{cm})$

한편, $\angle$CAB$=\angle$ABD$=90°$이므로 $\overline{AC}/\!/\overline{BD}$

따라서 $\triangle$QCA$\backsim\triangle$QBD (AA 닮음)이므로

$\overline{QA}:\overline{QD}=\overline{CA}:\overline{BD}=2:6=1:3$

즉 $\triangle$CAD에서 $\overline{DP}:\overline{PC}=\overline{DQ}:\overline{QA}=3:1$이므로

$\overline{PQ}/\!/\overline{CA}$

$\therefore \overline{CA}/\!/\overline{PR}/\!/\overline{DB}$

따라서 $\overline{AR}:\overline{RB}=\overline{CP}:\overline{PD}=1:3$이므로

$\overline{AR}=\frac{1}{4}\overline{AB}=\frac{1}{4}\times4\sqrt{3}=\sqrt{3}\,(\text{cm})$

$\therefore \overline{OR}=\overline{OA}-\overline{AR}=2\sqrt{3}-\sqrt{3}=\sqrt{3}\,(\text{cm})$

답 $\sqrt{3}$ cm

02. 원주각

STEP C 주제별필수문제 본문 50~52쪽

01 $\angle x=60°$, $\angle y=120°$			**02** $64°$	
03 4π cm²		**04** $34°$	**05** $70°$	**06** $66°$
07 $68°$	**08** $22°$	**09** $20°$	**10** $53°$	**11** $54°$
12 $\frac{3\sqrt{7}}{16}$	**13** $56°$	**14** $24°$	**15** 6π cm	
16 $60°$	**17** $91°$	**18** $72°$		

01

$\angle x=\frac{1}{2}\angle BOD=\frac{1}{2}\times120°=60°$

$\angle y=\frac{1}{2}\times(360°-\angle BOD)$

$\quad\quad=\frac{1}{2}\times(360°-120°)=120°$

답 $\angle x=60°$, $\angle y=120°$

02

$\angle AOB=2\angle APB=2\times31°=62°$

$\angle AOC=2\angle AQC=2\times63°=126°$

$\therefore \angle BOC=126°-62°=64°$

답 $64°$

03

$\angle BOC=2\angle BAC=2\times45°=90°$

$\therefore$ (색칠한 부분의 넓이)$=\pi\times4^2\times\frac{90}{360}$

$\quad\quad=4\pi\,(\text{cm}^2)$

답 4π cm²

04

오른쪽 그림과 같이 $\overline{OA}$를 그으면

$\angle AOC=2\angle ABC=2\times56°=112°$

$\triangle$AOC에서 $\overline{OA}=\overline{OC}$이므로

$\angle OCA=\frac{1}{2}\times(180°-112°)=34°$

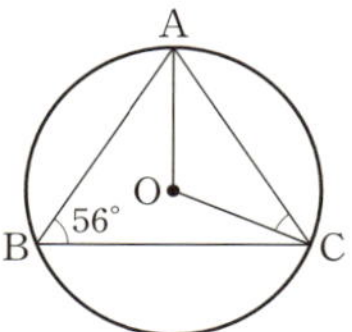

답 $34°$

05

오른쪽 그림과 같이 $\overline{OA}$, $\overline{OB}$를
그으면

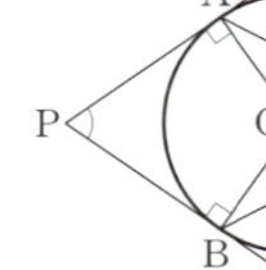

$$\angle AOB = 2\angle AQB = 2\times55°$$
$$\qquad\quad =110°$$

$\angle PAO = \angle PBO = 90°$이므로

$\square APBO$에서

$$\angle APB = 360°-(90°+90°+110°)$$
$$\qquad\quad =70°$$

답 $70°$

06

$\angle PAO = \angle PBO = 90°$이므로

$\square APBO$에서

$$\angle AOB = 360°-(90°+48°+90°)=132°$$

$$\therefore \angle ACB = \frac{1}{2}\angle AOB = \frac{1}{2}\times132° = 66°$$

따라서 $\square APBC$에서

$$\angle PAC + \angle APB + \angle PBC + \angle ACB$$
$$=(\angle x+90°)+48°+(\angle y+90°)+66°=360°$$

$$\therefore \angle x+\angle y = 66°$$

답 $66°$

07

$\angle y = \angle ABD = 20°$

$\triangle ABP$에서

$$\angle x+20°=64° \qquad \therefore \angle x=44°$$

$$\angle z = \angle x = 44°$$

$$\therefore \angle x-\angle y+\angle z = 44°-20°+44°=68°$$

답 $68°$

08

$\angle BAC = \angle BDC = \angle x$이고

$\triangle BQD$에서 $\angle ABD = 30°+\angle x$이므로

$\triangle ABP$에서 $\angle x+(30°+\angle x)=74°$

$$\therefore \angle x=22°$$

답 $22°$

09

오른쪽 그림과 같이 $\overline{BQ}$를 그으면

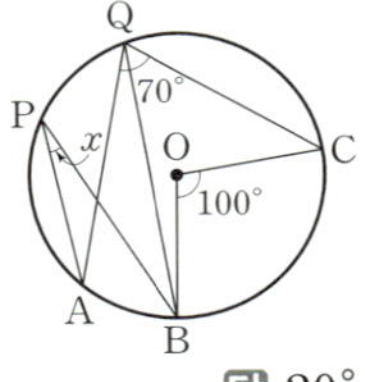

$$\angle BQC = \frac{1}{2}\angle BOC = \frac{1}{2}\times100°$$
$$\qquad\quad =50°$$

$$\angle AQB = 70°-50°=20°$$

$$\therefore \angle x = \angle AQB = 20°$$

답 $20°$

10

$\angle ADB = \angle ACB = 59°$

$\angle BAC = \angle BDC = 35°$

$\triangle ABD$에서

$$\angle ABD = 180°-(59°+33°+35°)$$
$$\qquad\quad =53°$$

답 $53°$

11

오른쪽 그림과 같이 $\overline{BC}$를 그으면

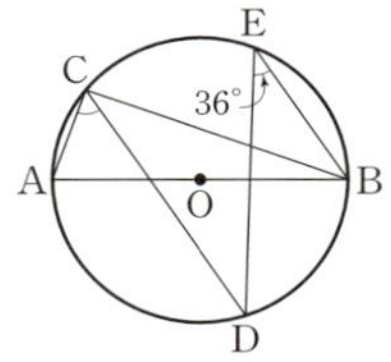

$\angle ACB = 90°$

$\angle DCB = \angle DEB = 36°$이므로

$$\angle ACD = 90°-36°=54°$$

답 $54°$

12

오른쪽 그림과 같이 $\overline{BO}$의 연장선이 원
O와 만나는 점을 A'이라 하고 $\overline{A'C}$를
그으면

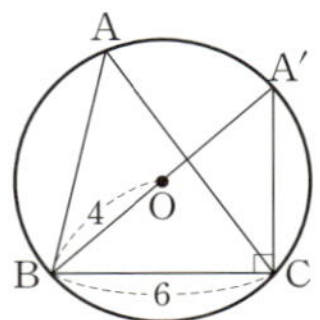

$$\angle BA'C = \angle BAC$$

$\overline{A'B}$는 원 O의 지름이므로 $\angle A'CB = 90°$

직각삼각형 $A'BC$에서 $\overline{A'B}=8$, $\overline{BC}=6$이므로

$$\overline{A'C} = \sqrt{8^2-6^2}=2\sqrt{7}$$

$$\therefore \cos A = \cos A' = \frac{2\sqrt{7}}{8}=\frac{\sqrt{7}}{4},$$

$$\sin A = \sin A' = \frac{6}{8}=\frac{3}{4}$$

$$\therefore \cos A \times \sin A = \frac{\sqrt{7}}{4}\times\frac{3}{4}=\frac{3\sqrt{7}}{16}$$

답 $\dfrac{3\sqrt{7}}{16}$

13

$\overset{\frown}{AC} = \overset{\frown}{BD}$이므로 $\angle ABC = \angle DCB = 28°$

따라서 $\triangle PCB$에서

$$\angle APC = 28°+28°=56°$$

답 $56°$

14

$\triangle ACP$에서

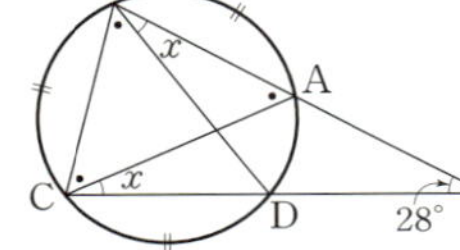

$$\angle BAC = \angle ACP + \angle APC$$
$$\qquad\quad = \angle x+28°$$

$\overline{BD}$를 그으면

$$\angle ABD = \angle ACD = \angle x$$

$\overline{BC}$를 그으면 $\overset{\frown}{AB} = \overset{\frown}{BC} = \overset{\frown}{CD}$에서

$$\angle ACB = \angle BAC = \angle CBD = \angle x+28°$$

△ABC에서

$\angle x+3(\angle x+28°)=180°$

$4\angle x=96°$

$\therefore \angle x=24°$ 답 24°

15

△ABP에서

$\angle BAP+20°=60°$ $\therefore \angle BAP=40°$

$\overarc{AD} : \overarc{BC}=\angle ABD : \angle BAC$에서

$\overarc{AD} : 12\pi=20° : 40°$

$\therefore \overarc{AD}=6\pi\,(cm)$ 답 6π cm

16

$\angle ABD : \angle CDB=\overarc{AD} : \overarc{CB}=2 : 3$이므로

$\angle ABD=2\angle x$, $\angle CDB=3\angle x$라고 하면

△PBD에서 $2\angle x+3\angle x=150°$

$5\angle x=150°$

$\therefore \angle x=30°$

$\therefore \angle ABD=2\angle x=2\times 30°=60°$ 답 60°

17

$\angle ABC : \angle BCD=\overarc{AC} : \overarc{BD}=2 : 5$이므로

$\angle PBC=2\angle a$, $\angle BCD=5\angle a$라 하면

△BPC에서 $39°+2\angle a=5\angle a$

$3\angle a=39°$ $\therefore \angle a=13°$

△QCD에서

$\angle ADC=\angle ABC=2\angle a$이므로

$\angle AQC=5\angle a+2\angle a=7\angle a$

$\qquad\quad=7\times 13°=91°$ 답 91°

18

오른쪽 그림과 같이 $\overline{AD}$를 그으면

$\overarc{AC}$의 길이가 원주의 $\dfrac{1}{4}$이므로

$\angle ADC=180°\times \dfrac{1}{4}=45°$

$\overarc{AC} : \overarc{BD}=\angle ADC : \angle BAD$에서

$5 : 3=45° : \angle BAD$

$\therefore \angle BAD=27°$

△APD에서

$\angle APC=27°+45°=72°$ 답 72°

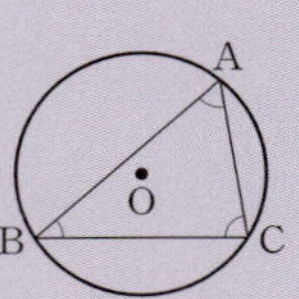

STEP **B** 실력완성문제   본문 53~55쪽

01 24°	**02** 23°	**03** 102°	**04** 63°
05 $20\sqrt{3}$ cm²		**06** 142.5°	**07** $\dfrac{16}{3}$ cm
08 4개	**09** 65 cm	**10** $\dfrac{225}{4}\pi$	**11** $\sqrt{2}$ **12** 29°
13 59°	**14** $6\sqrt{2}$ cm		**15** 12π
16 $\dfrac{8}{3}\pi$ cm		**17** 6 cm	**18** 12 cm

01

오른쪽 그림과 같이 $\overline{BO}$, $\overline{CO}$의 연장선
이 원 O와 만나는 점을 각각 D, E라고
하고 $\overline{AO}$를 그으면

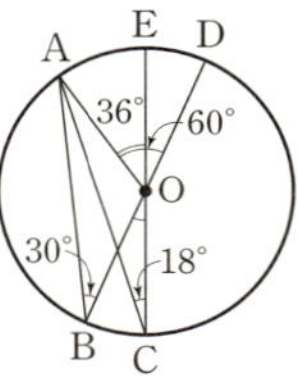

$\angle AOD=2\angle ABD=2\times 30°=60°$

$\angle AOE=2\angle ACE=2\times 18°=36°$

이므로 $\angle DOE=60°-36°=24°$

$\therefore \angle BOC=\angle DOE=24°$ (맞꼭지각)   답 24°

02

오른쪽 그림과 같이 $\overline{AD}$를 그으면

$\angle ADC=\dfrac{1}{2}\angle AOC$

$\qquad\quad=\dfrac{1}{2}\times 24°=12°$

$\angle BAD=\dfrac{1}{2}\angle BOD=\dfrac{1}{2}\times 70°=35°$

△APD에서

$\angle APC+12°=35°$ $\therefore \angle APC=23°$ 답 23°

03

오른쪽 그림과 같이 $\overline{BD}$를 그으면
$\overline{CD}$는 원 O의 지름이므로 $\angle CBD = 90°$
$\therefore \angle ABD = 90° - 46° = 44°$
$\triangle ACP$에서
$\angle ACD = \angle ABD = 44°$이므로
$\angle APC = 180° - (34° + 44°) = 102°$

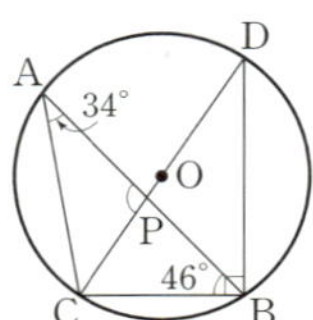

目 $102°$

04

$\overline{AD}$를 그으면
$\overline{AB}$는 반원 O의 지름이므로
$\angle ADB = 90°$
$\angle CAD = \dfrac{1}{2} \angle COD = \dfrac{1}{2} \times 54°$
$\qquad = 27°$
따라서 $\triangle ADE$에서
$\angle E = 180° - (27° + 90°) = 63°$

目 $63°$

05

오른쪽 그림과 같이 점 O에서 $\overline{AB}$에
내린 수선의 발을 H라 하고 $\overline{OH}$의 연
장선이 원 O와 만나는 점을 C라고 하
자.
$\overline{OA}$, $\overline{OB}$, $\overline{AC}$, $\overline{BC}$를 그으면
$\triangle AOH$와 $\triangle ACH$에서
$\overline{OH} = \overline{CH}$, $\angle AHO = \angle AHC = 90°$,
$\overline{AH}$는 공통이므로
$\triangle AOH \equiv \triangle ACH$ (SAS 합동)
$\therefore \overline{AO} = \overline{AC}$
마찬가지 방법으로
$\triangle BOH \equiv \triangle BCH$ (SAS 합동)이므로 $\overline{BO} = \overline{BC}$
이때 $\overline{OA} = \overline{OC} = \overline{OB}$이므로
$\triangle OAC$, $\triangle OCB$는 모두 정삼각형이다.
따라서 $\angle AOB = 60° + 60° = 120°$이므로
$\angle APB = \dfrac{1}{2} \angle AOB = \dfrac{1}{2} \times 120° = 60°$
$\therefore \triangle PAB = \dfrac{1}{2} \times 10 \times 8 \times \sin 60°$
$\qquad = \dfrac{1}{2} \times 10 \times 8 \times \dfrac{\sqrt{3}}{2}$
$\qquad = 20\sqrt{3} \ (\text{cm}^2)$

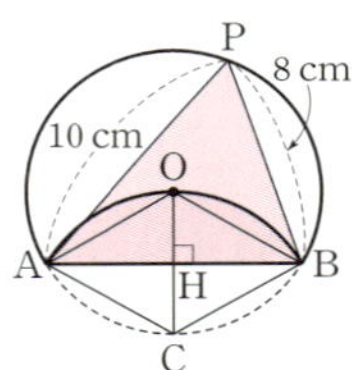

目 $20\sqrt{3} \ \text{cm}^2$

06

오른쪽 그림과 같이 $\overline{AC}$, $\overline{BC}$를 긋
고 $\overline{AB}$와 $\overline{CD}$의 교점을 F라 하자.
$\overline{AB}$는 원 O의 지름이므로
$\angle ACB = 90°$
$\overparen{AD} = \overparen{DE} = \overparen{EB}$이므로
$\angle ACD = \angle DCE = \angle ECB = 90° \times \dfrac{1}{3} = 30°$
$\therefore \angle x = 30°$
또, $\angle CAB + \angle CBA = 90°$이고
$\angle CBA : \angle CAB = \overparen{AC} : \overparen{CB} = 7 : 5$
$\therefore \angle CBA = 90° \times \dfrac{7}{7+5} = 52.5°$
$\triangle CFB$에서 $\angle y = 60° + 52.5° = 112.5°$
$\therefore \angle x + \angle y = 30° + 112.5° = 142.5°$

目 $142.5°$

07

$\overline{AB} = \overline{AC}$이므로
$\angle ABC = \angle ACB$이고
$\angle ADB = \angle ACB$이므로
$\angle ABC = \angle ADB \qquad \cdots\cdots \ 40\%$
즉 $\triangle ABE \backsim \triangle ADB$ (AA 닮음)이
므로
$\overline{AB} : \overline{AD} = \overline{AE} : \overline{AB}$에서 $5 : \overline{AD} = 3 : 5$
$\therefore \overline{AD} = \dfrac{25}{3} \ (\text{cm}) \qquad \cdots\cdots \ 40\%$
$\therefore \overline{DE} = \dfrac{25}{3} - 3 = \dfrac{16}{3} \ (\text{cm}) \qquad \cdots\cdots \ 20\%$

目 $\dfrac{16}{3} \ \text{cm}$

채점기준	배점
$\angle ABC$와 크기가 같은 각 구하기	40 %
$\overline{AD}$의 길이 구하기	40 %
$\overline{DE}$의 길이 구하기	20 %

08

전략

반원에 대한 원주각의 크기는 90°이다.
$\overline{AB}$의 중점을 M이라 하면
$\overline{AM} = \sqrt{3^2 + 1^2} = \sqrt{10}$
35개의 점 중에서 점 M으로부터
거리가 $\sqrt{10}$인 점,
즉 $\overline{AB}$를 지름으로 하는 원 위의 점은 모두 4개이다.

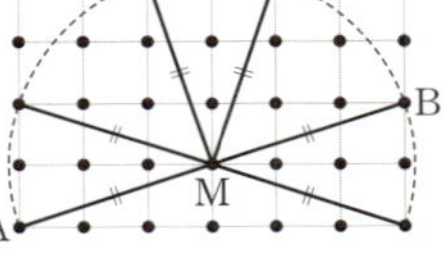

目 4개

09

오른쪽 그림과 같이 $\overline{AE}$를 그으면
$\angle AFE=90°$이므로 $\overline{AE}$는 원 O의
지름이다.

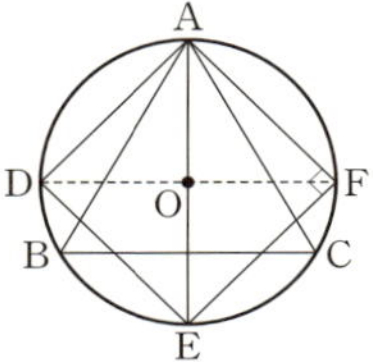

△ADE, △AEF가 직각이등변삼각
형이므로

$\angle DAE=\angle DEA=\angle FAE=\angle FEA=45°$

$\angle BAC=60°$이므로

$\angle BAE=\dfrac{1}{2}\angle BAC=\dfrac{1}{2}\times 60°=30°$

$\therefore \angle DAB=45°-30°=15°$

$(\overarc{AF}+\overarc{CE}):\overarc{BD}=(\angle AEF+\angle EAC):\angle DAB$
이므로

$(\overarc{AF}+\overarc{CE}):13=(45°+30°):15°$

$\therefore \overarc{AF}+\overarc{CE}=65\,(\text{cm})$ 冒 65 cm

10

오른쪽 그림과 같이 $\overline{OC}$의 연장선을 그
어 원과 만나는 점을 A′이라 하면
$\angle A'BC=90°$이다.

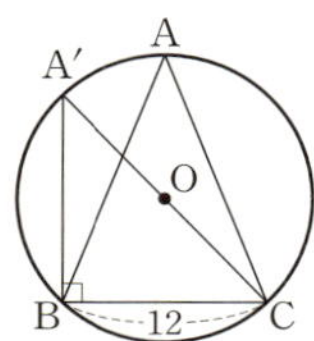

$\tan A=\tan A'=\dfrac{12}{\overline{A'B}}=\dfrac{4}{3}$

$\therefore \overline{A'B}=9$

△A′BC에서 $\overline{A'C}=\sqrt{9^2+12^2}=15$

따라서 원 O의 반지름의 길이가 $\dfrac{15}{2}$이므로

(원 O의 넓이)$=\pi\times\left(\dfrac{15}{2}\right)^2=\dfrac{225}{4}\pi$ 冒 $\dfrac{225}{4}\pi$

11

$\overline{AB}$는 반원 O의 지름이므로 $\angle ACB=90°$

$\therefore \angle ABC=90°-\angle DCB=\angle x$

직각삼각형 ABC에서

$\overline{BC}=\sqrt{12^2-(4\sqrt{6})^2}=4\sqrt{3}\,(\text{cm})$

$\sin x=\dfrac{4\sqrt{6}}{12}=\dfrac{\sqrt{6}}{3}$, $\cos x=\dfrac{4\sqrt{3}}{12}=\dfrac{\sqrt{3}}{3}$

$\therefore \dfrac{\sin x}{\cos x}=\dfrac{\sqrt{6}}{3}\div\dfrac{\sqrt{3}}{3}=\dfrac{\sqrt{6}}{3}\times\dfrac{3}{\sqrt{3}}=\sqrt{2}$ 冒 $\sqrt{2}$

12

오른쪽 그림과 같이 $\overline{OA}$, $\overline{OE}$, $\overline{OD}$
를 그으면

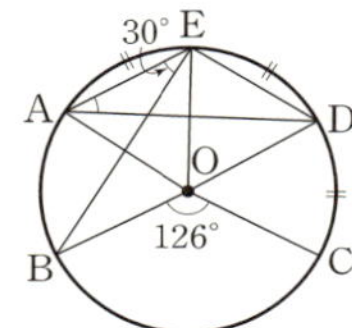

$\angle AOB=2\angle AEB=2\times 30°=60°$

이때 $\overarc{AE}=\overarc{ED}=\overarc{DC}$이므로

$\angle AOE=\angle EOD=\angle DOC=\angle x$라고 하면

$\angle AOB+\angle BOC+\angle AOE+\angle EOD+\angle DOC$
$=360°$에서

$60°+126°+\angle x+\angle x+\angle x=360°$

$3\angle x=174°$ $\therefore \angle x=58°$

$\therefore \angle EAD=\dfrac{1}{2}\angle EOD=\dfrac{1}{2}\times 58°=29°$ 冒 29°

13

오른쪽 그림과 같이 $\overline{AE}$, $\overline{EC}$를 긋고
$\angle AED=\angle CED=\angle x$,
$\angle BCE=\angle CAE=\angle y$라고 하면

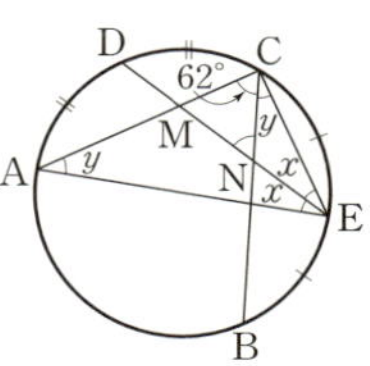

△AEC에서

$\angle y+2\angle x+(\angle y+62°)=180°$

$\therefore \angle x+\angle y=59°$

따라서 △CNE에서

$\angle CNM=\angle x+\angle y=59°$ 冒 59°

14

오른쪽 그림과 같이 $\overline{AD}$, $\overline{CD}$를 그으
면

$\angle ABD=\angle CBD=\dfrac{1}{2}\times 90°=45°$

이므로

$\overline{AD}=\overline{CD}$

$\angle ADC=90°$이므로 △ACD는 $\overline{AD}=\overline{CD}$인 직각이등
변삼각형이다.

$\overline{AC}:\overline{AD}=\sqrt{2}:1$이므로

$12:\overline{AD}=\sqrt{2}:1$ $\therefore \overline{AD}=6\sqrt{2}\,(\text{cm})$

$\angle BAP=\angle PAC=\angle a$라고 하면 $\angle PAD=45°+\angle a$

△ABP에서 $\angle APD=\angle ABP+\angle BAP=45°+\angle a$

$\therefore \angle PAD=\angle APD$

따라서 △APD는 이등변삼각형이므로

$\overline{PD}=\overline{AD}=6\sqrt{2}\,(\text{cm})$ 冒 $6\sqrt{2}$ cm

15

오른쪽 그림과 같이 $\overline{AC}$를 그으면

$\angle ACD:\angle CAB$
$=\overarc{AD}:\overarc{BC}=3:5$이고

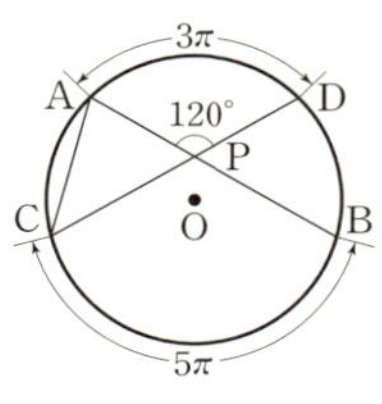

$\angle ACP+\angle CAP=120°$이므로

$\angle ACD=120°\times\dfrac{3}{8}=45°$

$\therefore \angle AOD=2\angle ACD=90°$

원 O의 반지름의 길이를 r라 하면

$$2\pi \times r \times \frac{90}{360} = 3\pi \qquad \therefore r = 6$$

따라서 원 O의 둘레의 길이는 $2\pi \times 6 = 12\pi$ 🖪 12π

16

오른쪽 그림과 같이 $\overline{AD}$를 긋고
$\angle ADC = \angle x$, $\angle DAB = \angle y$라고
하면

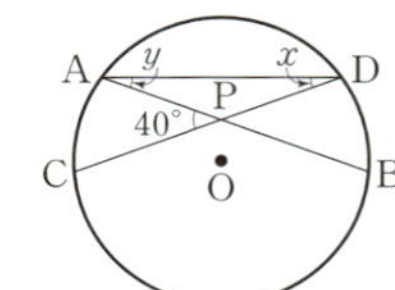

$\triangle APD$에서 $\angle x + \angle y = 40°$

$$\therefore \widehat{AC} + \widehat{BD} = 2\pi \times 6 \times \frac{40}{180} = \frac{8}{3}\pi \,(\text{cm}) \qquad 🖪 \ \frac{8}{3}\pi \text{ cm}$$

17

오른쪽 그림과 같이 $\overline{BD}$를 그으면
$\angle ACB = \angle ADB$

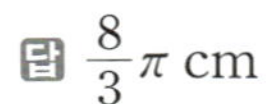

$\overline{AD}$는 원 O의 지름이므로
$\angle ABD = 90°$

$\triangle ABD \backsim \triangle AHC$ (AA 닮음)이므
로

$\overline{AB} : \overline{AH} = \overline{AD} : \overline{AC}$에서

$10 : 5 = \overline{AD} : 6 \qquad \therefore \overline{AD} = 12(\text{cm})$

따라서 원 O의 반지름의 길이는 $\dfrac{1}{2} \times 12 = 6(\text{cm})$

🖪 6 cm

18

오른쪽 그림과 같이 $\overline{PO'}$, $\overline{QB}$를 그으
면 $\angle APO' = \angle AQB = 90°$이다.
원 O'의 반지름의 길이를 r cm라 하
면

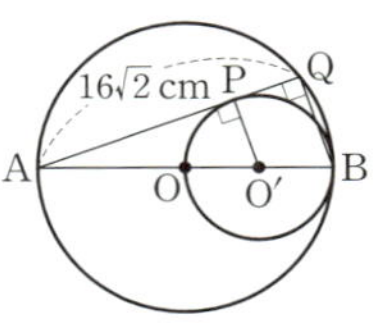

$\overline{AO'} = 3r$ cm, $\overline{AB} = 4r$ cm, $\overline{PO'} = r$ cm

$\triangle AO'P \backsim \triangle ABQ$ (AA 닮음)이므로

$\overline{AO'} : \overline{PO'} = \overline{AB} : \overline{QB}$에서

$3r : r = 4r : \overline{QB} \qquad \therefore \overline{QB} = \dfrac{4}{3}r$

$\triangle ABQ$에서

$(4r)^2 = (16\sqrt{2})^2 + \left(\dfrac{4}{3}r\right)^2$, $r^2 = 36$

$\therefore r = 6 \ (\because r > 0)$

따라서 원 O의 반지름의 길이는 $2 \times 6 = 12(\text{cm})$

🖪 12 cm

01 $\dfrac{21}{2}$ **02** $(\sqrt{2} + \sqrt{6})$ cm   **03** 256

01

오른쪽 그림과 같이 $\overline{AC}$, $\overline{BO}$,
$\overline{BD}$를 그으면 $\overline{CD}$는 반원 O의 지
름이므로

$\angle CAD = \angle CBD = 90°$

$\triangle BCD$에서

$\overline{BD} = \sqrt{12^2 - 3^2} = 3\sqrt{15}$

$\overline{AB} = \overline{BC}$이므로 $\widehat{AB} = \widehat{BC}$

$\therefore \angle ADB = \angle ACB = \angle BDC = \angle BAC$

$\triangle BOD$에서 $\overline{OB} = \overline{OD}$이므로

$\angle OBD = \angle ODB$

$\triangle ABC \backsim \triangle BOD$ (AA 닮음)이므로

$\overline{AB} : \overline{BO} = \overline{AC} : \overline{BD}$에서

$3 : 6 = \overline{AC} : 3\sqrt{15}$

$\therefore \overline{AC} = \dfrac{3\sqrt{15}}{2}$

따라서 $\triangle ACD$에서

$$\overline{AD} = \sqrt{12^2 - \left(\dfrac{3\sqrt{15}}{2}\right)^2} = \dfrac{21}{2} \qquad 🖪 \ \dfrac{21}{2}$$

02

오른쪽 그림과 같이 $\overline{BO}$의 연장선이
원 O와 만나는 점을 C'이라 하고
$\overline{AC'}$을 그으면

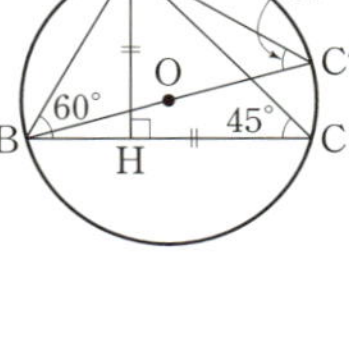

$\overline{BC'} = 2\overline{BO} = 2 \times 2 = 4(\text{cm})$

$\angle AC'B = \angle ACB = 45°$

$\overline{BC'}$이 원 O의 지름이므로 $\angle BAC' = 90°$

$\triangle ABC'$에서

$\overline{AB} = \overline{BC'} \sin 45° = 4 \times \dfrac{\sqrt{2}}{2} = 2\sqrt{2}\,(\text{cm})$

한편, 점 A에서 $\overline{BC}$에 내린 수선의 발을 H라고 하면
$\triangle ABH$에서

$\overline{BH} = \overline{AB} \cos 60° = 2\sqrt{2} \times \dfrac{1}{2} = \sqrt{2}\,(\text{cm})$

$\overline{AH} = \overline{AB} \sin 60° = 2\sqrt{2} \times \dfrac{\sqrt{3}}{2} = \sqrt{6}\,(\text{cm})$

$\triangle AHC$에서 $\angle ACH = 45°$이므로

$\overline{CH} = \overline{AH} = \sqrt{6}\,(\text{cm})$

$\therefore \overline{BC}=\overline{BH}+\overline{CH}=\sqrt{2}+\sqrt{6}$ (cm)   답 $(\sqrt{2}+\sqrt{6})$cm

03

오른쪽 그림과 같이 $\overline{AO}$의 연장선이 원 O와 만나는 점을 E라 하고 $\overline{BE}$, $\overline{CE}$를 그으면 $\overline{AE}$는 원 O의 지름이므로

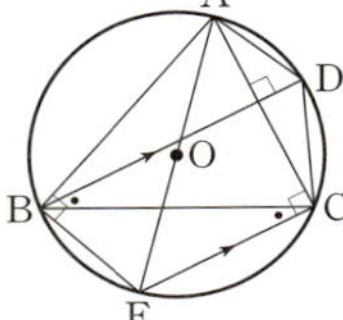

$\angle ABE=\angle ACE=90°$

$\overline{AC}\perp\overline{CE}$, $\overline{AC}\perp\overline{BD}$에서

$\overline{BD}\,/\!/\,\overline{EC}$이므로

$\angle BCE=\angle DBC$ (엇각)

이때 $\widehat{BE}$와 $\widehat{CD}$의 원주각의 크기가 같으므로

$\widehat{BE}=\widehat{CD}$ $\therefore \overline{BE}=\overline{CD}$

$\overline{AE}=2\overline{AO}=2\times8=16$이므로

$\triangle ABE$에서

$\overline{AB}^2+\overline{BE}^2=\overline{AE}^2=16^2=256$

$\therefore \overline{AB}^2+\overline{CD}^2=\overline{AB}^2+\overline{BE}^2=256$ 답 256

03. 원주각의 활용

STEP C 주제별필수문제   본문 58~60쪽

01 ④, ⑤	**02** 70°	**03** 124°	**04** 50°	**05** 16°
06 45°	**07** 125°	**08** 49°	**09** 120°	**10** ②, ⑤
11 52°	**12** 130°	**13** 40°	**14** 58°	**15** 8 cm
16 63°	**17** 64°			

01

① $\angle BAC\neq\angle BDC$이므로 네 점 A, B, C, D는 한 원 위에 있지 않다.

② $\angle ACB=\angle ADB$인지 알 수 없으므로 네 점 A, B, C, D가 한 원 위에 있는지 알 수 없다.

③ $\angle BDC=64°-27°=37°$

즉 $\angle BAC\neq\angle BDC$이므로 네 점 A, B, C, D는 한 원 위에 있지 않다.

④ $\angle BDC=110°-30°=80°$

즉 $\angle BAC=\angle BDC$이므로 네 점 A, B, C, D는 한 원 위에 있다.

⑤ $\angle ADB=77°-50°=27°$

즉 $\angle ADB=\angle ACB$이므로 네 점 A, B, C, D는 한 원 위에 있다.

따라서 네 점 A, B, C, D가 한 원 위에 있는 것은 ④, ⑤이다.   답 ④, ⑤

02

네 점 A, B, C, D가 한 원 위에 있으므로

$\angle x=\angle DBC=180°-(85°+50°)=45°$

$\angle y=\angle ABD=85°-60°=25°$

$\therefore \angle x+\angle y=45°+25°=70°$ 답 70°

03

네 점 A, B, C, D가 한 원 위에 있으므로

$\angle ACB=\angle ADB=32°$

$\triangle APC$에서

$\angle DAC=60°+32°=92°$

$\triangle DAQ$에서

$\angle x=92°+32°=124°$ 답 124°

04

□ABCD가 원에 내접하므로

$\angle ABC+\angle ADC=180°$에서

$85°+\angle ADC=180°$

$\therefore \angle ADC=95°$

따라서 $\triangle ACD$에서

$\angle x=180°-(35°+95°)=50°$ 답 50°

05

$\angle BAC=\angle BDC=50°$

□ABCD가 원에 내접하므로 $\angle BAD+\angle BCD=180°$에서 $(50°+\angle x)+108°=180°$

$\therefore \angle x=22°$ …… 50 %

$\triangle ABD$에서 $72°+\angle y+70°=180°$

$\therefore \angle y=38°$ …… 40 %

$\therefore \angle y-\angle x=38°-22°=16°$ …… 10 %

답 16°

채점기준	배점
$\angle x$의 크기 구하기	50 %
$\angle y$의 크기 구하기	40 %
$\angle y-\angle x$의 크기 구하기	10 %

06

$\overline{OB}=\overline{OC}$이므로 △OBC에서

$\angle BOC=180°-(50°+50°)=80°$

$\therefore \angle BAC=\dfrac{1}{2}\angle BOC=\dfrac{1}{2}\times80°=40°$

□ABCD가 원에 내접하므로 $\angle BAD=\angle DCE=85°$

$\therefore \angle x=85°-40°=45°$　　　　　　🖺 $45°$

07

$\overline{BD}$가 원 O의 지름이므로 $\angle BCD=90°$

$\therefore \angle ECB=90°-75°=15°$

△PBC에서 $\angle ABC+15°=70°$

$\therefore \angle ABC=55°$

□ABCD가 원 O에 내접하므로

$\angle ABC+\angle ADC=180°$에서

$55°+\angle ADC=180°$　　$\therefore \angle ADC=125°$　　🖺 $125°$

08

□ABCD가 원에 내접하므로

$\angle BCQ=\angle DAB=\angle x$

△PAB에서 $\angle CBQ=\angle PAB+\angle APB=\angle x+30°$

△BCQ에서 $\angle x+(\angle x+30°)+52°=180°$

$2\angle x=98°$　　$\therefore \angle x=49°$　　🖺 $49°$

09

오른쪽 그림과 같이 $\overline{CF}$를 그으면

□ABCF가 원에 내접하므로

$\angle BCF+\angle BAF=180°$에서

$\angle BCF+130°=180°$

$\therefore \angle BCF=50°$

□CDEF가 원에 내접하므로

$\angle FCD+\angle DEF=180°$에서

$\angle FCD+110°=180°$　　$\therefore \angle FCD=70°$

$\therefore \angle x=\angle BCF+\angle FCD=50°+70°=120°$　　🖺 $120°$

10

① $\angle DAB=\angle DCE$이므로 원에 내접한다.

② $\angle BAC\neq\angle BDC$이므로 원에 내접하지 않는다.

③ $\angle ACB=180°-(105°+35°)=40°$

　　$\angle ADB=\angle ACB$이므로 원에 내접한다.

④ $\angle DCB=180°-(39°+46°)=95°$

　　$\angle BAD+\angle DCB=180°$이므로 원에 내접한다.

⑤ $\angle ADC=180°-85°=95°$

　　$\angle ADC\neq\angle ABE$이므로 원에 내접하지 않는다.

🖺 ②, ⑤

11

□ABCD가 원에 내접하려면

$\angle CDF=\angle ABC=\angle x$

△EBC에서 $\angle ECF=41°+\angle x$

따라서 △DCF에서 $\angle x+(41°+\angle x)+35°=180°$

$\therefore \angle x=52°$　　🖺 $52°$

12

직선 BT가 원 O의 접선이므로

$\angle ACB=\angle ABT=65°$

$\therefore \angle AOB=2\angle ACB=2\times65°=130°$　　🖺 $130°$

13

$\overline{BC}=\overline{CD}$이므로 $\overarc{BC}=\overarc{CD}$

$\overline{AC}$를 그으면 길이가 같은 호에 대한 원주각의 크기는 같으므로

$\angle BAC=\dfrac{1}{2}\angle A=\dfrac{1}{2}\times80°=40°$

$\therefore \angle x=\angle BAC=40°$　　🖺 $40°$

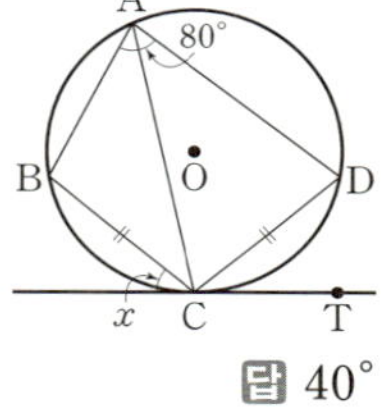

14

오른쪽 그림과 같이 $\overline{BT}$를 그으면

$\overline{AB}$는 원 O의 지름이므로

$\angle ATB=90°$

이때 $\angle ABT=\angle x$이므로

$\angle BAT=90°-\angle x$

따라서 △ATP에서 $\angle x=26°+(90°-\angle x)$

$2\angle x=116°$　　$\therefore \angle x=58°$　　🖺 $58°$

15

오른쪽 그림과 같이 $\overline{AC}$를 그으면 $\overline{AB}$가 원 O의 지름이므로

$\angle ACB=90°$

△ACB에서

$\overline{AC}=16\sin30°=16\times\dfrac{1}{2}=8\,(\text{cm})$

$\angle ACP=\angle ABC=30°$이므로 △PCB에서

$\angle BPC=180°-(30°+30°+90°)=30°$

△APC에서 $\angle APC=\angle ACP=30°$이므로

$\overline{PA}=\overline{AC}=8\ cm$ 답 8 cm

16

원주각의 크기는 호의 길이에 정비례하므로
$$\angle ATB : \angle BAT : \angle TBA = \overset{\frown}{AB} : \overset{\frown}{BT} : \overset{\frown}{TA}$$
$$= 8 : 5 : 7$$
$$\therefore \angle x = \angle TBA = 180° \times \frac{7}{8+5+7} = 63°$$
답 63°

17

$\angle ADF = \angle AFD = \angle DEF = 50°$
$\triangle ADF$에서 $\angle DAF = 180° - 2 \times 50° = 80°$
따라서 $\triangle ABC$에서
$\angle ACB = 180° - (80° + 36°) = 64°$
답 64°

STEP B 실력완성문제   본문 61~63쪽

01 30°	**02** 140°	**03** 46°	**04** 18°	**05** 72°
06 45°	**07** 36°	**08** 6개	**09** 160°	
10 $\frac{16}{3}$ cm		**11** 24°	**12** 20π	**13** 110°
14 106°	**15** 14°	**16** 69°	**17** $4\sqrt{2}$ cm	
18 49°				

01

$\overline{BC}$에 대하여 $\angle BEC = \angle BDC$이므로 네 점 B, C, D, E는 한 원 위에 있다. 이때 원주각의 크기가 $90°$이므로 $\overline{BC}$는 원의 지름, 점 M은 원의 중심이다.
$\triangle ABD$에서
$\angle ABD = 90° - 75° = 15°$
$\therefore \angle EMD = 2\angle EBD = 2 \times 15° = 30°$

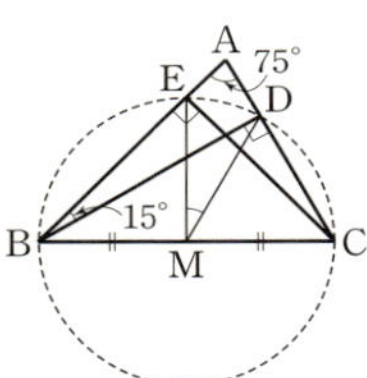

답 30°

02

오른쪽 그림과 같이 $\overline{OC}$, $\overline{CE}$를 그으면 $\triangle OCD$에서
$\overline{OC} = \overline{OD}$이므로
$\angle COD = 180° - 2 \times 30° = 120°$

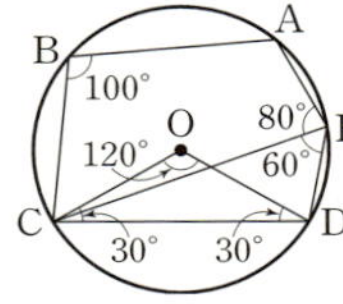

$\angle CED = \frac{1}{2}\angle COD = \frac{1}{2} \times 120° = 60°$ …… 40 %
이때 $\square ABCE$가 원 O에 내접하므로
$\angle ABC + \angle AEC = 180°$에서
$100° + \angle AEC = 180°$ $\therefore \angle AEC = 80°$ …… 40 %
$\therefore \angle AED = 80° + 60° = 140°$ …… 20 %
답 140°

채점기준	배점
$\angle CED$의 크기 구하기	40 %
$\angle AEC$의 크기 구하기	40 %
$\angle AED$의 크기 구하기	20 %

03

$\square BCDE$가 원 O에 내접하므로
$\angle BCD + \angle BED = 180°$에서
$112° + \angle BED = 180°$ $\therefore \angle BED = 68°$
$\overline{BE}$가 원 O의 지름이므로 $\angle BDE = 90°$
$\triangle EBD$에서
$\angle EBD = 180° - (68° + 90°) = 22°$이므로
$\angle ABD = 2\angle EBD = 2 \times 22° = 44°$
따라서 $\triangle FBD$에서
$\angle x = 180° - (44° + 90°) = 46°$ 답 46°

04

오른쪽 그림과 같이 $\overline{CD}$를 그으면
$\angle OCP = \angle ODP$이므로
네 점 C, O, P, D는 한 원 위에 있다.

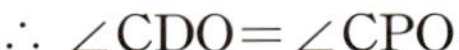

$\therefore \angle CDO = \angle CPO$
$\triangle COP$에서
$\angle CPO = 50° - 16° = 34°$
$\therefore \angle CDO = \angle CPO = 34°$
$\triangle COD$는 $\overline{OC} = \overline{OD}$인 이등변삼각형이므로
$\angle COD = 180° - 34° \times 2 = 112°$
$\therefore \angle DOB = 180° - (50° + 112°) = 18°$ 답 18°

05

전략

$\overline{RA}$, $\overline{RB}$, $\overline{RC}$를 긋고 $\square ABCR$가 원에 내접함을 이용한다.
오른쪽 그림과 같이 $\overline{RA}$, $\overline{RB}$, $\overline{RC}$를 그으면
$\overset{\frown}{AP} = \overset{\frown}{PB}$, $\overset{\frown}{BQ} = \overset{\frown}{QC}$이므로
$\angle ARP = \angle PRB$, $\angle BRQ = \angle QRC$

$\therefore \angle ARC$
$= \angle ARP + \angle PRB$
$\qquad + \angle BRQ + \angle QRC$
$= 2\angle PRB + 2\angle BRQ$
$= 2(\angle PRB + \angle BRQ)$
$= 2\angle PRQ$
$= 2 \times 54° = 108°$

□ABCR가 원에 내접하므로
$\angle ABC + \angle ARC = 180°$에서
$\angle ABC + 108° = 180°$
$\therefore \angle ABC = 72°$ 🔑 72°

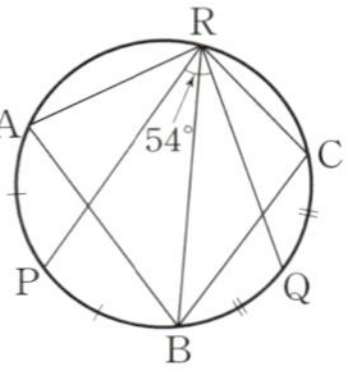

06

오른쪽 그림과 같이 $\overline{BE}$, $\overline{CD}$를 긋는다.
$\overparen{AD} = \overparen{AE}$이므로 $\angle ABE = \angle x$라 하면
$\angle ACD = \angle ABE = \angle x$
$\angle DCB = \angle y$라 하면
$\angle DEB = \angle DCB = \angle y$
△PBE에서
$\angle DPB = \angle PBE + \angle PEB = \angle x + \angle y = \angle ACB$
따라서 □PBCQ는 원에 내접하는 사각형이다.
$\therefore \angle ABC = 180° - 135° = 45°$ 🔑 45°

07

오른쪽 그림과 같이 $\overline{BD}$를 그으면 네 점 A, B, D, E가 한 원 위에 있으므로 □ABDE는 원에 내접한다.
$\angle ABD + \angle AED = 180°$에서
$\angle ABD + 108° = 180°$
$\therefore \angle ABD = 72°$
이때 △ABC≡△ADE이므로 $\overline{AB} = \overline{AD}$, 즉 △ABD는 이등변삼각형이다.
따라서 △ABD에서
$\angle BAD = 180° - 72° \times 2 = 36°$ 🔑 36°

08

$\overparen{BC}$에 대하여 $\angle BFC = \angle BEC = 90°$이므로
□FBCE는 원에 내접한다.
마찬가지 방법으로 □ABDE, □AFDC도 원에 내접한다.
또, $\angle AFG + \angle AEG = 180°$이므로 □AFGE도 원에

내접한다.
마찬가지 방법으로 □FBDG, □GDCE도 원에 내접한다.
따라서 원에 내접하는 사각형은 모두 6개이다. 🔑 6개

09

□ABQP가 원 O에 내접하므로
$\angle DPQ = \angle ABQ = 100°$
□PQCD에서가 원 O′에 내접하므로
$\angle DCQ = 180° - \angle DPQ = 80°$
$\therefore \angle DO'Q = 2\angle DCQ = 2 \times 80° = 160°$ 🔑 160°

10

△BPT와 △TPA에서
$\angle P$는 공통, $\angle PBT = \angle PTA$
$\therefore$ △BPT∽△TPA (AA 닮음)
즉, $\overline{BP} : \overline{TP} = \overline{BT} : \overline{TA} = 8 : 4 = 2 : 1$
이때 $\overline{PD}$는 $\angle BPT$의 이등분선이므로
$\overline{BD} : \overline{DT} = \overline{BP} : \overline{TP} = 2 : 1$
$\therefore \overline{BD} = \dfrac{2}{3}\overline{BT} = \dfrac{2}{3} \times 8 = \dfrac{16}{3}$ (cm) 🔑 $\dfrac{16}{3}$ cm

11

$\overline{AC}$가 작은 반원의 지름이므로 $\angle APC = 90°$
$\angle ACP = \angle QPA = 68°$이므로 △ACP에서
$\angle x = 180° - (90° + 68°) = 22°$
△PAB에서 $\angle y = 68° - 22° = 46°$
$\therefore \angle y - \angle x = 46° - 22° = 24°$ 🔑 24°

12

오른쪽 그림과 같이 $\overline{AO}$의 연장선이 원 O와 만나는 점을 B′이라 하고 $\overline{B'T}$를 그으면
$\angle AB'T = \angle ATP = \angle x$
$\overline{AB'}$은 원 O의 지름이므로
$\angle ATB' = 90°$
△B′AT에서
$\tan x = \dfrac{4}{\overline{B'T}} = \dfrac{1}{2}$ $\qquad \therefore \overline{B'T} = 8$
$\overline{AB'} = \sqrt{4^2 + 8^2} = 4\sqrt{5}$
따라서 원 O의 반지름의 길이가 $2\sqrt{5}$이므로
(원 O의 넓이) $= \pi \times (2\sqrt{5})^2 = 20\pi$ 🔑 20π

13

원 O′에서 $\angle BPT = \angle BDP = 55°$
$\angle APS = \angle BPT = 55°$ (맞꼭지각)
원 O에서 $\angle ACP = \angle APS = 55°$
$\therefore \angle AOP = 2\angle ACP = 2 \times 55° = 110°$ **目** $110°$

14

오른쪽 그림과 같이 $\overline{AT}$를 긋고
$\angle ATP = \angle y$라고 하면 $\overleftrightarrow{PT}$가 원
의 접선이므로
$\angle ABT = \angle ATP = \angle y$
$\triangle APT$에서 $\angle BAT = \angle y + 42°$
$\triangle ABT$에서 $\overline{AB} = \overline{BT}$이므로
$\angle BTA = \angle BAT = \angle y + 42°$
즉 $\angle y + (\angle y + 42°) + (\angle y + 42°) = 180°$에서
$3\angle y = 96°$ $\therefore \angle y = 32°$
$\therefore \angle BAT = \angle y + 42° = 32° + 42° = 74°$
이때 $\square ATCB$가 원에 내접하므로
$\angle BAT + \angle BCT = 180°$에서
$74° + \angle BCT = 180°$ $\therefore \angle BCT = 106°$ **目** $106°$

15

$\overparen{BC} = \overparen{CT}$이므로
$\angle CBT = \angle BTC = 25°$
$\triangle BTC$에서
$\angle BCT = 180° - (25° + 25°) = 130°$
오른쪽 그림과 같이 $\overline{AT}$를 그으면
$\square ATCB$가 원에 내접하므로
$\angle TAP = \angle BCT = 130°$
$\overline{PT}$가 원의 접선이므로
$\angle ATP = \angle ABT = \angle x$
따라서 $\triangle APT$에서
$36° + \angle x + 130° = 180°$
$\therefore \angle x = 14°$ **目** $14°$

16

$\angle CTE = \angle ACT = \angle ABT$이고 직
각삼각형 ATB에서
$\angle BAT = 90° - \angle ABT$
이때 $\overleftrightarrow{TE}$는 원 O의 접선이므로
$\angle BTE = \angle BAT = 90° - \angle ABT$

$\therefore \angle CTB = \angle CTE - \angle BTE$
$\qquad = \angle ABT - (90° - \angle ABT)$
$\qquad = 2\angle ABT - 90°$
한편 $\triangle BDT$에서
$\angle ABT + (2\angle ABT - 90°) + 63° = 180°$
$3\angle ABT = 207°$ $\therefore \angle ABT = 69°$
$\therefore \angle ACD = \angle ABT = 69°$ **目** $69°$

17

오른쪽 그림과 같이 $\overline{BT}$를 그으면
$\overline{AB}$가 원 O의 지름이므로
$\angle ATB = 90°$
$\triangle APT$와 $\triangle ATB$에서
$\angle APT = \angle ATB = 90°$,
$\angle ATP = \angle ABT$이므로
$\triangle APT \backsim \triangle ATB$ (AA 닮음)
즉 $\overline{AP} : \overline{AT} = \overline{AT} : \overline{AB}$이므로
$8 : \overline{AT} = \overline{AT} : 12$, $\overline{AT}^2 = 96$
$\therefore \overline{AT} = 4\sqrt{6}\,(\mathrm{cm})\,(\because \overline{AT} > 0)$
$\triangle APT$에서
$\overline{PT} = \sqrt{(4\sqrt{6})^2 - 8^2} = 4\sqrt{2}\,(\mathrm{cm})$ **目** $4\sqrt{2}\ \mathrm{cm}$

18

$\overline{AT}$와 작은 원의 교점을 D로 놓고 접선과 현이 이루는 각의 성질
을 이용한다.
$\angle ATP = \angle TBA = 52°$ $\cdots\cdots$ 20 %
오른쪽 그림과 같이 $\overline{AT}$와 작은 원의
교점을 D라 하고 $\overline{CD}$를 그으면
$\angle DCT = \angle DTP = 52°$ $\cdots\cdots$ 40 %
$\overline{AB}$가 작은 원의 접선이므로
$\angle ACD = \angle CTD = \angle x$
$\triangle ATC$에서 $30° + \angle x + (\angle x + 52°) = 180°$
$2\angle x = 98°$ $\therefore \angle x = 49°$ $\cdots\cdots$ 40 %
目 $49°$

채점기준	배점
$\angle ATP$의 크기 구하기	20 %
$\angle DCT$의 크기 구하기	40 %
$\angle x$의 크기 구하기	40 %

STEP **A** 최고난이도문제 　　　본문 64쪽

STEP **A** 최고난이도문제 　　　본문 64쪽

01 $(4\sqrt{3}-6)$ cm　　**02** $31°$　　**03** $\dfrac{52}{3}$ cm²

01

오른쪽 그림과 같이 $\overline{AD}$, $\overline{AE}$, $\overline{CE}$를 그으면

$\overparen{DB}$와 $\overparen{AE}$의 길이가 각각 원주의 $\dfrac{1}{12}$ 이므로

$$\angle DAB = \angle ADE = 180° \times \dfrac{1}{12} = 15°$$

즉 △ADF에서 $\overline{AF}=\overline{DF}$이고

$$\angle AFE = 15° + 15° = 30°$$

△ABC에서

$$\angle ABC = \angle ACB = \dfrac{1}{2} \times (180° - 30°) = 75°$$

$$\angle ACE = \angle ADE = 15°$$

$$\therefore \angle BCE = 75° + 15° = 90°$$

이때 □ABCE가 원 O에 내접하므로

$\angle BAE + \angle BCE = 180°$에서

$$\angle BAE + 90° = 180° \qquad \therefore \angle BAE = 90°$$

$\overline{AF}=x$ cm라고 하면

$\overline{DF}=\overline{AF}=x$ cm이므로 $\overline{EF}=(2-x)$ cm

△AFE에서 $\overline{AF}=\overline{EF}\cos 30°$이므로

$$x = (2-x) \times \dfrac{\sqrt{3}}{2}, \ (2+\sqrt{3})x = 2\sqrt{3}$$

$$\therefore x = \dfrac{2\sqrt{3}}{2+\sqrt{3}} = 4\sqrt{3}-6$$

따라서 $\overline{AF}$의 길이는 $(4\sqrt{3}-6)$ cm이다.

답 $(4\sqrt{3}-6)$ cm

02

오른쪽 그림과 같이 $\overline{BP}$, $\overline{CP}$를 그으면 $\overline{BC}$는 작은 원의 지름이므로

$$\angle CPB = 90°$$

$\angle APC = \angle x$라 하면

$\angle PBC = \angle APC = \angle x$이므로

△PAB에서 $28° + (\angle x + 90°) + \angle x = 180°$,

$$2\angle x = 62° \qquad \therefore \angle x = 31°$$

$$\therefore \angle DPB = 180° - (31° + 90°) = 59°$$

또한, $\overline{BD}$를 그으면 $\overline{AB}$는 큰 원의 지름이므로

$$\angle ADB = 90°$$

즉, $\angle PHB + \angle PDB = 180°$이므로 □PHBD는 원에 내접한다.

$$\therefore \angle DHB = \angle DPB = 59°$$

$$\therefore \angle PHD = 90° - 59° = 31° \qquad\qquad 답\ 31°$$

03

$$\angle TAB = \angle BTQ = \angle PTD = \angle TCD,$$
$$\angle TBA = \angle ATP = \angle QTC = \angle TDC$$

즉, △DTC는 $\overline{TD}=\overline{TC}$인 이등변삼각형이다.

오른쪽 그림과 같이 점 T에서 $\overline{AB}$에 내린 수선의 발을 M, $\overline{CD}$에 내린 수선의 발을 N이라 하자.

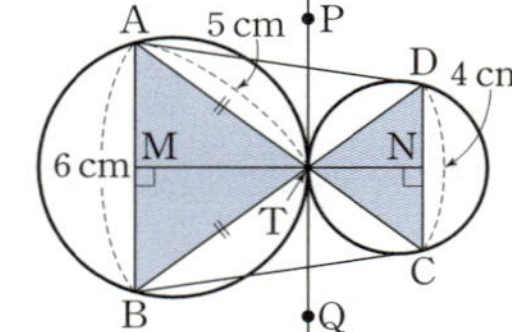

△AMT에서

$\overline{AM}=3$(cm)이므로

$$\overline{TM}=\sqrt{5^2-3^2}=4\text{(cm)}$$

또한, △AMT∽△CNT (AA 닮음)이므로

$$3 : 2 = 4 : \overline{TN} \qquad \therefore \overline{TN} = \dfrac{8}{3}\text{(cm)}$$

$\therefore$ (색칠한 부분의 넓이)

$$= \dfrac{1}{2} \times 6 \times 4 + \dfrac{1}{2} \times 4 \times \dfrac{8}{3} = \dfrac{52}{3}\text{(cm}^2) \qquad 답\ \dfrac{52}{3}\ \text{cm}^2$$

Ⅲ 통계

01. 대푯값과 산포도

STEP C 주제별필수문제

01 12	**02** 2	**03** 75 kg	**04** 80	**05** ②
06 53회	**07** 700 g	**08** 162 cm		**09** 26
10 29	**11** 9	**12** 78	**13** 67점	
14 분산 : 50, 표준편차 : $5\sqrt{2}$ cm			**15** 25	
16 5반	**17** 181	**18** 27		
19 평균 : 16, 표준편차 : 4				
20 평균 : 27, 표준편차 : 8				
21 평균 : 80점, 표준편차 : 2점			**22** ⑤	
23 ②, ⑤				

01

$\dfrac{x_1+x_2+x_3+x_4+x_5}{5}=9$이므로

$x_1+x_2+x_3+x_4+x_5=45$

따라서 $x_1+1,\ x_2-3,\ x_3+8,\ x_4+11,\ x_5-2$의 평균은

$\dfrac{(x_1+1)+(x_2-3)+(x_3+8)+(x_4+11)+(x_5-2)}{5}$

$=\dfrac{x_1+x_2+x_3+x_4+x_5+15}{5}$

$=\dfrac{45+15}{5}=12$ 답 12

02

$\dfrac{(6x_1+2)+(6x_2+2)+(6x_3+2)+(6x_4+2)+(6x_5+2)}{5}$

$=14$에서

$6(x_1+x_2+x_3+x_4+x_5)+10=70$

$\therefore\ x_1+x_2+x_3+x_4+x_5=10$

따라서 $x_1,\ x_2,\ x_3,\ x_4,\ x_5$의 평균은

$\dfrac{x_1+x_2+x_3+x_4+x_5}{5}=\dfrac{10}{5}=2$ 답 2

03

(학생 8명의 몸무게의 총합)$=74\times8=592(\text{kg})$

따라서 남은 학생 6명의 몸무게의 평균은

$\dfrac{592-(68+74)}{6}=\dfrac{450}{6}=75(\text{kg})$ 답 75 kg

04

두 반 전체 학생의 영어 성적의 평균이 77점이므로

$\dfrac{30\times75+20\times x}{50}=77$

$2250+20x=3850$

$20x=1600$ $\therefore\ x=80$ 답 80

05

(남학생의 과학 성적의 총합)$=30\times72=2160(\text{점})$

여학생을 x명이라 하면 여학생의 과학 성적의 총합은 $85.2x$점이다.

$\dfrac{2160+85.2x}{30+x}=78,\ 2160+85.2x=2340+78x$

$7.2x=180$

$\therefore\ x=25$

따라서 여학생은 모두 25명이다.   답 ②

06

32회의 기록을 제외한 나머지 6일의 기록의 합을 A회, 잘못 보고 계산한 32회의 기록을 x회라 하면

(잘못 구한 기록의 평균)$=$(실제 평균)$+3$이므로

$\dfrac{A+x}{7}=\dfrac{A+32}{7}+3$

$A+x=A+32+21$ $\therefore\ x=53$

따라서 32회를 53회로 잘못 보고 평균을 구했다.

  답 53회

07

평균이 725 g이므로

$\dfrac{500\times3+600\times5+700\times a+800\times6+900\times4+1000\times1}{3+5+a+6+4+1}$

$=725$

$\dfrac{13900+700a}{19+a}=725,\ 13900+700a=13775+725a$

$25a=125$ $\therefore\ a=5$

전체 회원 수는 $3+5+5+6+4+1=24(\text{명})$이므로

중앙값은 12번째와 13번째 자료의 평균인

$\dfrac{700+700}{2}=700(\text{g})$이다.   답 700 g

08

처음 학생 10명의 키를 작은 키부터 차례로 나열하였을 때, 여섯 번째 학생의 키를 x cm라고 하면 중앙값이 159 cm이므로

$\dfrac{156+x}{2}=159,\ 156+x=318$ $\therefore\ x=162$

이때 키가 163 cm인 학생을 포함한 11명의 학생의 키를

작은 키부터 차례로 나열하면 11명의 학생의 키의 중앙값은 여섯 번째 학생의 키인 162 cm이다.　　　　　　**탑** 162 cm

09

a, b, 8, 9, 14의 중앙값이 11이므로 작은 값부터 크기순으로 나열할 때, 3번째 수가 11이어야 한다.

그런데 $a < b$이므로 $a = 11$

a, b, 7, 21에서 $a = 11$이고 중앙값이 13이므로 작은 값부터 크기순으로 나열하면 7, 11, b, 21이다.

즉 $\dfrac{11+b}{2} = 13$이므로 $b = 15$

$\therefore a+b = 11+15 = 26$　　　　　　**탑** 26

10

$$(평균) = \frac{26+34+31+27+42+33+35+28+39+24+30+35}{12}$$

$$= \frac{384}{12} = 32이므로$$

$a = 32$

주어진 자료를 작은 값부터 크기순으로 나열하면
24, 26, 27, 28, 30, 31, 33, 34, 35, 35, 39, 42이므로

$$(중앙값) = \frac{31+33}{2} = 32　　　\therefore b = 32$$

최빈값은 35이므로 $c = 35$

$\therefore a+b-c = 32+32-35 = 29$　　　　　　**탑** 29

11

전략

평균이 2임을 이용하여 $a+b$의 값을 구하고 이때 최빈값이 6이므로 $a = 6$ 또는 $b = 6$이다.

평균이 2이므로

$$\frac{-4+6+3+a-5+b+11}{7} = 2$$

$11+a+b = 14　　　\therefore a+b = 3$

최빈값이 6이므로 $a = 6$ 또는 $b = 6$

이때 $a < b$이므로 $a = -3$, $b = 6$

$\therefore b-a = 6-(-3) = 9$　　　　　　**탑** 9

12

x를 제외한 변량이 모두 다르므로 x는 이 자료의 최빈값이다.

평균과 최빈값이 같으므로

$$(평균) = \frac{78+91+x+69+74}{5} = x이므로$$

$312+x = 5x$, $4x = 312$　　　$\therefore x = 78$　　　**탑** 78

13

전략

편차의 합은 항상 0이다.

편차의 합은 0이므로

$8+(-1)+0+x+(-5)+4 = 0$　　　$\therefore x = -6$

이때 (편차) = (변량) - (평균)에서

(변량) = (편차) + (평균)이므로 학생 D의 점수는

$-6+73 = 67(점)$　　　　　　**탑** 67점

14

$$(평균) = \frac{160+149+162+143+156}{5}$$

$$= \frac{770}{5} = 154(cm)$$

평균이 154 cm이므로 편차를 구하면 차례로
6 cm, -5 cm, 8 cm, -11 cm, 2 cm이다.

$$(분산) = \frac{6^2+(-5)^2+8^2+(-11)^2+2^2}{5} = \frac{250}{5} = 50$$

$(표준편차) = \sqrt{50} = 5\sqrt{2}$ (cm)

탑 분산 : 50, 표준편차 : $5\sqrt{2}$ cm

15

평균이 8이므로

$$\frac{3+5+6+7+9+15+x}{7} = 8, \; x+45 = 56$$

$\therefore x = 11$　　　　　　　　　　…… 40 %

7개의 변량의 편차가 차례로
-5, -3, -2, -1, 1, 7, 3이므로

$$(분산) = \frac{(-5)^2+(-3)^2+(-2)^2+(-1)^2+1^2+7^2+3^2}{7}$$

$$= \frac{98}{7} = 14$$

$\therefore y = 14$　　　　　　　　　　…… 50 %

$\therefore x+y = 11+14 = 25$　　　　　…… 10 %

탑 25

채점기준	배점
x의 값 구하기	40 %
y의 값 구하기	50 %
$x+y$의 값 구하기	10 %

16

전략

분산과 표준편차가 작을수록 변량들이 평균을 중심으로 가까이 모여 있으므로 자료가 더 고르다고 할 수 있다.

국어 성적이 가장 고른 반은 표준편차가 가장 작은 5반이다.　　　　　　　　　　　　　　　　　　　　　**5반**

17

평균이 11이므로 $\dfrac{13+x+16+y+7}{5}=11$

$36+x+y=55$　　$\therefore x+y=19$

분산이 10이므로

$\dfrac{2^2+(x-11)^2+5^2+(y-11)^2+(-4)^2}{5}=10$

$x^2+y^2-22(x+y)+287=50$

$x^2+y^2-22\times19+287=50$

$\therefore x^2+y^2=181$　　　　　　　　　　　　**181**

18

평균은 3이므로 $\dfrac{a+b+c+d+e}{5}=3$

$\therefore a+b+c+d+e=15$

표준편차가 $3\sqrt{2}$이므로 분산은 $(3\sqrt{2})^2=18$

$\dfrac{(a-3)^2+(b-3)^2+(c-3)^2+(d-3)^2+(e-3)^2}{5}=18$

$a^2+b^2+c^2+d^2+e^2-6(a+b+c+d+e)+45=90$

$a^2+b^2+c^2+d^2+e^2-6\times15+45=90$

$\therefore a^2+b^2+c^2+d^2+e^2=135$

따라서 a^2, b^2, c^2, d^2, e^2의 평균은

$\dfrac{a^2+b^2+c^2+d^2+e^2}{5}=\dfrac{135}{5}=27$　　　**27**

$($분산$)=\dfrac{\{(변량)^2의\ 총합\}}{(변량의\ 개수)}-(평균)^2$이므로

$\dfrac{a^2+b^2+c^2+d^2+e^2}{5}-3^2=18$

$\therefore \dfrac{a^2+b^2+c^2+d^2+e^2}{5}=27$

19

변량 a, b, c, d, e의 평균이 8, 분산이 4이므로

$\dfrac{a+b+c+d+e}{5}=8$

$\dfrac{(a-8)^2+(b-8)^2+(c-8)^2+(d-8)^2+(e-8)^2}{5}=4$

변량 $2a$, $2b$, $2c$, $2d$, $2e$에서

$($평균$)=\dfrac{2a+2b+2c+2d+2e}{5}$

$\qquad\ \ =\dfrac{2(a+b+c+d+e)}{5}$

$\qquad\ \ =2\times8=16$

$($분산$)$

$=\dfrac{(2a-16)^2+(2b-16)^2+(2c-16)^2+(2d-16)^2+(2e-16)^2}{5}$

$=\dfrac{4\{(a-8)^2+(b-8)^2+(c-8)^2+(d-8)^2+(e-8)^2\}}{5}$

$=4\times4=16$

$\therefore$ (표준편차)$=\sqrt{16}=4$　　　**평균 : 16, 표준편차 : 4**

(평균)$=2\times8=16$, (표준편차)$=|2|\times2=4$

> **Sub 노트**
>
> n개의 변량 x_1, x_2, x_3, $\cdots$, x_n의 평균이 m이고 표준편차가 s일 때, n개의 변량 ax_1+b, ax_2+b, ax_3+b, $\cdots$, ax_n+b $(a, b$는 상수$)$에 대하여
> (평균)$=am+b$, (분산)$=a^2s^2$, (표준편차)$=|a|s$

20

네 수 x_1, x_2, x_3, x_4의 평균이 12이고, 분산이 16이므로

$\dfrac{x_1+x_2+x_3+x_4}{4}=12$,

$\dfrac{(x_1-12)^2+(x_2-12)^2+(x_3-12)^2+(x_4-12)^2}{4}=16$

네 수 $2x_1+3$, $2x_2+3$, $2x_3+3$, $2x_4+3$에서

$($평균$)=\dfrac{(2x_1+3)+(2x_2+3)+(2x_3+3)+(2x_4+3)}{4}$

$\qquad\ \ =\dfrac{2(x_1+x_2+x_3+x_4)+12}{4}=27$

$($분산$)=\dfrac{(2x_1+3-27)^2+(2x_2+3-27)^2+(2x_3+3-27)^2+(2x_4+3-27)^2}{4}$

$\qquad\ \ =\dfrac{4\{(x_1-12)^2+(x_2-12)^2+(x_3-12)^2+(x_4-12)^2\}}{4}$

$\qquad\ \ =64$

$\therefore$ (표준편차)$=\sqrt{64}=8$　　　**평균 : 27, 표준편차 : 8**

21

정재의 중간고사 7개 과목의 성적을 각각 a점, b점, c점, d점, e점, f점, g점이라고 하면 평균이 82점, 표준편차가 2점이므로

$\dfrac{a+b+c+d+e+f+g}{7}=82$

$\dfrac{(a-82)^2+(b-82)^2+(c-82)^2+(d-82)^2+(e-82)^2+(f-82)^2+(g-82)^2}{7}$

$=2^2=4$

이때 기말고사 7개 과목의 성적은 각각

$(a-2)$점, $(b-2)$점, $(c-2)$점, $(d-2)$점, $(e-2)$점, $(f-2)$점, $(g-2)$점이므로

$($평균$)$

$$= \frac{(a-2)+(b-2)+(c-2)+(d-2)+(e-2)+(f-2)+(g-2)}{7}$$

$$= \frac{a+b+c+d+e+f+g}{7}-2$$

$$=82-2=80(점)$$

(분산)

$$= \frac{\{(a-2)-80\}^2+\{(b-2)-80\}^2+\cdots+\{(g-2)-80\}^2}{7}$$

$$= \frac{(a-82)^2+(b-82)^2+(c-82)^2+(d-82)^2+(e-82)^2+(f-82)^2+(g-82)^2}{7}$$

$$=4$$

$$\therefore \text{(표준편차)}=\sqrt{4}=2(점)$$

目 평균 : 80점, 표준편차 : 2점

22

① 편차의 합은 0이다.

② 산포도가 가장 큰 반은 표준편차가 가장 큰 1반이다.

③ 성적이 가장 높은 학생이 있는 반은 알 수 없다.

④ 성적이 가장 고르게 분포된 반은 표준편차가 가장 작은 2반이다.

⑤ 5반의 표준편차가 3반의 표준편차보다 작으므로 5반의 성적은 3반의 성적보다 평균 주위에 모여 있다.

目 ⑤

23

우빈이의 점수에서

$$\text{(평균)}=\frac{7\times0+8\times4+9\times2+10\times4}{10}=\frac{90}{10}=9(점)$$

$$\text{(분산)}=\frac{(-2)^2\times0+(-1)^2\times4+0^2\times2+1^2\times4}{10}$$

$$=\frac{8}{10}=0.8$$

$$\therefore \text{(표준편차)}=\sqrt{0.8}\,(점)$$

혜리의 점수에서

$$\text{(평균)}=\frac{7\times1+8\times3+9\times1+10\times5}{10}=\frac{90}{10}=9(점)$$

$$\text{(분산)}=\frac{(-2)^2\times1+(-1)^2\times3+0^2\times1+1^2\times5}{10}$$

$$=\frac{12}{10}=1.2$$

$$\therefore \text{(표준편차)}=\sqrt{1.2}\,(점)$$

② 우빈이와 혜리의 점수의 분산은 다르다.

⑤ 우빈이의 점수의 표준편차가 혜리의 점수의 표준편차보다 작으므로 우빈이의 점수가 혜리의 점수보다 평균을 중심으로 모여 있다.

目 ②, ⑤

01 4 : 5	**02** ②	**03** ④	**04** 1.5 L	**05** 9개
06 7	**07** 3.5			
08 중앙값 : 5송이, 최빈값 : 6송이			**09** 62, 70	
10 $a=15$, $b=20$ 또는 $a=21$, $b=15$				
11 68	**12** 13.5	**13** ③	**14** ⑤	**15** ④
16 $\sqrt{66}$ cm		**17** 평균 : 7, 표준편차 : $\sqrt{3}$		
18 $\sqrt{26}$점	**19** 44	**20** $x=z<y$		**21** ⑤
22 ②, ⑤				

01

남학생 수를 x명, 여학생 수를 y명이라 하면 전체 학생의 몸무게의 평균이 56 kg이므로

$$\frac{61x+52y}{x+y}=56, \quad 61x+52y=56x+56y$$

$$5x=4y \quad \therefore x:y=4:5$$

目 4 : 5

02

각 끈의 길이를 a cm, b cm, c cm, d cm, e cm라 하면

$$\frac{a+b+c+d+e}{5}=30에서$$

$$a+b+c+d+e=150$$

$$\therefore \text{(구하는 평균)}=\frac{4(a+b+c+d+e)}{5}$$

$$=\frac{4\times150}{5}=120(\text{cm})$$

目 ②

03

n명의 학생들의 과학 점수의 평균이 m점, 분산이 s^2이므로 점수를 7점씩 올려 준 후의 과학 점수의 평균은 $(m+7)$점, 분산은 s^2이다.

目 ④

04

13명의 학생이 마신 물의 양을 각각

x_1 L, x_2 L, $\cdots$, x_{13} L $(x_1<x_2<\cdots<x_{13})$라고 하면

$$\frac{x_2+x_3+\cdots+x_{13}}{12}=1.6$$

$$\therefore x_2+x_3+\cdots+x_{13}=19.2 \quad \cdots\cdots ㉠$$

$$\frac{x_1+x_2+\cdots+x_{12}}{12}=1.3$$

$$\therefore x_1+x_2+\cdots+x_{12}=15.6 \quad \cdots\cdots ㉡$$

$$x_1+x_{13}=4.2 \quad \cdots\cdots ㉢$$

㉠+㉡+㉢을 하면

$$2(x_1+x_2+\cdots+x_{13})=39$$

$\therefore x_1+x_2+\cdots+x_{13}=19.5$

따라서 13명의 학생들이 마신 물의 양의 평균은

$$\dfrac{x_1+x_2+\cdots+x_{13}}{13}=\dfrac{19.5}{13}=1.5(\text{L})$$

답 1.5 L

05

ㄱ에서 중앙값이 67이고 $\dfrac{63+71}{2}=67$이므로

$a \geq 71$ ...... ㉠

ㄴ에서 중앙값이 79이므로 $a \leq 79$ ...... ㉡

㉠, ㉡에서 $71 \leq a \leq 79$이므로 이를 만족하는 정수 a의 값은 71, 72, 73, 74, 75, 76, 77, 78, 79의 9개이다.

답 9개

06

평균이 7이므로

$$\dfrac{6+8+12+a+2+3+9+7+b+4}{10}=7$$

$a+b+51=70$ $\therefore a+b=19$

$a-b=3$, $a+b=19$를 연립하여 풀면

$a=11$, $b=8$

10개의 변량을 작은 값에서부터 크기순으로 나열하면

2, 3, 4, 6, 7, 8, 8, 9, 11, 12이므로

중앙값은 $\dfrac{7+8}{2}=7.5$, 최빈값은 8이다.

$x=7.5$, $y=8$이므로

$2x-y=2 \times 7.5-8=7$

답 7

07

평균이 1.4이므로

$$\dfrac{x+3+(-9)+4+1+(-6)+8+y+z+(-6)}{10}=1.4$$

$x+y+z-5=14$ $\therefore x+y+z=19$ ...... ㉠

x, y, z를 제외한 변량을 작은 값에서부터 크기순으로 나열하면 -9, -6, -6, 1, 3, 4, 8이고

최빈값이 4이므로 x, y, z 중 적어도 2개는 4이다.

(i) $x=y=z=4$이면

$x+y+z=12$이므로 ㉠을 만족시키지 않는다.

(ii) x, y, z 중 2개만 4이면 ㉠에 의해 나머지 1개는 11

(i), (ii)에서 주어진 자료를 작은 값에서부터 크기순으로 나열하면 -9, -6, -6, 1, 3, 4, 4, 4, 8, 11이므로

중앙값은 $\dfrac{3+4}{2}=3.5$

답 3.5

08

전체 꽃다발 수가 25개이므로

$3+a+4+b+5=25$에서

$a+b+12=25$ $\therefore a+b=13$ ...... ㉠

평균이 5.2송이므로

$$\dfrac{3 \times 3+4 \times a+5 \times 4+6 \times b+7 \times 5}{25}=5.2$$

$4a+6b+64=130$ $\therefore 2a+3b=33$ ...... ㉡

㉠, ㉡을 연립하여 풀면 $a=6$, $b=7$

자료를 작은 값에서부터 크기순으로 나열하면 13번째의 값이 5송이이므로 중앙값은 5송이이다.

꽃 6송이로 만든 꽃다발이 7개로 가장 많으므로 최빈값은 6송이이다.

답 중앙값 : 5송이, 최빈값 : 6송이

09

편차의 합은 항상 0이고 (편차)=(변량)−(평균)에서 (변량)=(편차)+(평균)이다.

편차의 합은 0이므로

$$(2x^2+9)+(-5x+1)+(-10)+(-x^2+x-2)$$
$$+(2x-13)$$
$$=0$$

$x^2-2x-15=0$, $(x+3)(x-5)=0$

$\therefore x=-3$ 또는 $x=5$ ...... 40 %

(i) $x=-3$일 때

$-x^2+x-2=-(-3)^2+(-3)-2=-14$

$\therefore D=-14+84=70$ ...... 30 %

(ii) $x=5$일 때

$-x^2+x-2=-5^2+5-2=-22$

$\therefore D=-22+84=62$

(i), (ii)에서 $D=70$ 또는 $D=62$ ...... 30 %

답 62, 70

채점기준	배점
x의 값 구하기	40 %
$x=-3$일 때 변량 D의 값 구하기	30 %
$x=5$일 때 변량 D의 값 구하기	30 %

10

자료 A의 변량 11, a, b, 23, 14의 중앙값이 15이므로 $a=15$ 또는 $b=15$

(i) $a=15$일 때, 자료 A의 변량은 11, 15, b, 23, 14이고 자료 B의 변량은 22, 13, 16, 27, b이다.

이때 두 자료 A, B를 합친 전체 자료의 중앙값이 18이므로 10개의 변량을 작은 값에서부터 크기순으로 나

열하면 5번째 변량은 16, 6번째 변량은 b이어야 한다.

$$\frac{16+b}{2}=18 \qquad \therefore b=20$$

(ii) $b=15$일 때, 자료 A의 변량은 11, a, 15, 23, 14이고 자료 B의 변량은 22, 13, $a+1$, 27, 15이다. 이때 두 자료 A, B를 합친 전체 자료의 중앙값이 18이므로 10개의 변량을 작은 값에서부터 크기순으로 나열하면 5번째 변량은 15, 6번째 변량은 a이어야 한다.

$$\frac{15+a}{2}=18 \qquad \therefore a=21$$

(i), (ii)에서 $a=15$, $b=20$ 또는 $a=21$, $b=15$

📖 $a=15$, $b=20$ 또는 $a=21$, $b=15$

11

전략

x의 값의 범위에 따라 경우를 나누어 x의 값을 각각 구한다.

5개의 변량의 평균은

$$\frac{19+24+12+29+x}{5}=\frac{84+x}{5} \qquad \cdots\cdots 20\%$$

x를 제외한 4개의 변량을 작은 값에서부터 크기순으로 나열하면 12, 19, 24, 29이므로 중앙값은 $x\leq19$일 때 19, $19<x<24$일 때 x, $x\geq24$일 때 24이다.

(i) $x\leq19$일 때

$$\frac{84+x}{5}=19,\ 84+x=95 \qquad \therefore x=11 \qquad \cdots\cdots 20\%$$

(ii) $19<x<24$일 때

$$\frac{84+x}{5}=x,\ 84+x=5x \qquad \therefore x=21 \qquad \cdots\cdots 20\%$$

(iii) $x\geq24$일 때

$$\frac{84+x}{5}=24,\ 84+x=120 \qquad \therefore x=36 \qquad \cdots\cdots 20\%$$

(i), (ii), (iii)에서 x의 값은 11, 21, 36이므로 그 합은 $11+21+36=68$ $\qquad \cdots\cdots 20\%$

📖 68

채점기준	배점
평균 구하기	20 %
$x\leq19$일 때 x의 값 구하기	20 %
$19<x<24$일 때 x의 값 구하기	20 %
$x\geq24$일 때 x의 값 구하기	20 %
x의 값으로 가능한 모든 자연수의 합 구하기	20 %

12

9종류의 음료수를 판매 개수가 43개인 한 음료수와 나머지 음료수 8종류로 나누어 생각한다.

(9종류 음료수의 판매 개수의 분산)

$$=\frac{(43-43)^2+\{8종류\ 음료수의\ (편차)^2의\ 총합\}}{9}=12$$

$$\{8종류\ 음료수의\ (편차)^2의\ 총합\}=12\times9=108$$

따라서 판매 개수가 43개인 한 음료수를 제외한 나머지 음료수의 판매 개수의 분산은 $\dfrac{108}{8}=13.5$

📖 13.5

13

6명의 학생 A, B, C, D, E, F의 통학 거리의 평균을 a km라 하면 학생 G를 포함한 7명의 통학 거리의 평균은 $1.125a$ km이므로

$$\frac{(a-0.5)+(a-0.2)+(a+0.3)+(a+1.2)+(a-0.9)+(a+0.1)+(a+1.4)}{7}=1.125a$$

$$7a+1.4=7.875a \qquad \therefore a=1.6$$

따라서 세 번째로 먼 학생인 C의 통학 거리는 $1.6+0.3=1.9(km)$

📖 ③

14

학생 A에서

$$(평균)=\frac{32+41+62+30+46+84+62}{7}$$
$$=\frac{357}{7}=51(회)$$

중앙값은 46회이고, 최빈값은 62회이다.

학생 B에서

$$(평균)=\frac{45+64+51+29+42+51+82}{7}$$
$$=\frac{364}{7}=52(회)$$

중앙값은 51회이고, 최빈값은 51회이다.

① B가 A보다 평균이 크다

② A의 중앙값과 최빈값은 같지 않다.

③ A의 최빈값이 B의 최빈값보다 크다.

④ B의 최빈값과 중앙값은 같다.

📖 ⑤

15

정은이의 핸드폰 사용 시간을 x시간이라 하면 평균은

$$\frac{(x-5)+x+(x+2)+(x+4)+(x-6)}{5}$$

$$=\frac{5x-5}{5}=x-1(시간)$$

따라서 핸드폰 사용 시간의 편차는 순서대로 -4, 1, 3, 5, -5이므로 분산은

$$\frac{(-4)^2+1^2+3^2+5^2+(-5)^2}{5}=\frac{76}{5}$$

📖 ④

16

$180+188=368$, $178+190=368$이므로
다른 팀으로 간 두 선수의 키의 합과 새로 들어온 두 선수의 키의 합은 같다. 따라서 키의 총합은 변하지 않으므로 평균도 이전과 같은 $186\,\text{cm}$이다.
팀에서 다른 팀으로 간 선수와 팀으로 들어온 선수를 제외한 18명의 (편차)^{2}의 총합을 A라 하면 두 선수가 다른 팀으로 가기 전의 20명의 분산은
$8^2=64$이므로
$$\frac{A+(180-186)^2+(188-186)^2}{20}=64,$$
$A+36+4=1280$ $\quad\therefore A=1240$
따라서 새로 두 선수가 들어온 이후의 20명의 분산은
$$\frac{1240+(178-186)^2+(190-186)^2}{20}=\frac{1320}{20}=66$$
$\therefore$ (표준편차)$=\sqrt{66}\,(\text{cm})$ $\qquad$ 답 $\sqrt{66}\,\text{cm}$

17

변량 a, b, c의 평균이 20이므로
$$\frac{a+b+c}{3}=20 \qquad \therefore a+b+c=60$$
분산이 8이므로
$$\frac{(a-20)^2+(b-20)^2+(c-20)^2}{3}=8$$
$\therefore (a-20)^2+(b-20)^2+(c-20)^2=24$
변량 $\frac{1}{2}a-3$, $\frac{1}{2}b-3$, $\frac{1}{2}c-3$, 5, 5, 7, 8, 10에서

$$
\begin{aligned}
(\text{평균})&=\frac{\left(\frac{1}{2}a-3\right)+\left(\frac{1}{2}b-3\right)+\left(\frac{1}{2}c-3\right)+5+5+7+8+10}{8}\\
&=\frac{\frac{1}{2}(a+b+c)+26}{8}=\frac{\frac{1}{2}\times60+26}{8}=\frac{56}{8}=7
\end{aligned}
$$

$$
\begin{aligned}
(\text{분산})&=\left\{\left(\frac{1}{2}a-10\right)^2+\left(\frac{1}{2}b-10\right)^2+\left(\frac{1}{2}c-10\right)^2\right.\\
&\qquad\left.+(-2)^2+(-2)^2+0^2+1^2+3^2\right\}\div8\\
&=\frac{\frac{1}{4}\{(a-20)^2+(b-20)^2+(c-20)^2\}+18}{8}\\
&=\frac{\frac{1}{4}\times24+18}{8}=\frac{24}{8}=3
\end{aligned}
$$

$\therefore$ (표준편차)$=\sqrt{3}$ $\qquad$ 답 평균 : 7, 표준편차 : $\sqrt{3}$

18

전략

{(편차)^{2}의 총합}$=$(변량의 개수)$\times$(분산)을 이용한다.

남학생의 분산이 $6^2=36$이므로 남학생 18명의
(편차)^{2}의 총합은 $36\times18=648$
여학생의 분산이 $(\sqrt{11})^2=11$이므로 여학생 12명의
(편차)^{2}의 총합은 $11\times12=132$
남학생과 여학생의 평균이 같으므로 전체 학생의 점수의
분산은 $\dfrac{648+132}{18+12}=\dfrac{780}{30}=26$
$\therefore$ (전체의 영어 점수의 표준편차)$=\sqrt{26}$ (점) $\quad$ 답 $\sqrt{26}$점

> **Sub 노트**
>
> 각 집단에서 (분산)$=\dfrac{\{(\text{편차})^2\text{의 총합}\}}{(\text{변량의 개수})}$이므로
> {(편차)^{2}의 총합}$=$(분산)$\times$(변량의 개수)
> 이때 각 집단에서 (편차)$^2=\{(\text{변량})-(\text{평균})\}^2$이므로 두 집단의 평균이 같을 때, 두 집단 전체의 (편차)^{2}의 총합은 각 집단의 (편차)^{2}의 총합을 더한 것과 같다.

19

학생 수는 모두 6명이므로
$1+x+y+1=6$
$\therefore x+y=4$ $\qquad\cdots\cdots$ ㉠
6명의 학생이 15번의 가위바위보에서 받은 점수의 총합은 $15\times4=60$(점)이므로
$4\times1+8\times x+12\times y+16\times1=60$
$\therefore 2x+3y=10$ $\qquad\cdots\cdots$ ㉡
㉠, ㉡을 연립하여 풀면 $x=2$, $y=2$
평균은 $\dfrac{60}{6}=10$(점)
따라서 분산 V는
$$
\begin{aligned}
V&=\frac{(-6)^2\times1+(-2)^2\times2+2^2\times2+6^2\times1}{6}\\
&=\frac{88}{6}=\frac{44}{3}
\end{aligned}
$$
$\therefore 3V=44$ $\qquad$ 답 44

20

전략

표준편차는 자료가 평균 주위에서 얼마나 흩어져 있는지를 나타내는 정도이다.
[자료 X] $\quad$ 1, 2, 3, $\cdots$, 100
[자료 Y] $\quad$ 2, 4, 6, $\cdots$, 200
[자료 Z] $\quad$ 101, 102, 103, $\cdots$, 200
자료 Z는 자료 X의 각 변량에 100을 더한 것과 같으므로 자료 X와 자료 Z의 표준편차는 같다.
$\therefore x=z$

자료 Y는 자료 X의 각 변량에 2를 곱한 것과 같으므로 자료 Y의 표준편차는 자료 X의 표준편차의 2배이다.

$$\therefore y = 2x$$

이때 $x > 0$이므로 $x = z < y$　　　　　　답 $x = z < y$

21

① 세 모둠 A, B, C는 자료의 분포가 각각 5편, 4편, 6편을 중심으로 좌우대칭이므로 세 모둠 A, B, C의 평균은 각각 5편, 4편, 6편이다.

② 학생 수는 A 모둠이 9명, B 모둠이 10명, C 모둠이 10명이므로 A 모둠의 학생 수가 가장 적다.

③ A 모둠의 자료는 C 모둠의 자료보다 평균 주위에 많이 모여 있으므로 A 모둠은 C 모둠보다 분산이 작다.

④ 세 모둠 중 A 모둠의 자료의 분포가 가장 고르다.

답 ⑤

22

① 학생들 각각의 수학 점수는 알 수 없다.

③ B반 학생 5명의 점수를 5점씩 올리면

$$\frac{25 \times 74 + 5 \times 5}{25} = 75(점)이다.$$

따라서 B반과 D반의 평균이 같아지지 않는다.

④ D반 학생 전체의 수학 점수를 각각 3점씩 올리면 평균은 3점 올라가지만, 수학 점수의 분포상태는 변하지 않으므로 표준편차는 그대로이다.

답 ②, ⑤

STEP A 최고난이도문제　　　　　본문 76~77쪽

01 39	**02** ②	**03** 32	**04** 52.8 kg
05 145	**06** 평균 : 11, 표준편차 : $\sqrt{14}$		

01

중앙값은 63, 최빈값은 55이므로 7개의 변량을 작은 값부터 크기순으로 나열할 때, 5번째와 6번째에 오는 변량을 각각 a, b라 하면

x, 55, 55, 63, a, b, 75

최빈값이 55이고 평균이 정해져 있으므로 x의 값이 최소이려면 a, b의 값이 최대이어야 한다.

따라서 $a = 73$, $b = 74$일 때, x의 값이 최소이므로

$$\frac{x + 55 + 55 + 63 + 73 + 74 + 75}{7} = 62 \qquad \therefore x = 39$$

답 39

02

$$a_1 + a_2 + a_3 + a_4 + a_5 = 5m,$$
$$(a_1 - m)^2 + (a_2 - m)^2 + (a_3 - m)^2 + (a_4 - m)^2 + (a_5 - m)^2 = 5s^2$$
이므로

(평균)
$$= \frac{1}{5}\left(\frac{a_1 - m}{s} + \frac{a_2 - m}{s} + \frac{a_3 - m}{s} + \frac{a_4 - m}{s} + \frac{a_5 - m}{s}\right)$$
$$= \frac{5m - 5m}{5s} = 0$$

(분산)
$$= \frac{1}{5}\left\{\left(\frac{a_1 - m}{s}\right)^2 + \left(\frac{a_2 - m}{s}\right)^2 + \left(\frac{a_3 - m}{s}\right)^2 + \left(\frac{a_4 - m}{s}\right)^2 + \left(\frac{a_5 - m}{s}\right)^2\right\}$$
$$= \frac{1}{5s^2} \times 5s^2 = 1$$

$$\therefore (표준편차) = 1 \qquad\qquad 답 ②$$

03

전략

평균과 표준편차를 이용하여 $a + b + c + d$와 $a^2 + b^2 + c^2 + d^2$의 값을 구한다.

평균이 6이므로

$$\frac{a + b + c + d}{4} = 6 \qquad \therefore a + b + c + d = 24$$

표준편차가 $\sqrt{7}$이므로

$$\frac{(a-6)^2 + (b-6)^2 + (c-6)^2 + (d-6)^2}{4} = 7$$
$$a^2 + b^2 + c^2 + d^2 - 12(a + b + c + d) + 144 = 28$$
$$a^2 + b^2 + c^2 + d^2 - 12 \times 24 + 144 = 28$$
$$\therefore a^2 + b^2 + c^2 + d^2 = 172$$
$$\therefore f(5) = (5-a)^2 + (5-b)^2 + (5-c)^2 + (5-d)^2$$
$$= 100 - 10(a + b + c + d) + a^2 + b^2 + c^2 + d^2$$
$$= 100 - 10 \times 24 + 172 = 32 \qquad 답 32$$

04

A 중학교의 남학생 수와 여학생 수를 각각 a명, b명, B 중학교의 남학생 수와 여학생 수를 각각 c명, d명이라 하면

$$\frac{57a + 52b}{a + b} = 55, \ 2a = 3b \qquad \therefore b = \frac{2}{3}a$$

$$\frac{60c+53d}{c+d}=56,\ 4c=3d \qquad \therefore d=\frac{4}{3}c$$

$$\frac{57a+60c}{a+c}=59 \qquad \therefore c=2a$$

따라서 여학생 전체의 몸무게의 평균은

$$\frac{52b+53d}{b+d}=\frac{52\times\dfrac{2}{3}a+53\times\dfrac{8}{3}a}{\dfrac{2}{3}a+\dfrac{8}{3}a}=52.8(\text{kg})$$

답 52.8 kg

05

$$\frac{8+9+6+9+5+10+a+b}{8}=8$$

$$\therefore a+b=17 \quad\cdots\cdots\ \bigcirc$$

(분산)

$$=\frac{0^2+1^2+(-2)^2+1^2+(-3)^2+2^2+(a-8)^2+(b-8)^2}{8}$$

$$=\frac{(a-8)^2+(b-8)^2+19}{8}$$

따라서 $\bigcirc$을 만족시키는 자연수 a, b에 대하여
$(a-8)^2+(b-8)^2$의 값이 최소이어야 하므로
$a=9$, $b=8$ 또는 $a=8$, $b=9$

$$\therefore a^2+b^2=145$$

답 145

06

자료 A의 변량을 a_1, a_2, a_3, a_4, a_5, a_6라고 하면 평균이
11, 분산이 3이므로

$$\frac{a_1+a_2+a_3+a_4+a_5+a_6}{6}=11$$

$$\therefore a_1+a_2+a_3+a_4+a_5+a_6=66$$

$$\frac{(a_1-11)^2+(a_2-11)^2+(a_3-11)^2+(a_4-11)^2+(a_5-11)^2+(a_6-11)^2}{6}$$

$$=3$$

$$\therefore (a_1-11)^2+(a_2-11)^2+(a_3-11)^2+(a_4-11)^2$$
$$+(a_5-11)^2+(a_6-11)^2$$
$$=18$$

자료 B의 변량을 b_1, b_2, b_3, b_4, b_5라고 하면
두 자료 A, B를 섞은 전체 자료의 평균이 11, 분산이 8이
므로

$$\frac{(a_1+a_2+a_3+a_4+a_5+a_6)+(b_1+b_2+b_3+b_4+b_5)}{11}$$

$$=11$$

$$66+b_1+b_2+b_3+b_4+b_5=121$$

$$\therefore b_1+b_2+b_3+b_4+b_5=55$$

$$\frac{\{(a_1-11)^2+\cdots+(a_6-11)^2\}+\{(b_1-11)^2+\cdots+(b_5-11)^2\}}{11}$$

$$=8$$

$$18+(b_1-11)^2+(b_2-11)^2+(b_3-11)^2+(b_4-11)^2$$
$$+(b_5-11)^2=88$$

$$\therefore (b_1-11)^2+(b_2-11)^2+(b_3-11)^2+(b_4-11)^2$$
$$+(b_5-11)^2$$
$$=70$$

$$(\text{자료 B의 평균})=\frac{b_1+b_2+b_3+b_4+b_5}{5}=\frac{55}{5}=11$$

(자료 B의 분산)

$$=\frac{(b_1-11)^2+(b_2-11)^2+(b_3-11)^2+(b_4-11)^2+(b_5-11)^2}{5}$$

$$=\frac{70}{5}=14$$

$$\therefore (\text{자료 B의 표준편차})=\sqrt{14}$$

답 평균 : 11, 표준편차 : $\sqrt{14}$

02. 산점도와 상관관계

01

두 변량 x, y에 대한 산점도를 바르게 나타낸 것은 ③이
다.

답 ③

02

지난달 읽은 책이 5권 이상 8권
이하인 학생 수는 색칠한 부분
에 속하는 점의 개수와 그 경계
선 위에 있는 점의 개수의 합과
같으므로 14명이다.

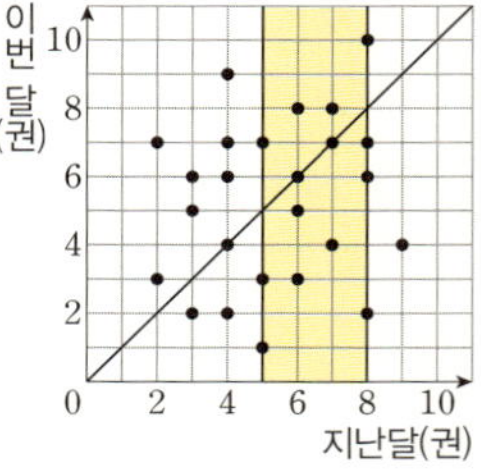

답 14명

03

지난달보다 이번 달 읽은 책의 수가 더 많은 학생 수는 대
각선 위쪽에 속하는 점의 개수와 같으므로 11명이다.

답 11명

04

① 국어 성적이 60점 이상인 학
생 수는 빗금친 부분에 속하
는 점의 개수와 그 경계선
위에 있는 점의 개수의 합과
같으므로 10명이다.

② 국어 성적이 가장 좋은 학생
은 100점인 학생으로 수학 성적은 60점이다.

③ 수학 성적이 80점인 학생 수는 3명으로 전체의
$\dfrac{3}{20} \times 100 = 15(\%)$이다.

④ 국어 성적과 수학 성적 모두 70점 이상인 학생 수는 산
점도에서 색칠한 부분에 속하는 점의 개수와 그 경계
선 위에 있는 점의 개수의 합과 같으므로 4명이다.

⑤ 국어 성적과 수학 성적이 같은 학생들의 국어 성적은
30점, 50점, 70점으로 평균은
$$\dfrac{30+50+70}{3} = \dfrac{150}{3} = 50(점)$$
답 ④

05

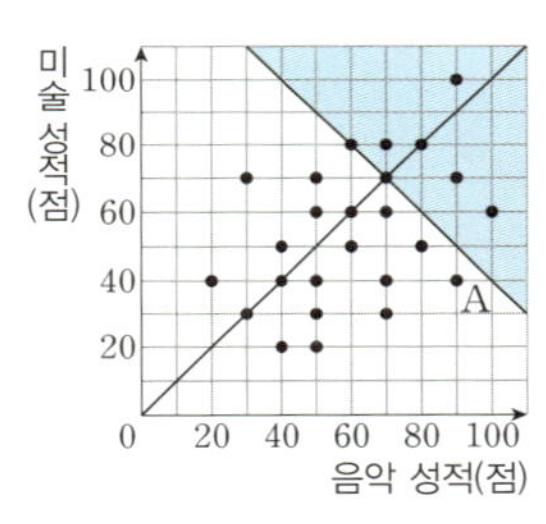

음악 성적과 미술 성적의 합이
140점 이상인 학생 수는 산점
도에서 색칠한 부분에 속하는
점의 개수와 그 경계선 위에 있
는 점의 개수의 합과 같으므로
7명이다.

답 7명

06

05의 산점도에서 오른쪽 위로 향하는 대각선에서 멀리 떨
어질수록 음악 성적과 미술 성적의 차가 크므로 A가 성
적의 차가 가장 크다.

∴ $90 - 40 = 50(점)$
답 50점

07

산점도에서 색칠한 부분에 속하는
점의 개수와 그 경계선 위에 있는
점의 개수의 합과 같으므로 3명이
다.
답 3명

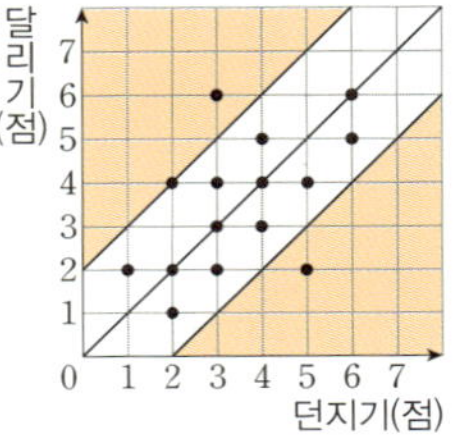

08

독서 시간이 길수록 성적이 올라가는 경향이 뚜렷한 경우
는 강한 양의 상관관계를 나타낼 때이므로 ①이다.

답 ①

09

①, ②, ⑤ 양의 상관관계

③ 음의 상관관계

④ 상관관계가 없다.
답 ③

10

① 주어진 산점도는 양의 상관관계를 나타낸다.

② 여름철 기온이 높을수록 대체로 팥빙수가 많이 팔리므
로 양의 상관관계가 있다.

③ 배추 생산량이 많을수록 대체로 가격이 내려가므로 음
의 상관관계가 있다.

④ 지능 지수와 통학 시간 사이에는 상관관계가 없다.

⑤ 점들이 기울기가 양인 직선 주위에 가까이 모여 있으
므로 비교적 양의 상관관계가 강하다고 할 수 있다.
답 ③, ④

11

① 양의 상관관계를 나타내는 것은 ㉢, ㉥이다.

② 상관관계가 없는 것은 ㉡, ㉣이다.

③ ㉤은 ㉠보다 약한 상관관계가 있다.

⑤ ㉥은 음의 상관관계를 나타내고 국어 성적과 독서량
사이에는 양의 상관관계가 있다.
답 ④

12

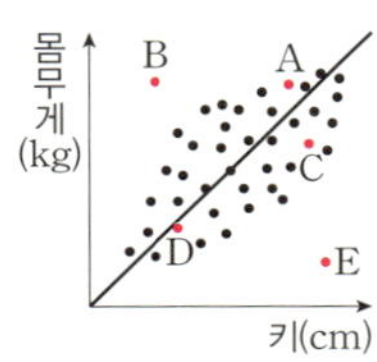

키에 비하여 몸무게가 가장 무거운 학
생은 오른쪽 위로 향하는 대각선을 그
었을 때 대각선 위쪽에 있는 학생 중
대각선에서 가장 멀리 떨어져 있는 학
생이므로 B이다.

답 B

13

① 통학 거리가 멀어짐에 따라 통학 시간이 대체로 길므
로 양의 상관관계가 있다.

② 오른쪽 위로 향하는 대각선을 그었을 때 대각선 위쪽
에 있는 학생 중 대각선에서 가장 멀리 떨어진 학생은
A이므로 A는 통학 거리에 비해 통학 시간이 긴 편이
다.

③ C는 D보다 통학 시간이 길다.

⑤ 통학 거리가 먼 학생은 대체로 통학 시간이 긴 편이다.
답 ③

01

주어진 산점도는 x의 값이 증가함에 따라 y의 값도 대체로 증가하므로 양의 상관관계를 나타낸다.
㉠, ㉣, ㉾ : 양의 상관관계
㉡, ㉤ : 음의 상관관계
㉢, ㉣ : 상관관계가 없다.   🖪 ㉠, ㉣, ㉾

02

산점도에서 다섯 가지의 빵 A, B, C, D, E 중 가볍고 가격도 싼 빵은 B이고, 무게에 비하여 가격이 비싼 빵은 A이다.
이때 A의 가격은 5천 원, B의 가격은 천 원이므로 두 빵의 가격의 차는 $5000-1000=4000$(원)   🖪 ④

03

수학 성적이 높은 쪽부터 크기순으로 나열하면 100점, 90점, 80점, 80점, 80점, 70점, 70점, 70점, 60점, …이고 수학 성적이 윤희보다 높은 학생이 8명이므로 윤희의 수학 성적은 60점이다. 또 윤희의 과학 성적은 60점, 30점 중 하나이고, 수학 성적보다 낮으므로 30점이다. 따라서 윤희의 수학 성적과 과학 성적의 평균은

$$\frac{60+30}{2}=45(\text{점})$$ 🖪 45점

04

턱걸이 6회 이상, 팔굽혀펴기 4회 미만인 학생은 산점도에서 색칠한 부분의 점의 개수와 세로선의 경계선 위에 있는 점의 개수의 합이므로 2명이다.
따라서 전체의

$$\frac{2}{20}\times100=10(\%)$$ 🖪 10 %

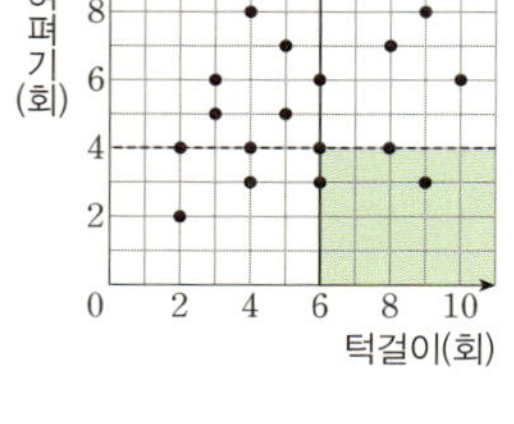

05

주어진 산점도는 두 변량 사이에 상관관계가 없다.

㉡ 양의 상관관계
㉢ 음의 상관관계
따라서 상관관계가 없는 것은 ㉠, ㉣이다.   🖪 ㉠, ㉣

06

중간고사보다 기말고사의 영어 성적이 떨어진 학생들을 나타내는 점은 색칠한 부분(경계선 제외)에 속한다.
이 부분에 속하는 학생들은 순서쌍 (중간 성적, 기말 성적)이 $(50, 40)$, $(60, 40)$, $(60, 50)$, $(70, 60)$, $(80, 50)$, $(80, 70)$, $(90, 70)$, $(100, 60)$인 학생이다.
이때 점수의 차는 각각 10점, 20점, 10점, 10점, 30점, 10점, 20점, 40점이므로 점수 차의 평균은

$$\frac{10+20+10+10+30+10+20+40}{8}$$
$$=\frac{150}{8}=18.75(\text{점})$$ 🖪 18.75점

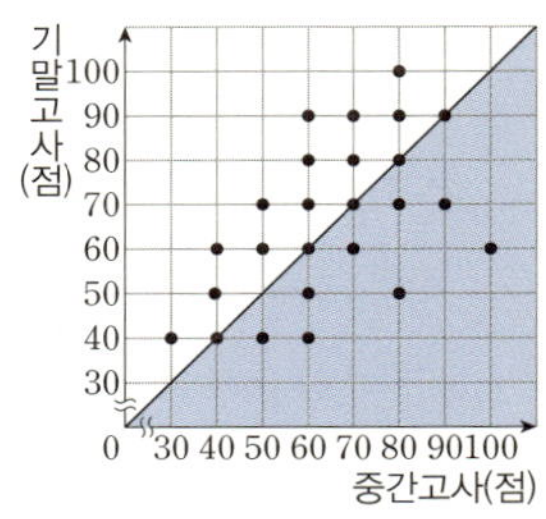

07

독서 시간이 2시간 이상 3시간 이하인 학생은 산점도에서 색칠한 부분과 경계선에 위치하고, 이 학생들의 국어 점수는 85점, 75점, 70점, 65점, 60점, 50점이므로
(평균)
$$=\frac{85+75+70+65+60+50}{6}=\frac{405}{6}=67.5(\text{점})$$ 🖪 67.5점

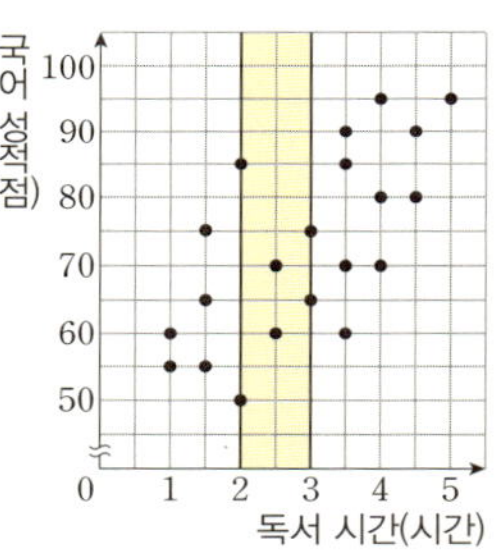

08

영어 성적과 사회 성적의 합이 130점 이하인 학생 수는 오른쪽 아래로 향하는 직선의 아래쪽에 있는 점의 개수와 그 경계선 위에 있는 점의 개수의 합과 같으므로 12명이다.
$\therefore a=12$ …… 45 %
두 과목 중 적어도 한 과목의 성적이 70점 이상인 학생 수는 산점도에서 색칠한 부분에 속하는 점의 개수와 그 경

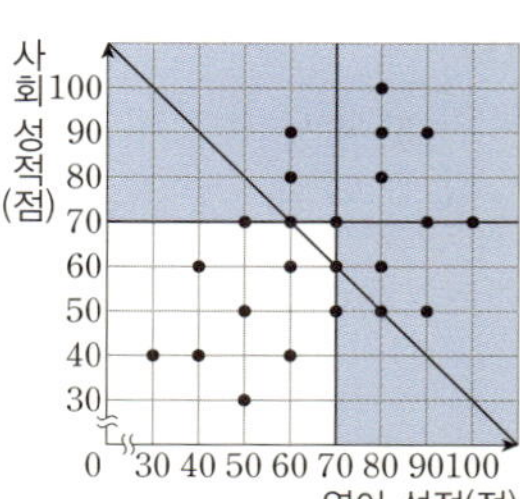

계선 위에 있는 점의 개수의 합과 같으므로 16명이다.

$\therefore b=16$ ...... 45 %

$\therefore b-a=16-12=4$ ...... 10 %

답 4

채점기준	배점
a의 값 구하기	45 %
b의 값 구하기	45 %
$b-a$의 값 구하기	10 %

09

대출한 판타지 소설이 추리 소설과 같거나 많은 회원의 수는 산점도에서 오른쪽 위로 향하는 대각선 위쪽에 있는 점의 개수와 경계선 위에 있는 점의 개수의 합과 같다. 이 중에서 판타지

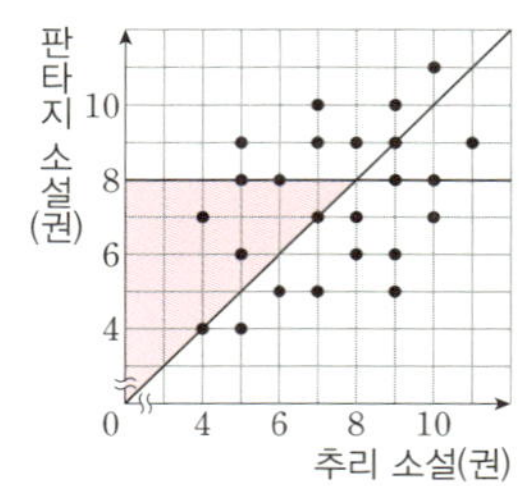

소설이 8권 이하인 회원의 수는 색칠한 부분에 속하는 점의 개수와 경계선 위에 있는 점의 개수의 합과 같으므로 6명이다.

답 6명

10

전체의 상위 16 % 이내에 드는 학생 수는

$$25 \times \frac{16}{100} = 4(\text{명})$$

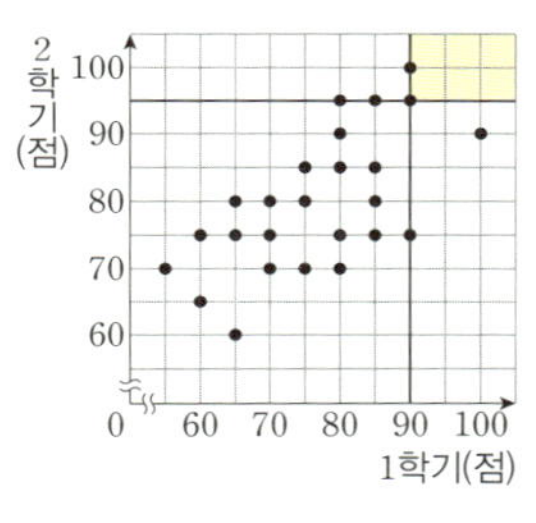

따라서 구하는 학생은 그림에서 색칠한 부분(경계선 포함)에 위치하므로 2명이다. 이때 이들의 점수를 순서쌍 (1학기 점수, 2학기 점수)로 나타내면 (90, 95), (90, 100)이므로 1학기와 2학기 전체 점수의 합은

$$90+95+90+100=375(\text{점})$$

답 375점

11

전략

오른쪽 위로 향하는 대각선의 위에서부터 수직인 직선을 그어 등수를 매긴다.

상위 4등인 선수의 1차 점수는 7점, 2차 점수는 8점이므로

$a=7$

상위 10등인 선수의 1차 점수는

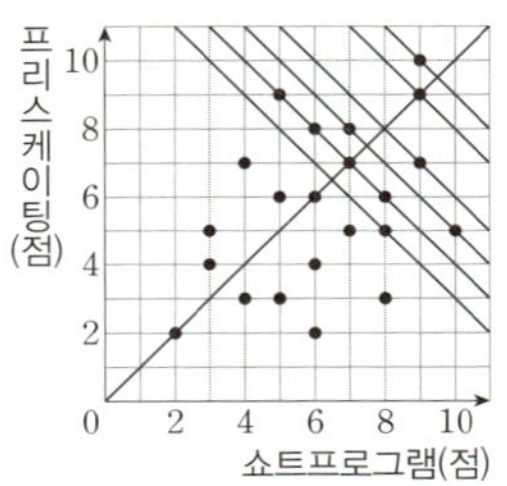

8점, 2차 점수는 5점이므로

평균은 $\dfrac{8+5}{2}=6.5(\text{점})$ $\therefore b=6.5$

$\therefore a+b=7+6.5=13.5$

답 13.5

12

(2) 주어진 산점도에 여섯 개의 점을 추가하면 두 변량 x, y 사이에는 양의 상관관계가 있다.

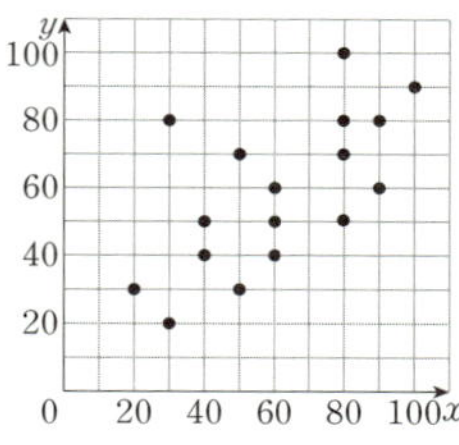

답 (1) 상관관계가 없다.

(2) 양의 상관관계

13

중간고사 점수가 기말고사 점수보다 낮은 학생 수는 오른쪽 위로 향하는 대각선 위쪽에 있는 점의 개수와 같으므로 12명이다.

$$\therefore \frac{12}{25} \times 100 = 48(\%)$$

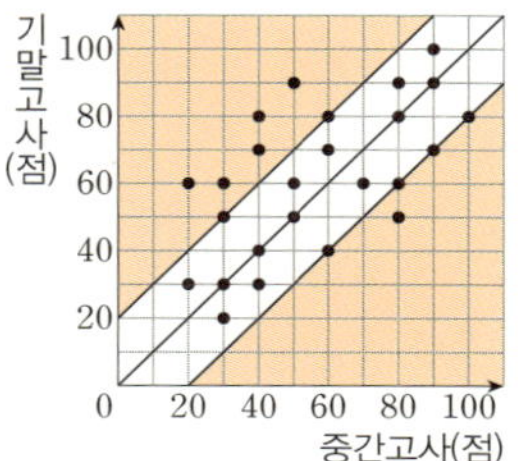

중간고사와 기말고사의 점수의 차가 20점 이상인 학생 수는 색칠한 부분에 속하는 점의 개수와 경계선 위에 있는 점의 개수의 합과 같으므로 12명이다.

$$\therefore \frac{12}{25} \times 100 = 48(\%)$$

따라서 $a=48$, $b=48$이므로

$a+b=96$

답 96

14

① C의 용돈이 가장 적다.

② D는 A보다 용돈이 적다.

③ B는 D보다 용돈이 많다.

④ 용돈에 비해 지출이 큰 편인 학생은 대각선을 그었을 때 대각선 위쪽에 속하는 학생이고 대각선에서 멀수록 용돈에 비해 지출이 더 크므로 A이다.

⑤ B는 용돈에 비해 지출이 적으므로 5명 중 저축을 가장 많이 할 것으로 예상된다.

답 ⑤

15

4시간 이하로 자는 학생들의 성적의 평균을 x점이라 하면

$$x=\frac{90+90+80+70}{4}$$
$$=\frac{330}{4}=\frac{165}{2}$$

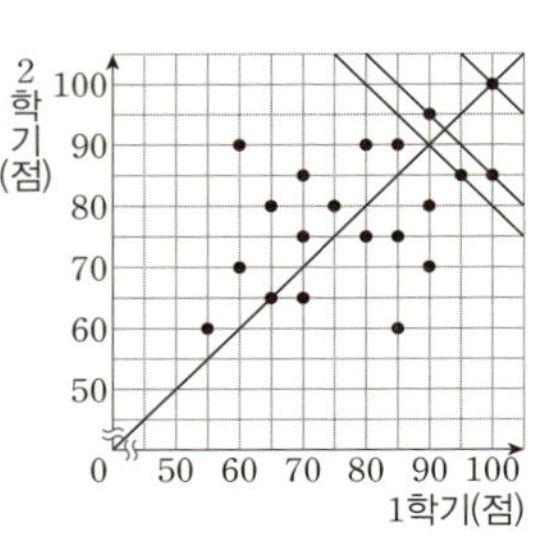

8시간 이상 자는 학생들의 성적의 평균을 y점이라 하면

$$y=\frac{60+50+40+30+30+20+10}{7}=\frac{240}{7}$$

따라서 $\dfrac{a}{b}=\dfrac{x}{y}=\dfrac{165}{2}\div\dfrac{240}{7}=\dfrac{165}{2}\times\dfrac{7}{240}=\dfrac{77}{32}$

$a=77,\ b=32$이므로

$a+b+1=77+32+1=110$

目 110

16

상위 20 % 이내에 드는 학생 수는

$$20\times\frac{20}{100}=4(명) \ \cdots\cdots\ 40\%$$

이때 총점이 높은 순으로 4명 이내에 드는 학생들의 점수의 순서쌍은 $(100, 100)$,

$(100, 85)$, $(90, 95)$, $(95, 85)$이다. $\cdots\cdots\ 30\%$

$$\therefore (평균)=\frac{200+185+185+180}{4}=\frac{750}{4}=187.5(점)$$
$$\cdots\cdots\ 30\%$$

目 187.5점

채점기준	배점
상위 20 % 이내에 드는 학생 수 구하기	40 %
상위 20 % 이내에 드는 학생들의 점수 구하기	30 %
평균 구하기	30 %

STEP A 최고난이도문제 본문 87~88쪽

01 35 %	**02** 23.4 %	**03** 1명
04 30 %	**05** 14점	**06** 2가지

01

(1차 성적 평균)

$$=\frac{50\times2+60\times3+70\times3+80\times6+90\times3+100\times3}{20}$$

$$=\frac{1540}{20}=77(점)$$

(2차 성적 평균)

$$=\frac{50\times3+60\times4+70\times3+80\times4+90\times2+100\times4}{20}$$

$$=\frac{1500}{20}=75(점)$$

즉, 1차와 2차에서 모두 평균 이상의 점수를 받은 학생 수는 색칠한 부분(경계선 포함)에 속하는 점의 개수와 같으므로 7명이다.

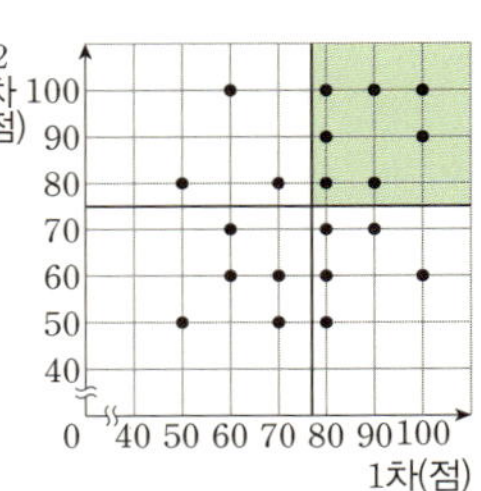

따라서 지원자 중 합격자의 비율은

$$\frac{7}{20}\times100=35(\%)$$

目 35 %

02

쇼트프로그램 점수와 프리스케이팅 점수의 합이 큰 쪽부터 크기순으로 나열하면 220점, 210점, 210점, 205점, 200점, 200점, 190점, 185점, $\cdots$이고

$$\frac{220+210+210+205+200+200+190}{7}$$

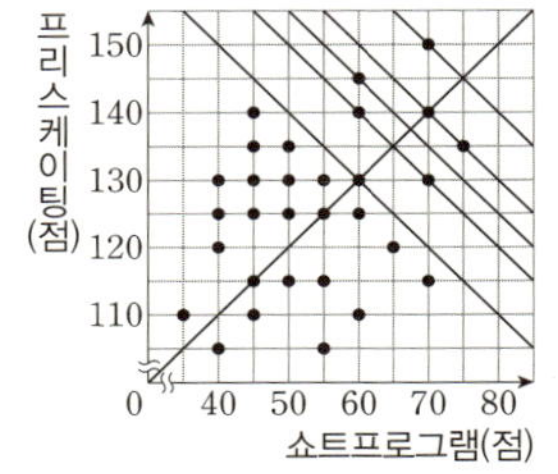

$$=\frac{1435}{7}=205(점)이므로$$

전체 선수 중 선발된 선수의 수는 7명이다.

따라서 선발된 선수들은 상위

$$\frac{7}{30}\times100=23.33\cdots \ \Rightarrow\ 23.4\%\ 이내에\ 든다.$$

目 23.4 %

03

ㄱ. 중간고사보다 기말고사의 성적이 하락한 학생들을 나타내는 점은 산점도에서 오른쪽 위로 향하는 대각선(경계선 제외)보다 아래쪽에 있는 점이다.

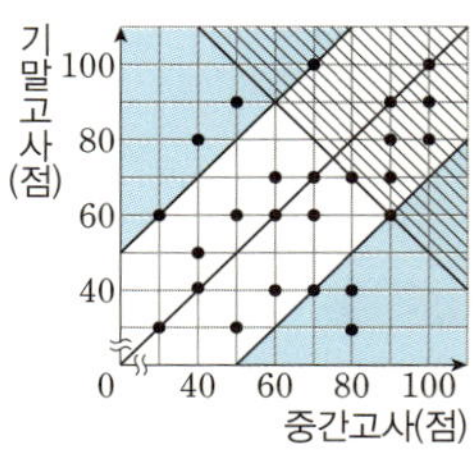

ㄴ. 중간고사와 기말고사의 성적의 차가 30점 이상인 학생들을 나타내는 점은 색칠한 부분(경계선 포함)에 속하는 점이다.

ㄷ. 중간고사와 기말고사의 성적의 평균이 75점 이상인 학생들을 나타내는 점은 빗금친 부분(경계선 포함)에

속하는 점이다.

따라서 ㄱ, ㄴ, ㄷ을 모두 만족시키는 학생은 순서쌍 (중간 성적, 기말 성적)이 $(90, 60)$인 학생이므로 1명이다.

$\boxed{}$ 1명

04

$60 < |3a-b| < 100$을 만족하는 영역을 산점도 위에 나타낸다.

점의 개수가 20개이므로 학생 수는 20명이다.

$60 < |3a-b| < 100$을 만족하는 학생 수는 산점도에서 색칠한 부분(경계선 제외)에 속하는 점의 개수와 같으므로 6명이다.

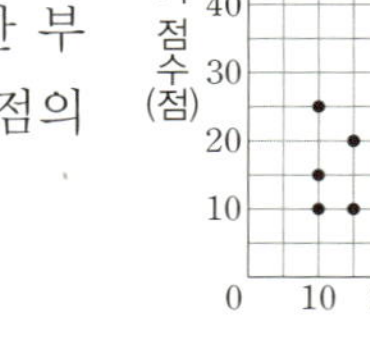

$$\therefore \frac{6}{20} \times 100 = 30(\%)$$

$\boxed{}$ 30 %

05

중복된 점에 해당하는 학생의 1회 점수를 a점이라 하면

$$\frac{4+5\times2+6\times2+7+8+9+10+a}{10}=6.8$$

$$\therefore a=8$$

중복된 점에 해당하는 학생의 2회 점수를 b점이라 하면

$$\frac{3+5+6+7+8\times2+9\times2+10+b}{10}=7.1$$

$$\therefore b=6$$

따라서 중복된 점에 해당하는 학생의 1회 점수와 2회 점수의 합은 $8+6=14$(점)

$\boxed{}$ 14점

06

주어진 산점도에 18개의 점이 있으므로 찢어진 부분에 2개의 점이 있다. 지난 시즌보다 이번 시즌에 넣은 골의 수가 많은 선수들은 산점도에서 대각선 위쪽에 속하는 점이다. 찢어진 부분에 있는 선수 2명의 지난 시즌 넣은 골의 수를 각각 x골, y골 $(x \leq y)$이라고 하면 지난 시즌 넣은 골의 수의 평균이 5골이므로

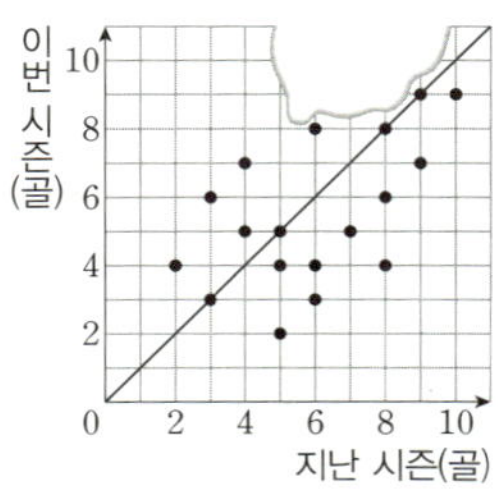

$$\frac{2+3+4+4+6+x+y}{7}=5$$

$$19+x+y=35 \qquad \therefore x+y=16$$

그런데 찢어진 부분의 지난 시즌 넣은 골의 수는 5골 이

상 9골 이하이므로 가능한 x, y의 값은 $x=7$, $y=9$ 또는 $x=8$, $y=8$의 2가지이다. ······ ㉠

찢어진 부분에 있는 선수 2명의 이번 시즌 넣은 골의 수를 각각 m골, n골 $(m \leq n)$이라고 하면 이번 시즌 넣은 골의 수의 평균이 7골이므로

$$\frac{4+5+6+7+8+m+n}{7}=7$$

$$30+m+n=49 \qquad \therefore m+n=19$$

그런데 찢어진 부분의 이번 시즌 넣은 골의 수는 9골 이상이므로 $m=9$, $n=10$이다. ······ ㉡

㉠, ㉡에서 찢어진 부분의 자료를 순서쌍 (지난 시즌, 이번 시즌)으로 나타내면

$(7, 9)$와 $(9, 10)$ 또는 $(7, 10)$과 $(9, 9)$ 또는 $(8, 9)$와 $(8, 10)$ 또는 $(8, 10)$과 $(8, 9)$이다.

그런데 $(9, 9)$는 찢어진 부분에 들어가지 않으므로 찢어진 부분의 자료로 가능한 것은 중복된 자료를 제외한 $(7, 9)$와 $(9, 10)$, $(8, 9)$와 $(8, 10)$의 2가지이다.

$\boxed{}$ 2가지

모두 CHEER UP 하세요!

수학 쯤 한다면

에이급수학

수학 상위 1%의 공부 비법

왜 에이급수학일까요?

다 이유가 있습니다.
비슷비슷한 문제집은 많지만
한 문제에서도 많은 것을 배울 수 있는
'질 좋은 문제', '참 좋은 문제'로
에이급수학은 오랫동안 정평이 나 있습니다.
유연한 사고력과 응용력, 문제해결력을 배양하는
상위권으로 가는 필수문제집!

누구도 따라올 수 없는 수학 자신감!
바로 에이급수학으로 通합니다.

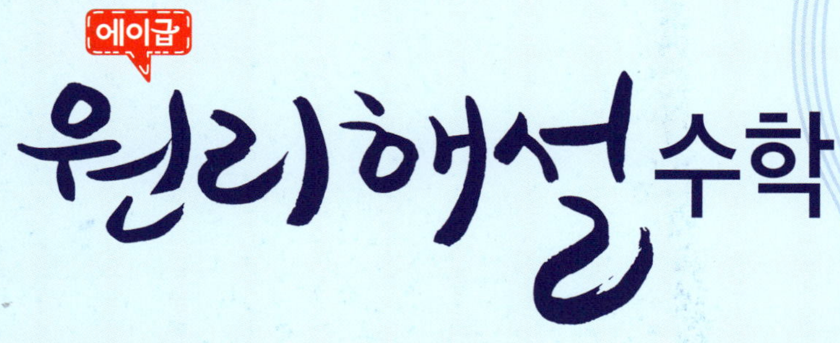

에이급 원리해설수학

모든 문제가 풀리는 단 하나의 힘

원리의 이해에서 출발합니다

원리를 잘 이해하면 문제의 본질을 금방 파악하고
해법의 키포인트를 쉽게 발견할 수 있습니다.

- 전체의 흐름을 깨우치는 원리의 이해
- 기본부터 심화까지 이 한 권으로 끝
- 최신 유형문제로 응용력 향상
- 다양한 접근 방법으로 문제해결능력 강화